OEUVRES CHOISIES
DE M. LE VICOMTE
DE
CHATEAUBRIAND.
TOME XI.

ATALA. RENÉ.

A PARIS,
CHEZ LEFÈVRE, LIBRAIRE,
RUE DE L'ÉPERON, N° 6;
ET CHEZ LADVOCAT, LIBRAIRE,
QUAI VOLTAIRE.

MDCCCXXX.

ATALA. RENÉ.

PARIS. — DE L'IMPRIMERIE DE RIGNOUX,
Rue des Francs-Bourgeois-Saint-Michel, n° 8.

ATALA. RENÉ.

LES AVENTURES

DU

DERNIER ABENCERAGE.

PAR M. LE VICOMTE

DE CHATEAUBRIAND

PAIR DE FRANCE, MEMBRE DE L'ACADÉMIE FRANÇOISE.

A PARIS,

CHEZ LEFÈVRE, LIBRAIRE,
RUE DE L'ÉPERON, n° 6;

ET CHEZ LADVOCAT, LIBRAIRE,
QUAI VOLTAIRE.

M DCCC XXX.

PRÉFACES.

PRÉFACE DE LA PREMIÈRE ÉDITION D'ATALA.

On voit par la lettre précédente[1] ce qui a donné lieu à la publication d'*Atala* avant mon ouvrage sur le *Génie du Christianisme*, dont elle fait partie. Il ne me reste plus qu'à rendre compte de la manière dont cette histoire a été composée.

J'étois encore très jeune lorsque je conçus l'idée de faire l'*épopée de l'homme de la nature*, ou de peindre

---

[1] La lettre dont il s'agit ici avoit été publiée dans le *Journal des Débats* et dans le *Publiciste* (1800); la voici :

« CITOYEN,

« Dans mon ouvrage sur le *Génie du Christianisme*, ou *les Beautés de la religion chrétienne*, il se trouve une partie entière consacrée à la *poétique du Christianisme*. Cette partie se divise en quatre livres: poésie, beaux-arts, littérature, harmonies de la religion avec les scènes de la nature et les passions du cœur humain. Dans ce livre, j'examine plusieurs sujets qui n'ont pu entrer dans les précédents, tels que les effets des ruines gothiques comparées aux autres sortes de ruines, les sites des monastères dans la solitude, etc. Ce livre est terminé par une anecdote extraite de mes voyages en Amérique, et écrite sous les huttes mêmes des Sauvages; elle est intitulée *Atala*, etc. Quelques épreuves de cette petite histoire s'étant trouvées égarées, pour prévenir un accident qui me causeroit un tort infini, je me vois obligé de l'imprimer à part, avant mon grand ouvrage.

« Si vous vouliez, citoyen, me faire le plaisir de publier ma lettre, vous me rendriez un important service.

« J'ai l'honneur d'être, etc. »

les mœurs des Sauvages, en les liant à quelque événement connu. Après la découverte de l'Amérique, je ne vis pas de sujet plus intéressant, surtout pour les François, que le massacre de la colonie des Natchez à la Louisiane en 1727. Toutes les tribus indiennes conspirant, après deux siècles d'oppression, pour rendre la liberté au Nouveau-Monde, me parurent offrir un sujet presque aussi heureux que la conquête du Mexique. Je jetai quelques fragments de cet ouvrage sur le papier; mais je m'aperçus bientôt que je manquois des vraies couleurs, et que, si je voulois faire une image semblable, il falloit, à l'exemple d'Homère, visiter les peuples que je voulois peindre.

En 1789, je fis part à M. de Malesherbes du dessein que j'avois de passer en Amérique. Mais désirant en même temps donner un but utile à mon voyage, je formai le dessein de découvrir par terre le *passage* tant recherché, et sur lequel Cook même avoit laissé des doutes. Je partis, je vis les solitudes américaines, et je revins avec des plans pour un second voyage, qui devoit durer neuf ans. Je me proposois de traverser tout le continent de l'Amérique septentrionale, de remonter ensuite le long des côtes, au nord de la Californie, et de revenir par la baie d'Hudson, en tournant sur le pôle[1]. M. de Malesherbes se chargea de présenter mes plans

---

[1] M. Mackenzie a depuis exécuté une partie de ce plan.

PRÉFACES.

au Gouvernement, et ce fut alors qu'il entendit les premiers fragments du petit ouvrage que je donne aujourd'hui au public. La révolution mit fin à tous mes projets. Couvert du sang de mon frère unique, de ma belle-sœur, de celui de l'illustre vieillard leur père, ayant vu ma mère et une autre sœur pleine de talents mourir des suites du traitement qu'elles avoient éprouvé dans les cachots, j'ai erré sur les terres étrangères, où le seul ami que j'eusse conservé s'est poignardé dans mes bras [1].

De tous mes manuscrits sur l'Amérique, je n'ai sauvé que quelques fragments, en particulier *Atala*, qui n'étoit elle-même qu'un épisode des *Natchez* [2]. *Atala* a été écrite dans le désert, et sous les huttes des Sauvages. Je ne sais si le public goûtera cette histoire, qui sort de toutes les routes connues, et qui présente une nature et des mœurs tout-à-fait

---

[1] Nous avions été tous deux cinq jours sans nourriture.
Tandis que ma famille étoit ainsi massacrée, emprisonnée et bannie, une de mes sœurs, qui devoit sa liberté à la mort de son mari, se trouvoit à Fougères, petite ville de Bretagne. L'armée royaliste arrive, huit cents hommes de l'armée républicaine sont pris et condamnés à être fusillés. Ma sœur se jette aux pieds de M. de la Rochejaquelein, et obtient la grace des prisonniers. Aussitôt elle vole à Rennes, se présente au tribunal révolutionnaire avec les certificats qui prouvent qu'elle a sauvé la vie à huit cents hommes, et demande pour seule récompense qu'on mette ses sœurs en liberté. Le président du tribunal lui répond : *Il faut que tu sois une coquine de royaliste que je ferai guillotiner, puisque les brigands ont tant de déférence pour toi. D'ailleurs, la république ne te sait aucun gré de ce que tu as fait : elle n'a que trop de défenseurs, et elle manque de pain.* Voilà les hommes dont Buonaparte a délivré la France!

[2] *Voyez* la Préface des *Natchez*.

étrangères à l'Europe. Il n'y a point d'aventure dans *Atala*. C'est une sorte de poëme [1], moitié descriptif, moitié dramatique : tout consiste dans la peinture de deux amants qui marchent et causent dans la solitude, et dans le tableau des troubles de l'amour, au milieu du calme des déserts. J'ai essayé de donner à cet ouvrage les formes les plus antiques, il est divisé en *prologue*, *récit* et *épilogue*. Les principales parties du récit prennent une dénomination, comme *les chasseurs*, *les laboureurs*, etc. ; et c'étoit ainsi que dans les premiers siècles de la Grèce les Rhapsodes chantoient sous divers titres les fragments de l'*Iliade* et de l'*Odyssée*.

Je dirai aussi que mon but n'a pas été d'arracher beaucoup de larmes : il me semble que c'est une dangereuse erreur avancée, comme tant d'autres, par Voltaire, que *les bons ouvrages sont ceux qui font le plus pleurer*. Il y a tel drame dont personne ne voudroit être l'auteur, et qui déchire le cœur bien autrement que l'*Énéide*. On n'est point un grand écrivain parce qu'on met l'ame à la torture. Les vraies larmes sont celles que fait couler une belle poésie ; il faut qu'il s'y mêle autant d'admiration que de douleur.

---

[1] Je suis obligé d'avertir que si je me sers ici du mot de *poëme*, c'est faute de savoir comment me faire entendre autrement. Je ne suis point de ceux qui confondent la prose et les vers. Le poëte, quoi qu'on en dise, est toujours l'homme par excellence, et des volumes entiers de prose descriptive ne valent pas cinquante beaux vers d'Homère, de Virgile ou de Racine.

PRÉFACES.

C'est Priam, disant à Achille :

Ἀνδρὸς παεδοφόνοιο ποτι ςόμα χεῖρ ὀρέγεσθας.

Juge de l'excès de mon malheur, puisque je baise la main qui a tué mon fils.

C'est Joseph s'écriant :

Ego sum Joseph, frater vester quem vendidistis in Ægyptum.

Je suis Joseph, votre frère, que vous avez vendu pour l'Égypte.

Voilà les seules larmes qui doivent mouiller les cordes de la lyre. Les Muses sont des femmes célestes qui ne défigurent point leurs traits par des grimaces; quand elles pleurent, c'est avec un secret dessein de s'embellir.

Au reste, je ne suis point comme Rousseau, un enthousiaste des Sauvages; et, quoique j'aie peut-être autant à me plaindre de la société que ce philosophe avoit à s'en louer, je ne crois point que la *pure nature* soit la plus belle chose du monde. Je l'ai toujours trouvée fort laide, partout où j'ai eu occasion de la voir. Bien loin d'être d'opinion que l'homme qui pense soit un *animal dépravé*, je crois que c'est la pensée qui fait l'homme. Avec ce mot de *nature*, on a tout perdu. Peignons la nature, mais la belle nature : l'art ne doit pas s'occuper de l'imitation des monstres.

Les moralités que j'ai voulu faire dans *Atala* sont faciles à découvrir; et comme elles sont résumées dans l'épilogue, je n'en parlerai point ici; je dirai seulement un mot de Chactas, l'amant d'Atala.

PRÉFACES.

C'est un Sauvage qui est plus qu'à demi civilisé, puisque non seulement il sait les langues vivantes, mais encore les langues mortes de l'Europe. Il doit donc s'exprimer dans un style mêlé, convenable à la ligne sur laquelle il marche, entre la société et la nature. Cela m'a donné quelques avantages, en le faisant parler en Sauvage dans la peinture des mœurs, et en Européen dans le drame de la narration. Sans cela il eût fallu renoncer à l'ouvrage : si je m'étois toujours servi du style indien, *Atala* eût été de l'hébreu pour le lecteur.

Quant au missionnaire, c'est un simple prêtre qui parle sans rougir *de la croix, du sang de son divin Maître, de la chair corrompue, etc.;* en un mot, c'est le prêtre tel qu'il est. Je sais qu'il est difficile de peindre un pareil caractère sans réveiller dans l'esprit de certains lecteurs des idées de ridicule. Si je n'attendris pas, je ferai rire : on en jugera.

Il me reste une chose à dire; je ne sais par quel hasard une lettre que j'avois adressée à M. de Fontanes a excité l'attention du public beaucoup plus que je ne m'y attendois. Je croyois que quelques lignes d'un auteur inconnu passeroient sans être aperçues; cependant les papiers publics ont bien voulu parler de cette lettre[1]. En réfléchissant sur ce caprice du public, qui a fait attention à une chose de si peu de valeur, j'ai pensé que cela pouvoit venir

---

[1] *Voyez* cette lettre à la fin du troisième volume du *Génie du Christianisme*.

du titre de mon grand ouvrage : *Génie du Christianisme, etc.* On s'est peut-être figuré qu'il s'agissoit d'une affaire de parti, et que je dirois dans ce livre beaucoup de mal de la révolution et des philosophes.

Il est sans doute permis à présent, sous un gouvernement qui ne proscrit aucune opinion paisible, de prendre la défense du christianisme. Il a été un temps où les adversaires de cette religion avoient seuls le droit de parler. Maintenant la lice est ouverte, et ceux qui pensent que le christianisme est poétique et moral peuvent le dire tout haut, comme les philosophes peuvent soutenir le contraire. J'ose croire que si le grand ouvrage que j'ai entrepris, et qui ne tardera pas à paroître, étoit traité par une main plus habile que la mienne, la question seroit décidée.

Quoi qu'il en soit, je suis obligé de déclarer qu'il n'est pas question de la révolution dans le *Génie du Christianisme :* en général, j'y ai gardé une mesure que, selon toutes les apparences, on ne gardera pas envers moi.

On m'a dit que la femme célèbre [1], dont l'ouvrage formoit le sujet de ma lettre, s'est plainte d'un passage de cette lettre. Je prendrai la liberté de faire observer que ce n'est pas moi qui ai employé le premier l'arme que l'on me reproche, et qui m'est odieuse ; je n'ai fait que repousser le coup qu'on portoit à un homme dont je fais profession d'admirer

---

[1] Madame de Staël.

les talents, et d'aimer tendrement la personne. Mais dès lors que j'ai offensé, j'ai été trop loin : qu'il soit donc tenu pour effacé ce passage. Au reste, quand on a l'existence brillante et les talents de Mme de Staël, on doit oublier facilement les petites blessures que nous peut faire un solitaire, et un homme aussi ignoré que je le suis.

Je dirai un dernier mot sur *Atala :* le sujet n'est pas entièrement de mon invention ; il est certain qu'il y a eu un Sauvage aux galères et à la cour de Louis XIV ; il est certain qu'un missionnaire françois a fait les choses que j'ai rapportées ; il est certain que j'ai trouvé dans les forêts de l'Amérique des Sauvages emportant les os de leurs aïeux, et une jeune mère exposant le corps de son enfant sur les branches d'un arbre. Quelques autres circonstances aussi sont véritables ; mais, comme elles ne sont pas d'un intérêt général, je suis dispensé d'en parler.

AVIS

SUR LA TROISIÈME ÉDITION D'ATALA.

J'ai profité de toutes les critiques pour rendre ce petit ouvrage plus digne des succès qu'il a obtenus. J'ai eu le bonheur de voir que la vraie philosophie et la vraie religion sont une même chose ; car des personnes fort distinguées, qui ne pensent pas comme moi sur le christianisme, ont été les premières à faire la fortune d'*Atala.* Ce seul fait répond à ceux qui voudroient faire croire que la *vogue* de cette anecdote indienne est une affaire de parti. Cependant j'ai été amèrement, pour ne pas dire grossièrement, censuré; on a été jusqu'à tourner en ridicule cette apostrophe aux Indiens [1] :

« Indiens infortunés, que j'ai vus errer dans les déserts du Nouveau-Monde avec les cendres de vos aïeux; vous qui m'aviez donné l'hospitalité, malgré votre misère! je ne pourrois vous l'offrir aujourd'hui, car j'erre ainsi que vous à la merci des hommes; et, moins heureux dans mon exil, je n'ai point emporté les os de mes pères. »

Les cendres de ma famille confondues avec celles de M. de Malesherbes, six ans d'exil et d'infortunes, n'ont donc paru qu'un sujet de plaisanterie! Puisse le critique n'avoir jamais à regretter les tombeaux de ses pères!

Au reste, il est facile de concilier les divers jugements qu'on a portés d'*Atala :* ceux qui m'ont blâmé n'ont songé qu'à mes talents; ceux qui m'ont loué n'ont pensé qu'à mes malheurs.

AVIS

SUR LA CINQUIÈME ÉDITION D'ATALA.

Depuis quelque temps il a paru de nouvelles critiques d'*Atala*. Je n'ai pu en profiter dans cette cinquième édition. Les conseils qu'on m'a fait l'honneur de m'adresser auroient exigé trop de changements, et le public semble maintenant accoutumé à ce petit ouvrage avec tous ses défauts. Cette nouvelle édition est donc parfaitement semblable à la quatrième; j'ai seulement rétabli dans quelques endroits le texte des trois premières.

---

[1] *Décade philosophique*, n° 22, dans une note.

PRÉFACE

D'ATALA ET DE RENÉ.

(ÉDITION IN-12 DE 1805.)

L'indulgence avec laquelle on a bien voulu accueillir mes ouvrages m'a imposé la loi d'obéir au goût du public, et de céder au conseil de la critique.

Quant au premier, j'ai mis tous mes soins à le satisfaire. Des personnes, chargées de l'instruction de la jeunesse, ont désiré avoir une édition du *Génie du Christianisme* qui fût dépouillée de cette partie de l'Apologie, uniquement destinée aux gens du monde : malgré la répugnance naturelle que j'avois à mutiler mon ouvrage, et ne considérant que l'utilité publique, j'ai publié l'abrégé que l'on attendoit de moi.

Une autre classe de lecteurs demandoit une édition séparée des deux épisodes de l'ouvrage : je donne aujourd'hui cette édition.

Je dirai maintenant ce que j'ai fait relativement à la critique.

Je me suis arrêté, pour le *Génie du Chistianisme*, à des idées différentes de celles que j'ai adoptées pour ses épisodes.

Il m'a semblé d'abord que, par égard pour les personnes qui ont acheté les premières éditions, je ne devois faire, du moins à présent, aucun changement notable à un livre qui se vend aussi cher que le *Génie du Christianisme*. L'amour-propre et l'intérêt ne m'ont pas paru des raisons assez bonnes, même dans ce siècle, pour manquer à la délicatesse.

En second lieu, il ne s'est pas écoulé assez de temps depuis la publication du *Génie du Christianisme*, pour que je sois parfaitement éclairé sur les défauts d'un ouvrage de cette étendue. Où trouverois-je la vérité parmi une foule d'opinions contradictoires? L'un vante mon sujet aux dépens de mon style; l'autre approuve mon style et désapprouve mon sujet. Si l'on m'assure, d'une part, que le *Génie du Christianisme* est un monument à jamais mémorable pour la main qui l'éleva, et pour le commencement du dix-neuvième siècle[1]; de l'autre, on a pris soin de m'avertir, un mois ou deux après la publication de l'ouvrage, que les critiques venoient trop tard, puisque cet ouvrage étoit déjà oublié[2].

Je sais qu'un amour-propre plus affermi que le mien trouveroit peut-être quelque motif d'espérance pour se rassurer contre cette dernière assertion. Les éditions du *Génie du Christianisme* se multiplient, malgré les circonstances qui ont ôté à la cause que j'ai défendue le puissant intérêt du

---

[1] M. de Fontanes.
[2] M. Ginguené (*Décad. philosoph.*)

malheur. L'ouvrage, si je ne m'abuse, paroît même augmenter d'estime dans l'opinion publique à mesure qu'il vieillit, et il semble que l'on commence à y voir autre chose qu'un ouvrage de *pure imagination*. Mais à Dieu ne plaise que je prétende persuader de mon foible mérite ceux qui ont sans doute de bonnes raisons pour ne pas y croire! Hors la religion et l'honneur, j'estime trop peu de choses dans le monde pour ne pas souscrire aux arrêts de la critique la plus rigoureuse. Je suis si peu aveuglé par quelques succès, et si loin de regarder quelques éloges comme un jugement définitif en ma faveur, que je n'ai pas cru devoir mettre la dernière main à mon ouvrage. J'attendrai encore, afin de laisser le temps aux préjugés de se calmer, à l'esprit de parti de s'éteindre; alors l'opinion qui se sera formée sur mon livre sera sans doute la véritable opinion; je saurai ce qu'il faudra changer au *Génie du Christianisme*, pour le rendre tel que je désire le laisser après moi, s'il me survit [1].

Mais si j'ai résisté à la censure dirigée contre l'ouvrage entier par les raisons que je viens de déduire, j'ai suivi pour *Atala*, prise séparément, un système absolument opposé. Je n'ai pu être arrêté dans les corrections ni par la considération du prix du livre, ni par celle de la longueur de l'ouvrage. Quelques années ont été plus que suffisantes pour

---

[1] C'est ce qui a été fait dans l'édition des OEuvres complètes de l'auteur, Paris, 1828.

me faire connoître les endroits foibles ou vicieux de cet épisode. Docile sur ce point à la critique, jusqu'à me faire reprocher mon trop de facilité, j'ai prouvé à ceux qui m'attaquoient que je ne suis jamais volontairement dans l'erreur, et que, dans tous les temps et sur tous les sujets, je suis prêt à céder à des lumières supérieures aux miennes. *Atala* a été réimprimée onze fois; cinq fois séparément, et six fois dans le *Génie du Christianisme;* si l'on confrontoit ces onze éditions, à peine en trouveroit-on deux tout-à-fait semblables.

La douzième, que je publie aujourd'hui, a été revue avec le plus grand soin. J'ai consulté des *amis prompts à me censurer;* j'ai pesé chaque phrase, examiné chaque mot. Le style, dégagé des épithètes qui l'embarrassoient, marche peut-être avec plus de naturel et de simplicité. J'ai mis plus d'ordre et de suite dans quelques idées; j'ai fait disparoître jusqu'aux moindres incorrections de langage. M. de La Harpe me disoit au sujet d'*Atala :* « Si vous voulez « vous enfermer avec moi seulement quelques heures, « ce temps nous suffira pour effacer les taches qui « font crier si haut vos censeurs. » J'ai passé quatre ans à revoir cet épisode, mais aussi il est tel qu'il doit rester. C'est la seule *Atala* que je reconnoîtrai à l'avenir.

Cependant il y a des points sur lesquels je n'ai pas cédé entièrement à la critique. On a prétendu que quelques sentiments exprimés par le père Aubry renfermoient une doctrine désolante. On a, par exemple, été révolté de ce passage : (nous avons aujourd'hui tant de sensibilité!)

« Que dis-je! ô vanité des vanités! Que parlé-je
« de la puissance des amitiés de la terre! Voulez-
« vous, ma chère fille, en connoître l'étendue? Si
« un homme revenoit à la lumière quelques années
« après sa mort, je doute qu'il fût revu avec joie par
« ceux-là même qui ont donné le plus de larmes à
« sa mémoire, tant on forme vite d'autres liaisons,
« tant on prend facilement d'autres habitudes, tant
« l'inconstance est naturelle à l'homme, tant notre
« vie est peu de chose, même dans le cœur de nos
« amis! »

Il ne s'agit pas de savoir si ce sentiment est pénible à avouer, mais s'il est vrai et fondé sur la commune expérience. Il seroit difficile de ne pas en convenir. Ce n'est pas surtout chez les François que l'on peut avoir la prétention de ne rien oublier. Sans parler des morts dont on ne se souvient guère, que de vivants sont revenus dans leurs familles et n'y ont trouvé que l'oubli, l'humeur et le dégoût! D'ailleurs quel est ici le but du père Aubry? N'est-ce pas d'ôter à Atala tout regret d'une existence qu'elle vient de s'arracher volontairement, et à laquelle elle voudroit en vain revenir? Dans cette intention, le missionnaire, en exagérant même à cette infortunée les maux de la vie, ne feroit encore qu'un acte d'humanité. Mais il n'est pas nécessaire de recourir

PRÉFACES.

à cette explication. Le père Aubry exprime une chose malheureusement trop vraie. S'il ne faut pas calomnier la nature humaine, il est aussi très inutile de la voir meilleure qu'elle ne l'est en effet.

Le même critique, M. l'abbé Morellet, s'est encore élevé contre cette autre pensée, comme fausse et paradoxale :

« Croyez-moi, mon fils, les douleurs ne sont point
« éternelles ; il faut tôt ou tard qu'elles finissent,
« parce que le cœur de l'homme est fini. C'est une
« de nos grandes misères : nous ne sommes pas même
« capables d'être long-temps malheureux. »

Le critique prétend que cette sorte d'incapacité de l'homme pour la douleur est au contraire un des grands biens de la vie. Je ne lui répondrai pas que, si cette réflexion est vraie, elle détruit l'observation qu'il a faite sur le premier passage du discours du père Aubry. En effet, ce seroit soutenir, d'un côté, que l'on n'oublie jamais ses amis ; et de l'autre, qu'on est très heureux de n'y plus penser. Je remarquerai seulement que l'habile grammairien me semble ici confondre les mots. Je n'ai pas dit : « C'est une de nos grandes *infortunes*, » ce qui seroit faux, sans doute ; mais : « C'est une de nos grandes *misères*, » ce qui est très vrai. Eh ! qui ne sent que cette impuissance où est le cœur de l'homme de nourrir long-temps un sentiment, même celui de la douleur, est la preuve la plus complète de sa stérilité, de son indigence, de sa *misère ?* M. l'abbé Morellet paroît faire, avec beaucoup de raison, un cas infini du bon sens, du jugement, du naturel. Mais suit-il toujours dans la pratique la théorie qu'il professe? Il seroit assez singulier que ces idées riantes sur l'homme et sur la vie me donnassent le droit de le soupçonner, à mon tour, de porter dans ses sentiments l'exaltation et les illusions de la jeunesse.

La nouvelle nature et les mœurs nouvelles que j'ai peintes m'ont attiré encore un autre reproche peu réfléchi. On m'a cru l'inventeur de quelques détails extraordinaires, lorsque je rappelois seulement des choses connues de tous les voyageurs. Des notes ajoutées à cette édition d'*Atala* m'auroient aisément justifié; mais s'il en avoit fallu mettre dans tous les endroits où chaque lecteur pouvoit en avoir besoin, elles auroient bientôt surpassé la longueur de l'ouvrage. J'ai donc renoncé à faire des notes. Je me contenterai de transcrire ici un passage de la *Défense du Génie du Christianisme*. Il s'agit des ours enivrés de raisin, que les doctes censeurs avoient pris pour une gaîté de mon imagination. Après avoir cité des autorités respectables et le témoignage de Carver, Bartram, Imley, Charlevoix, j'ajoute : « Quand on trouve dans un auteur une « circonstance qui ne fait pas beauté en elle-même, « et qui ne sert qu'à donner de la ressemblance au « tableau ; si cet auteur a d'ailleurs montré quelque « sens commun, il seroit assez naturel de supposer « qu'il n'a pas inventé cette circonstance, et qu'il

PRÉFACES.

« n'a fait que rapporter une chose réelle, bien qu'elle
« ne soit pas très-connue. Rien n'empêche qu'on ne
« trouve Atala une méchante production; mais j'ose
« dire que la nature américaine y est peinte avec
« la plus scrupuleuse exactitude. C'est une justice
« que lui rendent tous les voyageurs qui ont visité
« la Louisiane et les Florides. Les deux traductions
« angloises d'*Atala* sont parvenues en Amérique, les
« papiers publics ont annoncé, en outre, une troi-
« sième traduction publiée à Philadelphie avec succès.
« Si les tableaux de cette histoire eussent manqué
« de vérité, auroient-ils réussi chez un peuple qui
« pouvoit dire à chaque pas : Ce ne sont pas là nos
« fleuves, nos montagnes, nos forêts? Atala est re-
« tournée au désert, et il semble que sa patrie l'ait
« reconnue pour véritable enfant de la solitude [1]. »

René, qui accompagne *Atala* dans la présente édition, n'avoit point encore été imprimé à part. Je ne sais s'il continuera d'obtenir la préférence que plusieurs personnes lui donnent sur *Atala*. Il fait suite naturelle à cet épisode, dont il diffère néanmoins par le style et par le ton. Ce sont à la vérité les mêmes lieux et les mêmes personnages; mais ce sont d'autres mœurs et un autre ordre de sentiments et d'idées. Pour toute préface, je citerai encore les passages du *Génie du Christianisme*, et de la *Défense* qui se rapportent à *René*.

---

[1] *Défense du Génie du Christianisme.*

EXTRAIT

DU GÉNIE DU CHRISTIANISME,

IIe PARTIE, LIV. III, CHAP. IX,

INTITULÉ : *DU VAGUE DES PASSIONS.*

« Il reste à parler d'un état de l'ame qui, ce
« nous semble, n'a pas encore été bien observé :
« c'est celui qui précède le développement des
« grandes passions, lorsque toutes les facultés,
« jeunes, actives, entières, mais renfermées, ne
« se sont exercées que sur elles-mêmes, sans but
« et sans objet. Plus les peuples avancent en civi-
« lisation, plus cet état du vague des passions aug-
« mente ; car il arrive alors une chose fort triste :
« le grand nombre d'exemples qu'on a sous les
« yeux, la multitude de livres qui traitent de
« l'homme et de ses sentiments, rendent habile
« sans expérience. On est détrompé sans avoir joui ;
« il reste encore des désirs, et l'on n'a plus d'illu-
« sions. L'imagination est riche, abondante et mer-
« veilleuse, l'existence pauvre, sèche et désenchan-
« tée. On habite, avec un cœur plein, un monde
« vide ; et sans avoir usé de rien, on est désabusé
« de tout.

« L'amertume que cet état de l'ame répand sur
« la vie est incroyable ; le cœur se retourne et se
« replie en cent manières, pour employer des forces

« qu'il sent lui être inutiles. Les anciens ont peu connu
« cette inquiétude secrète, cette aigreur des pas-
« sions étouffées qui fermentent toutes ensemble :
« une grande existence politique, les jeux du gym-
« nase et du champ de Mars, les affaires du forum
« et de la place publique, remplissoient tous leurs
« moments, et ne laissoient aucune place aux ennuis
« du cœur.

« D'une autre part, ils n'étoient pas enclins aux
« exagérations, aux espérances, aux craintes sans
« objet, à la mobilité des idées et des sentiments,
« à la perpétuelle inconstance, qui n'est qu'un dé-
« goût constant, dispositions que nous acquérons
« dans la société intime des femmes. Les femmes,
« chez les peuples modernes, indépendamment de
« la passion qu'elles inspirent, influent encore sur
« tous les autres sentiments. Elles ont dans leur
« existence un certain abandon qu'elles font passer
« dans la nôtre; elles rendent notre caractère
« d'homme moins décidé; et nos passions, amollies
« par le mélange des leurs, prennent à la fois quel-
« que chose d'incertain et de tendre...

« Il suffiroit de joindre quelques infortunes à cet
« état indéterminé des passions, pour qu'il pût ser-
« vir de fond à un drame admirable. Il est étonnant
« que les écrivains modernes n'aient pas encore
« songé à peindre cette singulière position de l'ame.
« Puisque nous manquons d'exemples, nous seroit-
« il permis de donner aux lecteurs un épisode ex-

« trait, comme Atala, de nos anciens Natchez? C'est
« la vie de ce jeune René, à qui Chactas a raconté
« son histoire, etc. etc. »

EXTRAIT

DE LA DÉFENSE DU GÉNIE DU CHISTIANISME.

« On a déja fait remarqué la tendre sollicitude
« des critiques [1] pour la pureté de la religion; on
« devoit donc s'attendre qu'ils se formaliseroient
« des deux épisodes que l'auteur a introduits dans
« son livre. Cette objection particulière rentre dans
« la grande objection qu'ils ont opposée à tout l'ou-
« vrage, et elle se détruit par la réponse générale
« qu'on y a faite plus haut. Encore une fois, l'au-
« teur a dû combattre des poëmes et des romans
« impies, avec des poëmes et des romans pieux;
« il s'est couvert des mêmes armes dont il voyoit
« l'ennemi revêtu : c'étoit une conséquence naturelle
« et nécessaire du genre d'apologie qu'il avoit choisi.
« Il a cherché à donner l'exemple avec le précepte.
« Dans la partie théorique de son ouvrage, il avoit
« dit que la religion embellit notre existence, cor-
« rige les passions sans les éteindre, jette un intérêt
« singulier sur tous les sujets où elle est employée;
« il avoit dit que sa doctrine et son culte se mêlent
« merveilleusement aux émotions du cœur et aux

[1] Il s'agit ici des Philosophes uniquement.

PRÉFACES. xxj

« scènes de la nature ; qu'elle est enfin la seule
« ressource dans les grands malheurs de la vie : il
« ne suffisoit pas d'avancer tout cela, il falloit encore
« le prouver. C'est ce que l'auteur a essayé de faire
« dans les deux épisodes de son livre. Ces épisodes
« étoient en outre une amorce préparée à l'espèce
« de lecteurs pour qui l'ouvrage est spécialement
« écrit. L'auteur avoit-il donc si mal connu le cœur
« humain, lorsqu'il a tendu ce piége innocent aux
« incrédules ? Et n'est-il pas probable que tel lecteur
« n'eût jamais ouvert le *Génie du Christianisme*, s'il
« n'y avoit cherché René et Atala ?

> Sai che là corre il mondo dove più versi
> Delle suc dolcezze il lusinger parnasso,
> E che 'l verso, condito in molli versi,
> I più schivi allettando, ha persuaso.

« Tout ce qu'un critique impartial qui veut entrer
« dans l'esprit de l'ouvrage étoit en droit d'exiger
« de l'auteur, c'est que les épisodes de cet ouvrage
« eussent une tendance visible à faire aimer la re-
« ligion et à en démontrer l'utilité. Or, la nécessité
« des cloîtres pour certains malheurs de la vie, et
« pour ceux-là même qui sont les plus grands, la
« puissance d'une religion qui peut seule fermer
« des plaies que tous les baumes de la terre ne sau-
« roient guérir, ne sont-elles pas invinciblement
« prouvées dans l'histoire de René ? l'auteur y com-
« bat en outre le travers particulier des jeunes gens
« du siècle, le travers qui mène directement au sui-

« cide. C'est J. J. Rousseau qui introduisit le pre-
« mier parmi nous ces rêveries si désastreuses et
« si coupables. En s'isolant des hommes, en s'aban-
« donnant à ses songes, il a fait croire à une foule
« de jeunes gens qu'il est beau de se jeter ainsi
« dans le vague de la vie. Le roman de Werther a
« développé depuis ce germe de poison. L'auteur du
« *Génie du Christianisme*, obligé de faire entrer
« dans le cadre de son Apologie quelques tableaux
« pour l'imagination, a voulu dénoncer cette espèce
« de vice nouveau, et peindre les funestes consé-
« quences de l'amour outré de la solitude. Les cou-
« vents offroient autrefois des retraites à ces ames
« contemplatives que la nature appelle impérieuse-
« ment aux méditations. Elles y trouvoient auprès
« de Dieu de quoi remplir le vide qu'elles sentent
« en elles-mêmes, et souvent l'occasion d'exercer
« de rares et sublimes vertus. Mais, depuis la des-
« truction des monastères et les progrès de l'incré-
« dulité, on doit s'attendre à voir se multiplier au
« milieu de la société (comme il est arrivé en An-
« gleterre), des espèces de solitaires tout à la fois pas-
« sionnés et philosophes, qui, ne pouvant ni renoncer
« aux vices du siècle, ni aimer ce siècle, prendront la
« haine des hommes pour l'élévation du génie, renon-
« ceront à tout devoir divin et humain, se nourriront
« à l'écart des plus vaines chimères, et se plongeront
« de plus en plus dans une misanthropie orgueil
« leuse, qui les conduira à la folie, ou à la mort.

« Afin d'inspirer plus d'éloignement pour ces rê-
« veries criminelles, l'auteur a pensé qu'il devoit
« prendre la punition de René dans le cercle de ces
« malheurs épouvantables qui appartiennent moins
« à l'individu qu'à la famille de l'homme, et que les
« anciens attribuoient à la fatalité. L'auteur eût
« choisi le sujet de Phèdre s'il n'eût été traité par
« Racine. Il ne restoit que celui d'Érope et de
« Thyeste [1] chez les Grecs, ou d'Amnon et de Tha-
« mar chez les Hébreux [2] ; et, bien qu'il ait été aussi
« transporté sur notre scène [3], il est toutefois moins
« connu que celui de Phèdre. Peut-être aussi s'ap-
« plique-t-il mieux aux caractères que l'auteur a
« voulu peindre. En effet, les folles rêveries de René
« commencent le mal, et ses extravagances l'achè-
« vent : par les premières il égare l'imagination d'une
« foible femme ; par les dernières, en voulant atten-
« ter à ses jours, il oblige cette infortunée à se
« réunir à lui ; ainsi le malheur naît du sujet, et
« la punition sort de la faute.

« Il ne restoit qu'à sanctifier, par le christianis-
« me, cette catastrophe empruntée à la fois de l'an-
« tiquité païenne et de l'antiquité sacrée. L'auteur,
« même alors, n'eut pas tout à faire ; car il trouva

---

[1] *Sen. in Atr. et Th.* Voyez aussi *Canacé et Macareus*, et *Caune et Bybis* dans les *Métamorphoses* et dans les *Héroïdes* d'Ovide. J'ai rejeté comme trop abominable le sujet de Myrra, qu'on retrouve encore dans celui de Loth et de ses filles.

[2] *Reg.* 13, 14.

[3] Dans l'*Abufar* de M. Ducis.

« cette histoire presque naturalisée chrétienne dans
« une vieille ballade de pélerin, que les paysans
« chantent encore dans plusieurs provinces [1]. Ce
« n'est pas par les maximes répandues dans un ou-
« vrage, mais par l'impression que cet ouvrage
« laisse au fond de l'ame, que l'on doit juger de sa
« moralité. Or, la sorte d'épouvante et de mystère
« qui règne dans l'épisode de René serre et contriste
« le cœur sans y exciter d'émotion criminelle. Il ne
« faut pas perdre de vue qu'Amélie meurt heureuse
« et guérie, et que René finit misérablement. Ainsi
« le vrai coupable est puni, tandis que sa trop foi-
« ble victime, remettant son ame blessée entre les
« mains de *celui qui retourne le malade sur sa couche*,
« sent renaître une joie ineffable du fond même
« des tristesses de son cœur. Au reste, le discours
« du père Souël ne laisse aucun doute sur le but
« et les moralités religieuses de l'histoire de René. »

On voit, par le chapitre cité du *Génie du Chistianisme*, quelle espèce de passion nouvelle j'ai essayé de peindre; et, par l'extrait de la Défense, quel vice non encore attaqué j'ai voulu combattre. J'ajouterai que, quant au style, *René* a été revu avec autant de soin qu'*Atala*, et qu'il a reçu le degré de perfection que je suis capable de lui donner.

---

[1] C'est le Chevalier des Landes:

Malheureux chevalier, etc.

ATALA.

ATALA.

PROLOGUE.

La France possédoit autrefois dans l'Amérique septentrionale un vaste empire, qui s'étendoit depuis le Labrador jusqu'aux Florides, et depuis les rivages de l'Atlantique jusqu'aux lacs les plus reculés du haut Canada.

Quatre grands fleuves, ayant leurs sources dans les mêmes montagnes, divisoient ces régions immenses : le fleuve Saint-Laurent qui se perd à l'est dans le golfe de son nom, la rivière de l'Ouest qui porte ses eaux à des mers inconnues, le fleuve Bourbon qui se précipite du midi au nord dans la baie d'Hudson, et le Meschacebé[1], qui tombe du nord au midi dans le golfe du Mexique.

Ce dernier fleuve, dans un cours de plus de mille lieues, arrose une délicieuse contrée que les habitants des États-Unis appellent le *nouvel Éden*, et à laquelle les François ont laissé le doux nom de *Louisiane*. Mille autres fleuves,

---

[1] Vrai nom du Mississipi ou Meschassipi.

tributaires du Meschacebé, le Missouri, l'Illinois, l'Akanza, l'Ohio, le Wabache, le Tenase, l'engraissent de leur limon et la fertilisent de leurs eaux. Quand tous ces fleuves se sont gonflés des déluges de l'hiver; quand les tempêtes ont abattu des pans entiers de forêts, les arbres déracinés s'assemblent sur les sources. Bientôt la vase les cimente, les lianes les enchaînent, et des plantes, y prenant racine de toutes parts, achèvent de consolider ces débris. Charriés par les vagues écumantes, ils descendent au Meschacebé. Le fleuve s'en empare, les pousse au golfe Mexicain, les échoue sur des bancs de sable, et accroît ainsi le nombre de ses embouchures. Par intervalle, il élève sa voix en passant sous les monts, et répand ses eaux débordées autour des colonnades des forêts et des pyramides des tombeaux indiens; c'est le Nil des déserts. Mais la grace est toujours unie à la magnificence dans les scènes de la nature : tandis que le courant du milieu entraîne vers la mer les cadavres des pins et des chênes, on voit sur les deux courants latéraux remonter, le long des rivages, des îles flottantes de pistia et de nénuphar, dont les roses jaunes s'élèvent comme de petits pavillons. Des serpents verts, des hérons bleus, des flammants roses, de jeunes crocodiles s'embarquent passagers sur ces vaisseaux de fleurs, et la colonie, déployant au vent ses voiles d'or, va aborder endormie dans quelque anse retirée du fleuve.

Les deux rives du Meschacebé présentent le tableau le plus extraordinaire. Sur le bord occidental, des savanes se déroulent à perte de vue; leurs flots de verdure, en s'éloignant, semblent monter dans l'azur du ciel où ils s'évanouissent. On voit dans ces prairies sans bornes errer à l'aventure des troupeaux de trois ou quatre mille buffles sauvages. Quelquefois un bison chargé d'années, fendant les flots à la nage, se vient coucher parmi de hautes herbes, dans une île du Meschacebé. A son front orné de deux croissants, à sa barbe antique et limoneuse, vous le prendriez pour le dieu du fleuve, qui jette un œil satisfait sur la grandeur de ses ondes et la sauvage abondance de ses rives.

Telle est la scène sur le bord occidental; mais elle change sur le bord opposé, et forme avec la première un admirable contraste. Suspendus sur le cours des eaux, groupés sur les rochers et sur les montagnes, dispersés dans les vallées, des arbres de toutes les formes, de toutes les couleurs, de tous les parfums, se mêlent, croissent ensemble, montent dans les airs à des hauteurs qui fatiguent les regards. Les vignes sauvages, les bignonias, les coloquintes, s'entrelacent au pied de ces arbres, escaladent leurs rameaux, grimpent à l'extrémité des branches, s'élancent de l'érable au tulipier, du tulipier à l'alcée, en formant mille grottes, mille voûtes, mille portiques. Souvent égarées d'arbre en arbre, ces lianes traversent des bras de rivières, sur lesquels elles jettent des ponts de fleurs. Du sein de ces massifs, le magnolia élève son cône immobile; surmonté de ses larges roses blanches, il domine toute la forêt, et n'a d'autre rival que le palmier, qui balance légèrement auprès de lui ses éventails de verdure.

Une multitude d'animaux placés dans ces retraites par la main du Créateur y répandent l'enchantement et la vie. De l'extrémité des avenues on aperçoit des ours enivrés de raisins, qui chancellent sur les branches des ormeaux; des cariboux se baignent dans un lac; des écureuils noirs se jouent dans l'épaisseur des feuillages; des oiseaux-moqueurs, des colombes de Virginie, de la grosseur d'un passereau, descendent sur les gazons rougis par les fraises; des perroquets verts à tête jaune, des piverts empourprés, des cardinaux de feu, grimpent en circulant au haut des cyprès; des colibris étincellent sur le jasmin des Florides, et des serpents-oiseleurs sifflent suspendus aux dômes des bois, en s'y balançant comme des lianes.

Si tout est silence et repos dans les savanes de l'autre côté du fleuve, tout ici, au contraire, est mouvement et murmure : des coups de bec contre le tronc des chênes, des froissements d'animaux qui marchent, broutent ou broient entre leurs dents les noyaux des fruits, des bruissements d'ondes, de foibles gémissements, de sourds meuglements, de doux roucoulements, remplissent ces déserts d'une tendre et sauvage harmonie. Mais quand une brise vient à animer ces solitudes, à balancer ces corps flottants, à confondre ces masses de blanc, d'azur, de vert, de rose, à mêler toutes les couleurs, à réunir tous les murmures ; alors il sort de tels bruits du fond des forêts, il se passe de telles choses aux yeux, que j'essaierois en vain de les décrire à ceux qui n'ont point parcouru ces champs primitifs de la nature.

Après la découverte du Meschacebé par le père Marquette et l'infortuné La Salle, les premiers François qui s'établirent au Biloxi et à la Nouvelle-Orléans firent alliance avec les Natchez, nation indienne dont la puissance étoit redoutable dans ces contrées. Des querelles et des jalousies ensanglantèrent dans la suite la terre de l'hospitalité. Il y avoit parmi ces Sauvages un vieillard nommé *Chactas*[1], qui, par son âge, sa sagesse, et sa science dans les choses de la vie, étoit le patriarche et l'amour des déserts. Comme tous les hommes, il avoit acheté la vertu par l'infortune. Non seulement les forêts du Nouveau-Monde furent remplies de ses malheurs, mais il les porta jusque sur les rivages de la France. Retenu aux galères à Marseille par une cruelle injustice, rendu à la liberté, présenté à Louis XIV, il avoit conversé avec les grands hommes de ce siècle et assisté aux fêtes de Versailles, aux tragédies de Racine, aux oraisons funèbres de Bossuet, en un mot, le Sauvage avoit contemplé la société à son plus haut point de splendeur.

Depuis plusieurs années, rentré dans le sein de sa patrie, Chactas jouissoit du repos. Toutefois le ciel lui vendoit encore cher cette faveur; le vieillard étoit devenu aveugle. Une jeune fille l'accompagnoit sur les coteaux du Meschacebé, comme Antigone guidoit les pas d'OEdipe sur le Cythéron, ou comme Malvina conduisoit Ossian sur les rochers de Morven.

Malgré les nombreuses injustices que Chactas avoit éprouvées de la part des François, il les

---

[1] La voix harmonieuse.

aimoit. Il se souvenoit toujours de Fénelon, dont il avoit été l'hôte, et désiroit pouvoir rendre quelque service aux compatriotes de cet homme vertueux. Il s'en présenta une occasion favorable. En 1725, un François nommé *René*, poussé par des passions et des malheurs, arriva à la Louisiane. Il remonta le Meschacebé jusqu'aux Natchez, et demanda à être reçu guerrier de cette nation. Chactas l'ayant interrogé, et le trouvant inébranlable dans sa résolution, l'adopta pour fils, et lui donna pour épouse une Indienne appelée *Céluta*. Peu de temps après ce mariage, les Sauvages se préparèrent à la chasse du castor.

Chactas, quoique aveugle, est désigné par le conseil des Sachems [1] pour commander l'expédition, à cause du respect que les tribus indiennes lui portoient. Les prières et les jeûnes commencent; les Jongleurs interprètent les songes; on consulte les Manitous; on fait des sacrifices de petun; on brûle des filets de langue d'orignal; on examine s'ils pétillent dans la flamme, afin de découvrir la volonté des Génies; on part enfin, après avoir mangé le chien sacré. René est de la troupe. A l'aide des contrecourants, les pirogues remontent le Meschacebé,

---

[1] Vieillards ou conseillers.

et entrent dans le lit de l'Ohio. C'est en automne. Les magnifiques déserts du Kentucky se déploient aux yeux étonnés du jeune François. Une nuit, à la clarté de la lune, tandis que tous les Natchez dorment au fond de leurs pirogues, et que la flotte indienne, élevant ses voiles de peaux de bêtes, fuit devant une légère brise, René, demeuré seul avec Chactas, lui demande le récit de ses aventures. Le vieillard consent à le satisfaire, et assis avec lui sur la poupe de la pirogue, il commence en ces mots :

LE RÉCIT.

LES CHASSEURS.

« C'est une singulière destinée, mon cher fils, que celle qui nous réunit. Je vois en toi l'homme civilisé qui s'est fait sauvage ; tu vois en moi l'homme sauvage que le grand Esprit (j'ignore pour quel dessein) a voulu civiliser. Entrés l'un et l'autre dans la carrière de la vie par les deux bouts opposés, tu es venu te reposer à ma place, et j'ai été m'asseoir à la tienne : ainsi nous avons dû avoir des objets une vue totalement différente. Qui, de toi ou de moi, a le plus gagné ou le plus perdu à ce changement de position ? C'est ce que savent les Génies, dont le moins savant a plus de sagesse que tous les hommes ensemble.

« A la prochaine lune des fleurs [1], il y aura sept fois dix neiges, et trois neiges de plus [2], que ma mère me mit au monde sur les bords du Meschacebé. Les Espagnols s'étoient depuis peu établis dans la baie de Pensacola, mais aucun blanc n'habitoit encore la Louisiane. Je comptois à peine dix-sept chutes de feuilles, lorsque je marchai avec mon père, le guerrier Outalissi, contre les Muscogulges, nation puissante des Florides. Nous nous joignîmes aux Espagnols nos alliés, et le combat se donna sur une des branches de la Maubile. Areskoui [3] et les Manitous ne nous furent pas favorables. Les ennemis triomphèrent; mon père perdit la vie; je fus blessé deux fois en le défendant. O que ne descendis-je alors dans le pays des ames [4]! j'aurois évité les malheurs qui m'attendoient sur la terre. Les Esprits en ordonnèrent autrement : je fus entraîné par les fuyards à Saint-Augustin.

« Dans cette ville, nouvellement bâtie par les Espagnols, je courois le risque d'être enlevé pour

---

[1] Mois de mai.
[2] Neige pour année; 73 ans.
[3] Dieu de la guerre.
[4] Les enfers.

les mines de Mexico, lorsqu'un vieux Castillan nommé *Lopez*, touché de ma jeunesse et de ma simplicité, m'offrit un asile et me présenta à une sœur avec laquelle il vivoit sans épouse.

« Tous les deux prirent pour moi les sentiments les plus tendres. On m'éleva avec beaucoup de soin, on me donna toutes sortes de maîtres. Mais après avoir passé trente lunes à Saint-Augustin, je fus saisi du dégoût de la vie des cités. Je dépérissois à vue d'œil : tantôt je demeurois immobile pendant des heures à contempler la cime des lointaines forêts; tantôt on me trouvoit assis au bord d'un fleuve, que je regardois tristement couler. Je me peignois les bois à travers lesquels cette onde avoit passé, et mon ame étoit tout entière à la solitude.

« Ne pouvant plus résister à l'envie de retourner au désert, un matin je me présentai à Lopez, vêtu de mes habits de Sauvage, tenant d'une main mon arc et mes flèches, et de l'autre mes vêtements européens. Je les remis à mon généreux protecteur, aux pieds duquel je tombai en versant des torrents de larmes. Je me donnai des noms odieux, je m'accusai d'ingratitude : « Mais « enfin, lui dis-je, ô mon père! tu le vois toi-« même : je meurs si je ne reprends la vie de « l'Indien. »

« Lopez, frappé d'étonnement, voulut me détourner de mon dessein. Il me représenta les dangers que j'allois courir, en m'exposant à tomber de nouveau entre les mains des Muscogulges. Mais voyant que j'étois résolu à tout entreprendre, fondant en pleurs, et me serrant dans ses bras : « Va, s'écria-t-il, enfant de la nature !
« reprends cette indépendance de l'homme que
« Lopez ne te veut point ravir. Si j'étois plus jeune
« moi-même, je t'accompagnerois au désert (où
« j'ai aussi de doux souvenirs !), et je te remettrois
« dans les bras de ta mère. Quand tu seras dans
« tes forêts, songe quelquefois à ce vieil Espagnol
« qui te donna l'hospitalité, et rappelle-toi, pour
« te porter à l'amour de tes semblables, que la
« première expérience que tu as faite du cœur
« humain a été toute en sa faveur. » Lopez finit par une prière au Dieu des chrétiens, dont j'avois refusé d'embrasser le culte, et nous nous quittâmes avec des sanglots.

« Je ne tardai pas à être puni de mon ingratitude. Mon inexpérience m'égara dans les bois, et je fus pris par un parti de Muscogulges et de Siminoles, comme Lopez me l'avoit prédit. Je fus reconnu pour Natchez, à mon vêtement et aux plumes qui ornoient ma tête. On m'enchaîna, mais légèrement, à cause de ma jeunesse. Simaghan, le chef de la troupe, voulut savoir mon nom; je répondis : « Je m'appelle *Chactas*, fils « d'Outalissi, fils de Miscou, qui ont enlevé plus « de cent chevelures aux héros muscogulges. » Simaghan me dit : « Chactas, fils d'Outalissi, fils « de Miscou, réjouis-toi; tu seras brûlé au grand « village. » Je repartis : « Voilà qui va bien; » et j'entonnai ma chanson de mort.

« Tout prisonnier que j'étois, je ne pouvois, durant les premiers jours, m'empêcher d'admirer mes ennemis. Le Muscogulge, et surtout son allié le Siminole, respire la gaieté, l'amour, le contentement. Sa démarche est légère, son abord ouvert et serein. Il parle beaucoup et avec volubilité; son langage est harmonieux et facile. L'âge même ne peut ravir aux Sachems cette simplicité joyeuse : comme les vieux oiseaux de nos bois, ils mêlent encore leurs vieilles chansons aux airs nouveaux de leur jeune postérité.

« Les femmes qui accompagnoient la troupe témoignoient pour ma jeunesse une pitié tendre et une curiosité aimable. Elles me questionnoient sur ma mère, sur les premiers jours de ma vie; elles vouloient savoir si l'on suspendoit mon berceau de mousse aux branches fleuries des érables, si les brises m'y balançoient auprès du nid des petits oiseaux. C'étoit ensuite mille autres ques-

tions sur l'état de mon cœur : elles me demandoient si j'avois vu une biche blanche dans mes songes, et si les arbres de la vallée secrète m'avoient conseillé d'aimer. Je répondois avec naïveté aux mères, aux filles et aux épouses des hommes. Je leur disois : « Vous êtes les graces
« du jour, et la nuit vous aime comme la rosée.
« L'homme sort de votre sein pour se suspendre
« à votre mamelle et à votre bouche; vous savez
« des paroles magiques qui endorment toutes les
« douleurs. Voilà ce que m'a dit celle qui m'a mis
« au monde, et qui ne me reverra plus ! Elle m'a
« dit encore que les vierges étoient des fleurs mys-
« térieuses qu'on trouve dans les lieux solitaires. »

« Ces louanges faisoient beaucoup de plaisir aux femmes; elles me combloient de toute sorte de dons; elles m'apportoient de la crème de noix, du sucre d'érable, de la sagamité [1], des jambons d'ours, des peaux de castors, des coquillages pour me parer, et des mousses pour ma couche. Elles chantoient, elles rioient avec moi, et puis elles se prenoient à verser des larmes en songeant que je serois brûlé.

« Une nuit que les Muscogulges avoient placé leur camp sur le bord d'une forêt, j'étois assis

---

[1] Sorte de pâte de maïs.

auprès du *feu de la guerre*, avec le chasseur commis à ma garde. Tout à coup j'entendis le murmure d'un vêtement sur l'herbe, et une femme à demi voilée vint s'asseoir à mes côtés. Des pleurs rouloient sous sa paupière; à la lueur du feu un petit crucifix d'or brilloit sur son sein. Elle étoit régulièrement belle; l'on remarquoit sur son visage je ne sais quoi de vertueux et de passionné, dont l'attrait étoit irrésistible. Elle joignoit à cela des graces plus tendres; une extrême sensibilité, unie à une mélancolie profonde, respiroit dans ses regards; son sourire étoit céleste.

« Je crus que c'étoit la *Vierge des dernières amours*, cette vierge qu'on envoie au prisonnier de guerre pour enchanter sa tombe. Dans cette persuasion, je lui dis en balbutiant, et avec un trouble qui pourtant ne venoit pas de la crainte du bûcher: « Vierge, vous êtes digne des pre-
« mières amours, et vous n'êtes pas faite pour
« les dernières. Les mouvements d'un cœur qui
« va bientôt cesser de battre répondroient mal
« aux mouvements du vôtre. Comment mêler la
« mort et la vie? Vous me feriez trop regretter
« le jour. Qu'un autre soit plus heureux que moi,
« et que de longs embrassements unissent la liane
« et le chêne! »

« La jeune fille me dit alors : « Je ne suis point
« la *Vierge des dernières amours*. Es-tu chré-
« tien ? » Je répondis que je n'avois point trahi
les Génies de ma cabane. A ces mots, l'Indienne
fit un mouvement involontaire. Elle me dit : « Je
« te plains de n'être qu'un méchant idolâtre. Ma
« mère m'a faite chrétienne ; je me nomme *Atala*,
« fille de Simaghan aux bracelets d'or, et chef
« des guerriers de cette troupe. Nous nous ren-
« dons à Apalachucla où tu seras brûlé. » En prononçant ces mots, Atala se lève et s'éloigne. »

Ici Chactas fut contraint d'interrompre son récit. Les souvenirs se pressèrent en foule dans son ame ; ses yeux éteints inondèrent de larmes ses joues flétries : telles deux sources cachées dans la profonde nuit de la terre se décèlent par les eaux qu'elles laissent filtrer entre les rochers.

« O mon fils, reprit-il enfin, tu vois que Chactas est bien peu sage, malgré sa renommée de sagesse ! Hélas, mon cher enfant, les hommes ne peuvent déja plus voir, qu'ils peuvent encore pleurer ! Plusieurs jours s'écoulèrent ; la fille du Sachem revenoit chaque soir me parler. Le sommeil avoit fui de mes yeux, et Atala étoit dans mon cœur comme le souvenir de la couche de mes pères.

« Le dix-septième jour de marche, vers le temps où l'éphémère sort des eaux, nous entrâmes sur la grande savane Alachua. Elle est environnée de coteaux qui, fuyant les uns derrière les autres, portent, en s'élevant jusqu'aux nues, des forêts étagées de copalmes, de citronniers, de magnolias et de chênes-verts. Le chef poussa le cri d'arrivée, et la troupe campa au pied des collines. On me relégua à quelque distance, au bord d'un de ces *puits naturels*, si fameux dans les Florides. J'étois attaché au pied d'un arbre ; un guerrier veilloit impatiemment auprès de moi. J'avois à peine passé quelques instants dans ce lieu, qu'Atala parut sous les liquidambars de la fontaine. « Chasseur, dit-elle « au héros muscogulge, si tu veux poursuivre le « chevreuil, je garderai le prisonnier. » Le guerrier bondit de joie à cette parole de la fille du chef ; il s'élance du sommet de la colline et allonge ses pas dans la plaine.

« Étrange contradiction du cœur de l'homme ! Moi qui avois tant désiré de dire les choses du mystère à celle que j'aimois déja comme le soleil, maintenant interdit et confus, je crois que j'eusse préféré d'être jeté aux crocodiles de la fontaine, à me trouver seul ainsi avec Atala. La fille du désert étoit aussi troublée que son prisonnier ; nous gardons un profond silence; les Génies de l'amour avoient dérobé nos paroles. Enfin Atala, faisant un effort, dit ceci : « Guerrier, vous êtes « retenu foiblement; vous pouvez aisément vous « échapper. » A ces mots, la hardiesse revint sur ma langue, je répondis : « Foiblement retenu, ô « femme...! » Je ne sus comment achever. Atala hésita quelques moments ; puis elle dit : « Sauvez- « vous. » Et elle me détacha du tronc de l'arbre. Je saisis la corde; je la remis dans la main de la fille étrangère, en forçant ses beaux doigts à se fermer sur ma chaîne. « Reprenez-la! reprenez-la! » m'écriai-je. — « Vous êtes un insensé, dit « Atala d'une voix émue. Malheureux! ne sais- « tu pas que tu seras brûlé ? Que prétends-tu ? « Songes-tu bien que je suis la fille d'un re- « doutable Sachem ? » — « Il fut un temps, répli- « quai-je avec des larmes, que j'étois aussi porté « dans une peau de castor aux épaules d'une mère. « Mon père avoit aussi une belle hutte, et ses « chevreuils buvoient les eaux de mille torrents; « mais j'erre maintenant sans patrie. Quand je ne « serai plus, aucun ami ne mettra un peu d'herbe « sur mon corps pour le garantir des mouches. « Le corps d'un étranger malheureux n'intéresse « personne. »

« Ces mots attendrirent Atala. Ses larmes tom-

bèrent dans la fontaine. «Ah! repris-je avec vi-
« vacité, si votre cœur parloit comme le mien! Le
« désert n'est-il pas libre? Les forêts n'ont-elles
« point de replis où nous cacher? Faut-il donc,
« pour être heureux, tant de choses aux enfants
« des cabanes! O fille plus belle que le premier
« songe de l'époux! ô ma bien-aimée! ose suivre
« mes pas. » Telles furent mes paroles. Atala me
répondit d'une voix tendre : «Mon jeune ami,
« vous avez appris le langage des blancs; il est
« aisé de tromper une Indienne. » — « Quoi! m'é-
« criai-je, vous m'appelez votre jeune ami! Ah!
« si un pauvre esclave... » — « Hé bien! dit-elle en
« se penchant sur moi, un pauvre esclave... » Je
repris avec ardeur : « Qu'un baiser l'assure de ta
« foi! » Atala écouta ma prière. Comme un faon
semble pendre aux fleurs de lianes roses, qu'il
saisit de sa langue délicate dans l'escarpement de
la montagne, ainsi je restai suspendu aux lèvres
de ma bien-aimée.

« Hélas, mon cher fils, la douleur touche de
près au plaisir! Qui eût pu croire que le moment
où Atala me donnoit le premier gage de son
amour seroit celui-là même où elle détruiroit
mes espérances? Cheveux blanchis du vieux
Chactas, quel fut votre étonnement lorsque
la fille du Sachem prononça ces paroles! «Beau

« prisonnier, j'ai follement cédé à ton désir;
« mais où nous conduira cette passion? Ma reli-
« gion me sépare de toi pour toujours... O ma
« mère! qu'as-tu fait?... » Atala se tut tout à
coup, et retint je ne sus quel fatal secret près
d'échapper à ses lèvres. Ses paroles me plongèrent dans le désespoir. « Hé bien! m'écriai-je,
« je serai aussi cruel que vous; je ne fuirai point.
« Vous me verrez dans le cadre de feu; vous en-
« tendrez les gémissements de ma chair, et vous
« serez pleine de joie. » Atala saisit mes mains
entre les deux siennes. « Pauvre jeune idolâtre,
« s'écria-t-elle, tu me fais réellement pitié! Tu
« veux donc que je pleure tout mon cœur?
« Quel dommage que je ne puisse fuir avec toi!
« Malheureux a été le ventre de ta mère, ô
« Atala! Que ne te jettes-tu au crocodile de la
« fontaine! »

« Dans ce moment même, les crocodiles, aux
approches du coucher du soleil, commençoient
à faire entendre leurs rugissements. Atala me
dit : « Quittons ces lieux. » J'entraînai la fille de
Simaghan au pied des coteaux qui formoient des
golfes de verdure, en avançant leurs promontoires dans la savane. Tout étoit calme et superbe
au désert. La cigogne crioit sur son nid, les bois
retentissoient du chant monotone des cailles, du

sifflement des perruches, du mugissement des bisons et du hennissement des cavales siminoles.

« Notre promenade fut presque muette. Je marchois à côté d'Atala; elle tenoit le bout de la corde, que je l'avois forcée de reprendre. Quelquefois nous versions des pleurs, quelquefois nous essayions de sourire. Un regard tantôt levé vers le ciel, tantôt attaché à la terre, une oreille attentive au chant de l'oiseau, un geste vers le soleil couchant, une main tendrement serrée, un sein tour à tour palpitant, tour à tour tranquille, les noms de Chactas et d'Atala doucement répétés par intervalle... O première promenade de l'amour, il faut que votre souvenir soit bien puissant, puisqu'après tant d'années d'infortune vous remuez encore le cœur du vieux Chactas!

« Qu'ils sont incompréhensibles les mortels agités par les passions! Je venois d'abandonner le généreux Lopez, je venois de m'exposer à tous les dangers pour être libre; dans un instant le regard d'une femme avoit changé mes goûts, mes résolutions, mes pensées! Oubliant mon pays, ma mère, ma cabane et la mort affreuse qui m'attendoit, j'étois devenu indifférent à tout ce qui n'étoit pas Atala. Sans force pour m'élever à la raison de l'homme, j'étois retombé tout à coup dans une espèce d'enfance; et, loin de pouvoir rien faire pour me soustraire aux maux qui m'attendoient, j'aurois eu presque besoin qu'on s'occupât de mon sommeil et de ma nourriture!

« Ce fut donc vainement, qu'après nos courses dans la savane, Atala, se jetant à mes genoux, m'invita de nouveau à la quitter. Je lui protestai que je retournerois seul au camp, si elle refusoit de me rattacher au pied de mon arbre. Elle fut obligée de me satisfaire, espérant me convaincre une autre fois.

« Le lendemain de cette journée, qui décida du destin de ma vie, on s'arrêta dans une vallée, non loin de Cuscowilla, capitale des Siminoles. Ces Indiens, unis aux Muscogulges, forment avec eux la confédération des Creeks. La fille du pays des palmiers vint me trouver au milieu de la nuit. Elle me conduisit dans une grande forêt de pins, et renouvela ses prières pour m'engager à la fuite. Sans lui répondre, je pris sa main dans ma main, et je forçai cette biche altérée d'errer avec moi dans la forêt. La nuit étoit délicieuse. Le Génie des airs secouoit sa chevelure bleue, embaumée de la senteur des pins, et l'on respiroit la foible odeur d'ambre qu'exhaloient les crocodiles couchés sous les tamarins des fleuves. La lune brilloit au milieu d'un azur sans tache, et sa lumière gris de perle descendoit sur la cime indéterminée des forêts. Aucun bruit ne se faisoit entendre, hors je ne sais quelle harmonie lointaine qui régnoit dans la profondeur des bois : on eût dit que l'ame de la solitude soupiroit dans toute l'étendue du désert.

« Nous aperçûmes à travers les arbres un jeune homme, qui, tenant à la main un flambeau, ressembloit au Génie du printemps parcourant les forêts pour ranimer la nature. C'étoit un amant qui alloit s'instruire de son sort à la cabane de sa maîtresse.

« Si la vierge éteint le flambeau, elle accepte les vœux offerts; si elle se voile sans l'éteindre, elle rejette un époux.

« Le guerrier, en se glissant dans les ombres, chantoit à demi-voix ces paroles :

« Je devancerai les pas du jour sur le sommet
« des montagnes pour chercher ma colombe so-
« litaire parmi les chênes de la forêt.

« J'ai attaché à son cou un collier de porce-
« laines[1]; on y voit trois grains rouges pour mon
« amour, trois violets pour mes craintes, trois
« bleus pour mes espérances.

---

[1] Sorte de coquillage.

« Mila a les yeux d'une hermine et la cheve-
« lure légère d'un champ de riz; sa bouche est
« un coquillage rose, garni de perles; ses deux
« seins sont comme deux petits chevreaux sans
« tache, nés au même jour d'une seule mère.

« Puisse Mila éteindre ce flambeau! Puisse sa
« bouche verser sur lui une ombre voluptueuse!
« Je fertiliserai son sein. L'espoir de la patrie
« pendra à sa mamelle féconde, et je fumerai mon
« calumet de paix sur le berceau de mon fils!

« Ah! laissez-moi devancer les pas du jour sur
« le sommet des montagnes pour chercher ma
« colombe solitaire parmi les chênes de la forêt! »

« Ainsi chantoit ce jeune homme, dont les accents portèrent le trouble jusqu'au fond de mon
ame, et firent changer de visage à Atala. Nos
mains unies frémirent l'une dans l'autre. Mais
nous fûmes distraits de cette scène, par une
scène non moins dangereuse pour nous.

« Nous passâmes auprès du tombeau d'un enfant, qui servoit de limites à deux nations. On
l'avoit placé au bord du chemin, selon l'usage,
afin que les jeunes femmes, en allant à la fontaine, pussent attirer dans leur sein l'ame de
l'innocente créature, et la rendre à la patrie. On
y voyoit dans ce moment des épouses nouvelles

qui, désirant les douceurs de la maternité, cherchoient, en entr'ouvrant leurs lèvres, à recueillir l'âme du petit enfant, qu'elles croyoient voir errer sur les fleurs. La véritable mère vint ensuite déposer une gerbe de maïs et des fleurs de lis blancs sur le tombeau. Elle arrosa la terre de son lait, s'assit sur le gazon humide, et parla à son enfant d'une voix attendrie :

« Pourquoi te pleuré-je dans ton berceau de
« terre, ô mon nouveau-né! Quand le petit oiseau
« devient grand, il faut qu'il cherche sa nourri-
« ture, et il trouve dans le désert bien des graines
« amères. Du moins tu as ignoré les pleurs; du
« moins ton cœur n'a point été exposé au souffle
« dévorant des hommes. Le bouton qui sèche
« dans son enveloppe passe avec tous ses par-
« fums, comme toi, ô mon fils! avec toute ton
« innocence. Heureux ceux qui meurent au ber-
« ceau, ils n'ont connu que les baisers et les sou-
« ris d'une mère! »

« Déja subjugués par notre propre cœur, nous fûmes accablés par ces images d'amour et de maternité, qui sembloient nous poursuivre dans ces solitudes enchantées. J'emportai Atala dans mes bras au fond de la forêt, et je lui dis des choses qu'aujourd'hui je chercherois en vain sur mes lèvres. Le vent du midi, mon cher fils, perd sa chaleur en passant sur des montagnes de glace. Les souvenirs de l'amour dans le cœur d'un vieillard sont comme les feux du jour réfléchis par l'orbe paisible de la lune lorsque le soleil est couché et que le silence plane sur les huttes des Sauvages.

« Qui pouvoit sauver Atala ? qui pouvoit l'empêcher de succomber à la nature ? Rien qu'un miracle, sans doute; et ce miracle fut fait! La fille de Simaghan eut recours au Dieu des chrétiens; elle se précipita sur la terre, et prononça une fervente oraison, adressée à sa mère et à la Reine des vierges. C'est de ce moment, ô René, que j'ai conçu une merveilleuse idée de cette religion qui, dans les forêts, au milieu de toutes les privations de la vie, peut remplir de mille dons les infortunés; de cette religion qui, opposant sa puissance au torrent des passions, suffit seule pour les vaincre, lorsque tout les favorise, et le secret des bois, et l'absence des hommes, et la fidélité des ombres. Ah! qu'elle me parut divine la simple Sauvage, l'ignorante Atala, qui, à genoux devant un vieux pin tombé, comme au pied d'un autel, offroit à son Dieu des vœux pour un amant idolâtre! Ses yeux levés vers l'astre de la nuit, ses joues brillantes des pleurs de la religion et de l'amour étoient d'une beauté immortelle. Plusieurs fois il me sembla qu'elle alloit prendre son vol vers les cieux; plusieurs fois je crus voir descendre sur les rayons de la lune et entendre dans les branches des arbres ces Génies que le Dieu des chrétiens envoie aux ermites des rochers lorsqu'il se dispose à les rappeler à lui. J'en fus affligé, car je craignis qu'Atala n'eût que peu de temps à passer sur la terre.

« Cependant elle versa tant de larmes, elle se montra si malheureuse, que j'allois peut-être consentir à m'éloigner, lorsque le cri de mort retentit dans la forêt. Quatre hommes armés se précipitent sur moi : nous avions été découverts; le chef de guerre avoit donné l'ordre de nous poursuivre.

« Atala, qui ressembloit à une reine pour l'orgueil de la démarche, dédaigna de parler à ces guerriers. Elle leur lança un regard superbe, et se rendit auprès de Simaghan.

« Elle ne put rien obtenir. On redoubla mes gardes, on multiplia mes chaînes, on écarta mon amante. Cinq nuits s'écoulent, et nous apercevons Apalachucla situé au bord de la rivière Chata-Uche. Aussitôt on me couronne de fleurs; on me peint le visage d'azur et de vermillon; on m'attache des perles au nez et aux oreilles, et l'on me met à la main un chichikoué[1].

« Ainsi paré pour le sacrifice, j'entre dans Apalachucla, aux cris répétés de la foule. C'en étoit fait de ma vie, quand tout à coup le bruit d'une conque se fait entendre, et le Mico, ou chef de la nation, ordonne de s'assembler.

« Tu connois, mon fils, les tourments que les Sauvages font subir aux prisonniers de guerre. Les missionnaires chrétiens, au péril de leurs jours, et avec une charité infatigable, étoient parvenus chez plusieurs nations à faire substituer un esclavage assez doux aux horreurs du bûcher. Les Muscogulges n'avoient point encore adopté cette coutume; mais un parti nombreux s'étoit déclaré en sa faveur. C'étoit pour prononcer sur cette importante affaire que le Mico convoquoit les Sachems. On me conduit au lieu des délibérations.

« Non loin d'Apalachucla s'élevoit sur un tertre isolé le pavillon du conseil. Trois cercles de colonnes formoient l'élégante architecture de cette rotonde. Les colonnes étoient de cyprès poli et sculpté; elles augmentoient en hauteur et en épaisseur, et diminuoient en nombre, à

---

[1] Instrument de musique des Sauvages.

mesure qu'elles se rapprochoient du centre marqué par un pilier unique. Du sommet de ce pilier partoient des bandes d'écorce, qui, passant sur le sommet des autres colonnes, couvroient le pavillon en forme d'éventail à jour.

« Le conseil s'assemble. Cinquante vieillards, en manteau de castor, se rangent sur des espèces de gradins faisant face à la porte du pavillon. Le grand chef est assis au milieu d'eux, tenant à la main le calumet de paix à demi coloré pour la guerre. A la droite des vieillards se placent cinquante femmes couvertes d'une robe de plumes de cygne. Les chefs de guerre, le tomahawk[1] à la main, le pennache en tête, les bras et la poitrine teints de sang, prennent la gauche.

« Au pied de la colonne centrale brûle le feu du conseil. Le premier Jongleur, environné des huit gardiens du temple, vêtu de longs habits, et portant un hibou empaillé sur la tête, verse du baume de copalme sur la flamme et offre un sacrifice au soleil. Ce triple rang de vieillards, de matrones, de guerriers, ces prêtres, ces nuages d'encens, ce sacrifice, tout sert à donner à ce conseil un appareil imposant.

« J'étois debout enchaîné au milieu de l'as-

---

[1] La hache.

semblée. Le sacrifice achevé, le Mico prend la parole, et expose avec simplicité l'affaire qui rassemble le conseil. Il jette un collier bleu dans la salle, en témoignage de ce qu'il vient de dire.

« Alors un Sachem de la tribu de l'Aigle se lève, et parle ainsi :

« Mon père le Mico, Sachems, matrones, guer-
« riers des quatre tribus de l'Aigle, du Castor,
« du Serpent et de la Tortue, ne changeons rien
« aux mœurs de nos aïeux, brûlons le prison-
« nier, et n'amollissons point nos courages. C'est
« une coutume des blancs qu'on vous propose,
« elle ne peut être que pernicieuse. Donnez un
« collier rouge qui contienne mes paroles. J'ai
« dit. »

« Et il jette un collier rouge dans l'assemblée.
« Une matrone se lève, et dit :

« Mon père l'Aigle, vous avez l'esprit d'un re-
« nard, et la prudente lenteur d'une tortue. Je
« veux polir avec vous la chaîne d'amitié, et nous
« planterons ensemble l'arbre de paix. Mais chan-
« geons les coutumes de nos aïeux en ce qu'elles
« ont de funeste. Ayons des esclaves qui cultivent
« nos champs, et n'entendons plus les cris du

« prisonnier, qui troublent le sein des mères. J'ai
« dit. »

« Comme on voit les flots de la mer se briser pendant un orage, comme en automne les feuilles séchées sont enlevées par un tourbillon, comme les roseaux du Meschacebé plient et se relèvent dans une inondation subite, comme un grand troupeau de cerfs brame au fond d'une forêt, ainsi s'agitoit et murmuroit le conseil. Des Sachems, des guerriers, des matrones, parlent tour à tour ou tous ensemble. Les intérêts se choquent, les opinions se divisent, le conseil va se dissoudre; mais enfin l'usage antique l'emporte, et je suis condamné au bûcher.

« Une circonstance vint retarder mon supplice; la *Fête des morts* ou le *Festin des ames* approchoit. Il est d'usage de ne faire mourir aucun captif pendant les jours consacrés à cette cérémonie. On me confia à une garde sévère; et sans doute les Sachems éloignèrent la fille de Simaghan, car je ne la revis plus.

« Cependant les nations de plus de trois cents lieues à la ronde arrivoient en foule pour célébrer le *Festin des ames*. On avoit bâti une longue hutte sur un site écarté. Au jour marqué, chaque cabane exhuma les restes de ses pères de leurs tombeaux particuliers, et l'on suspendit les squelettes, par ordre et par famille, aux murs de la *Salle commune des aïeux*. Les vents (une tempête s'étoit élevée), les forêts, les cataractes mugissoient au dehors, tandis que les vieillards des diverses nations concluoient entre eux des traités de paix et d'alliance sur les os de leurs pères.

« On célèbre les jeux funèbres, la course, la balle, les osselets. Deux vierges cherchent à s'arracher une baguette de saule. Les boutons de leurs seins viennent se toucher, leurs mains voltigent sur la baguette qu'elles élèvent au dessus de leurs têtes. Leurs beaux pieds nus s'entrelacent, leurs bouches se rencontrent, leurs douces haleines se confondent; elles se penchent et mêlent leurs chevelures; elles regardent leurs mères, rougissent : on applaudit [1]. Le Jongleur invoque Michabou, génie des eaux. Il raconte les guerres du grand Lièvre contre Matchimanitou, dieu du mal. Il dit le premier homme et Atahensic la première femme précipités du ciel pour avoir perdu l'innocence, la terre rougie du sang fraternel, Jouskeka l'impie immolant le juste Tahouistsaron, le déluge descendant à la voix du grand Esprit, Massou sauvé seul dans son canot

---

[1] La rougeur est sensible chez les jeunes Sauvages.

d'écorce, et le corbeau envoyé à la découverte de la terre : il dit encore la belle Endaé, retirée de la contrée des ames par les douces chansons de son époux.

« Après ces jeux et ces cantiques, on se prépare à donner aux aïeux une éternelle sépulture.

« Sur les bords de la rivière Chata-Uche se voyoit un figuier sauvage, que le culte des peuples avoit consacré. Les vierges avoient accoutumé de laver leurs robes d'écorce dans ce lieu et de les exposer au souffle du désert, sur les rameaux de l'arbre antique. C'étoit là qu'on avoit creusé un immense tombeau. On part de la salle funèbre en chantant l'hymne à la mort; chaque famille porte quelques débris sacrés. On arrive à la tombe; on y descend les reliques; on les y étend par couche; on les sépare avec des peaux d'ours et de castors; le mont du tombeau s'élève, et l'on y plante l'*Arbre des pleurs et du sommeil.*

« Plaignons les hommes, mon cher fils! Ces mêmes Indiens dont les coutumes sont si touchantes, ces mêmes femmes qui m'avoient témoigné un intérêt si tendre, demandoient maintenant mon supplice à grands cris, et des nations entières retardoient leur départ, pour avoir le plaisir de voir un jeune homme souffrir des tourments épouvantables.

« Dans une vallée au nord, à quelque distance du grand village, s'élevoit un bois de cyprès et de sapins, appelé le *Bois du sang*. On y arrivoit par les ruines d'un de ces monuments dont on ignore l'origine, et qui sont l'ouvrage d'un peuple maintenant inconnu. Au centre de ce bois s'étendoit une arène où l'on sacrifioit les prisonniers de guerre. On m'y conduit en triomphe. Tout se prépare pour ma mort : on plante le poteau d'Areskoui ; les pins, les ormes, les cyprès tombent sous la cognée ; le bûcher s'élève ; les spectateurs bâtissent des amphithéâtres avec des branches et des troncs d'arbres. Chacun invente un supplice : l'un se propose de m'arracher la peau du crâne, l'autre de me brûler les yeux avec des haches ardentes. Je commence ma chanson de mort :

« Je ne crains point les tourments : je suis « brave, ô Muscogulges, je vous défie ! je vous « méprise plus que des femmes. Mon père Outa- « lissi, fils de Miscou, a bu dans le crâne de vos « plus fameux guerriers, vous n'arracherez pas « un soupir de mon cœur. »

« Provoqué par ma chanson, un guerrier me perça le bras d'une flèche ; je dis : « Frère, je te « remercie. »

« Malgré l'activité des bourreaux, les préparatifs du supplice ne purent être achevés avant le coucher du soleil. On consulta le Jongleur, qui défendit de troubler les Génies des ombres, et ma mort fut encore suspendue jusqu'au lendemain. Mais, dans l'impatience de jouir du spectacle, et pour être plus tôt prêts au lever de l'aurore, les Indiens ne quittèrent point le *Bois du sang ;* ils allumèrent de grands feux, et commencèrent des festins et des danses.

« Cependant on m'avoit étendu sur le dos. Des cordes partant de mon cou, de mes pieds, de mes bras, alloient s'attacher à des piquets enfoncés en terre. Des guerriers étoient couchés sur ces cordes, et je ne pouvois faire un mouvement, sans qu'ils en fussent avertis. La nuit s'avance : les chants et les danses cessent par degré ; les feux ne jettent plus que des lueurs rougeâtres, devant lesquelles on voit encore passer les ombres de quelques Sauvages ; tout s'endort ; à mesure que le bruit des hommes s'affoiblit, celui du désert augmente, et au tumulte des voix succèdent les plaintes du vent dans la forêt.

« C'étoit l'heure où une jeune Indienne qui vient d'être mère se réveille en sursaut au milieu de la nuit, car elle a cru entendre les cris de son premier-né, qui lui demande la douce nourriture. Les yeux attachés au ciel, où le croissant de la lune erroit dans les nuages, je réfléchissois sur ma destinée. Atala me sembloit un monstre d'ingratitude. M'abandonner au moment du supplice, moi qui m'étois dévoué aux flammes plutôt que de la quitter! Et pourtant je sentois que je l'aimois toujours, et que je mourrois avec joie pour elle.

« Il est dans les extrêmes plaisirs un aiguillon qui nous éveille, comme pour nous avertir de profiter de ce moment rapide ; dans les grandes douleurs, au contraire, je ne sais quoi de pesant nous endort ; des yeux fatigués par les larmes cherchent naturellement à se fermer, et la bonté de la Providence se fait ainsi remarquer jusque dans nos infortunes. Je cédai, malgré moi, à ce lourd sommeil que goûtent quelquefois les misérables. Je rêvois qu'on m'ôtoit mes chaînes; je croyois sentir ce soulagement qu'on éprouve, lorsqu'après avoir été fortement pressé, une main secourable relâche nos fers.

« Cette sensation devint si vive, qu'elle me fit soulever les paupières. A la clarté de la lune, dont un rayon s'échappoit entre deux nuages, j'entrevois une grande figure blanche penchée sur moi, et occupée à dénouer silencieusement mes liens. J'allois pousser un cri, lorsqu'une main, que je reconnus à l'instant, me ferma la bouche. Une seule corde restoit, mais il paroissoit impossible de la couper, sans toucher un guerrier qui la couvroit tout entière de son corps. Atala y porte la main, le guerrier s'éveille à demi, et se dresse sur son séant. Atala reste immobile, et le regarde. L'Indien croit voir l'Esprit des ruines ; il se recouche en fermant les yeux et en invoquant son Manitou. Le lien est brisé. Je me lève ; je suis ma libératrice, qui me tend le bout d'un arc dont elle tient l'autre extrémité. Mais que de dangers nous environnent! Tantôt nous sommes près de heurter des Sauvages endormis; tantôt une garde nous interroge, et Atala répond en changeant sa voix. Des enfants poussent des cris, des dogues aboient. A peine sommes-nous sortis de l'enceinte funeste, que des hurlements ébranlent la forêt. Le camp se réveille, mille feux s'allument, on voit courir de tous côtés des Sauvages avec des flambeaux ; nous précipitons notre course.

« Quand l'aurore se leva sur les Apalaches, nous étions déja loin. Quelle fut ma félicité lorsque je me trouvai encore une fois dans la solitude avec Atala, avec Atala ma libératrice, avec Atala qui se donnoit à moi pour toujours!

Les paroles manquèrent à ma langue, je tombai à genoux, et je dis à la fille de Simaghan : « Les « hommes sont bien peu de chose ; mais quand « les Génies les visitent, alors ils ne sont rien du « tout. Vous êtes un Génie, vous m'avez visité; et « je ne puis parler devant vous. » Atala me tendit la main avec un sourire : « Il faut bien, dit-elle, « que je vous suive, puisque vous ne voulez pas « fuir sans moi. Cette nuit, j'ai séduit le Jongleur « par des présents, j'ai enivré vos bourreaux avec « de l'essence de feu [1], et j'ai dû hasarder ma vie « pour vous, puisque vous aviez donné la vôtre « pour moi. Oui, jeune idolâtre, ajouta-t-elle « avec un accent qui m'effraya, le sacrifice sera « réciproque. »

« Atala me remit les armes qu'elle avoit eu soin d'apporter ; ensuite elle pansa ma blessure. En l'essuyant avec une feuille de papaya, elle la mouilloit de ses larmes. « C'est un baume, lui « dis-je, que tu répands sur ma plaie. » — « Je « crains plutôt que ce ne soit un poison, » répondit-elle. Elle déchira un des voiles de son sein, dont elle fit une première compresse, qu'elle attacha avec une boucle de ses cheveux.

« L'ivresse, qui dure long-temps chez les Sau-

---

[1] De l'eau-de-vie.

vages, et qui est pour eux une espèce de maladie, les empêcha sans doute de nous poursuivre durant les premières journées. S'ils nous cherchèrent ensuite, il est probable que ce fut du côté du couchant, persuadés que nous aurions essayé de nous rendre au Meschacebé ; mais nous avions pris notre route vers l'étoile immobile [1], en nous dirigeant sur la mousse du tronc des arbres.

« Nous ne tardâmes pas à nous apercevoir que nous avions peu gagné à ma délivrance. Le désert dérouloit maintenant devant nous ses solitudes démesurées. Sans expérience de la vie des forêts, détournés de notre vrai chemin, et marchant à l'aventure, qu'allions-nous devenir ? Souvent, en regardant Atala, je me rappelois cette antique histoire d'Agar, que Lopez m'avoit fait lire, et qui est arrivée dans le désert de Bersabée, il y a bien long-temps, alors que les hommes vivoient trois âges de chêne.

« Atala me fit un manteau avec la seconde écorce du frêne, car j'étois presque nu. Elle me broda des mocassines [2] de peau de rat musqué, avec du poil de porc-épic. Je prenois soin à mon

---

[1] Le nord.
[2] Chaussure indienne.

tour de sa parure. Tantôt je lui mettois sur la tête une couronne de ces mauves bleues, que nous trouvions sur notre route, dans des cimetières indiens abandonnés; tantôt je lui faisois des colliers avec des graines rouges d'azalea; et puis je me prenois à sourire, en contemplant sa merveilleuse beauté.

« Quand nous rencontrions un fleuve, nous le passions sur un radeau ou à la nage. Atala appuyoit une de ses mains sur mon épaule; et, comme deux cygnes voyageurs, nous traversions ces ondes solitaires.

Souvent, dans les grandes chaleurs du jour, nous cherchions un abri sous les mousses des cèdres. Presque tous les arbres de la Floride, en particulier le cèdre et le chêne-vert, sont couverts d'une mousse blanche qui descend de leurs rameaux jusqu'à terre. Quand la nuit, au clair de la lune, vous apercevez sur la nudité d'une savane, une yeuse isolée revêtue de cette draperie, vous croiriez voir un fantôme, traînant après lui ses longs voiles. La scène n'est pas moins pittoresque au grand jour; car une foule de papillons, de mouches brillantes, de colibris, de perruches vertes, de geais d'azur, vient s'accrocher à ces mousses, qui produisent alors l'effet d'une tapisserie en laine blanche, où l'ouvrier européen auroit brodé des insectes et des oiseaux éclatants.

« C'étoit dans ces riantes hôtelleries, préparées par le grand Esprit, que nous nous reposions à l'ombre. Lorsque les vents descendoient du ciel pour balancer ce grand cèdre, que le château aérien bâti sur ses branches alloit flottant avec les oiseaux et les voyageurs endormis sous ses abris, que mille soupirs sortoient des corridors et des voûtes du mobile édifice; jamais les merveilles de l'ancien monde n'ont approché de ce monument du désert.

« Chaque soir nous allumions un grand feu, et nous bâtissions la hutte du voyage, avec une écorce élevée sur quatre piquets. Si j'avois tué une dinde sauvage, un ramier, un faisan des bois, nous le suspendions devant le chêne embrasé, au bout d'une gaule plantée en terre, et nous abandonnions au vent le soin de tourner la proie du chasseur. Nous mangions des mousses appelées *tripes de roches*, des écorces sucrées de bouleau, et des pommes de mai, qui ont le goût de la pêche et de la framboise. Le noyer noir, l'érable, le sumac, fournissoient le vin à notre table. Quelquefois j'allois chercher parmi les roseaux une plante, dont la fleur allongée en cornet contenoit un verre de la plus pure rosée.

Nous bénissions la Providence qui, sur la foible tige d'une fleur, avoit placé cette source limpide au milieu des marais corrompus, comme elle a mis l'espérance au fond des cœurs ulcérés par le chagrin, comme elle a fait jaillir la vertu du sein des misères de la vie.

« Hélas ! je découvris bientôt que je m'étois trompé sur le calme apparent d'Atala. A mesure que nous avancions elle devenoit triste. Souvent elle tressailloit sans cause, et tournoit précipitamment la tête. Je la surprenois attachant sur moi un regard passionné, qu'elle reportoit vers le ciel avec une profonde mélancolie. Ce qui m'effrayoit surtout, étoit un secret, une pensée cachée au fond de son ame, que j'entrevoyois dans ses yeux. Toujours m'attirant et me repoussant, ranimant et détruisant mes espérances, quand je croyois avoir fait un peu de chemin dans son cœur, je me retrouvois au même point. Que de fois elle m'a dit : « O mon jeune amant ! je t'aime
« comme l'ombre des bois au milieu du jour ! Tu
« es beau comme le désert avec toutes ses fleurs
« et toutes ses brises. Si je me penche sur toi, je
« frémis ; si ma main tombe sur la tienne, il me
« semble que je vais mourir. L'autre jour le vent
« jeta tes cheveux sur mon visage, tandis que tu
« te délassois sur mon sein, je crus sentir le léger

« toucher des esprits invisibles. Oui, j'ai vu les
« chevrettes de la montagne d'Occone; j'ai en-
« tendu les propos des hommes rassasiés de jours;
« mais la douceur des chevereaux et la sagesse des
« vieillards sont moins plaisantes et moins fortes
« que tes paroles. Hé bien, pauvre Chactas, je ne
« serai jamais ton épouse! »

« Les perpétuelles contradictions de l'amour et de la religion d'Atala, l'abandon de sa tendresse et la chasteté de ses mœurs, la fierté de son caractère et sa profonde sensibilité, l'élévation de son ame dans les grandes choses, sa susceptibilité dans les petites, tout en faisoit pour moi un être incompréhensible. Atala ne pouvoit pas prendre sur un homme un foible empire : pleine de passions, elle étoit pleine de puissance; il falloit ou l'adorer ou la haïr.

« Après quinze nuits d'une marche précipitée, nous entrâmes dans la chaîne des monts Alléganys, et nous atteignîmes une des branches du Tenase, fleuve qui se jette dans l'Ohio. Aidé des conseils d'Atala, je bâtis un canot, que j'enduisis de gomme de prunier, après en avoir recousu les écorces avec des racines de sapin. Ensuite je m'embarquai avec Atala, et nous nous abandonnâmes au cours du fleuve.

« Le village indien de Sticoë, avec ses tombes

pyramidales et ses huttes en ruine, se montroit
à notre gauche, au détour d'un promontoire;
nous laissions à droite la vallée de Keow, terminée par la perspective des cabanes de Jore,
suspendues au front de la montagne du même
nom. Le fleuve qui nous entraînoit, couloit entre
de hautes falaises, au bout desquelles on apercevoit le soleil couchant. Ces profondes solitudes n'étoient point troublées par la présence
de l'homme. Nous ne vîmes qu'un chasseur indien qui, appuyé sur son arc et immobile sur la
pointe d'un rocher, ressembloit à une statue élevée dans la montagne au Génie de ces déserts.

« Atala et moi nous joignions notre silence au
silence de cette scène. Tout à coup la fille de
l'exil fit éclater dans les airs une voix pleine d'é-
motion et de mélancolie; elle chantoit la patrie
absente :

« Heureux ceux qui n'ont point vu la fumée
« des fêtes de l'étranger, et qui ne se sont assis
« qu'aux festins de leurs pères !

« Si le geai bleu du Meschacebé disoit à la non-
« pareille des Florides : Pourquoi vous plaignez-
« vous si tristement? n'avez-vous pas ici de belles
« eaux et de beaux ombrages, et toutes sortes de

« pâtures comme dans vos forêts ? — Oui, répon-
« droit la nonpareille fugitive ; mais mon nid est
« dans le jasmin, qui me l'apportera ? Et le so-
« leil de ma savane, l'avez-vous ?

« Heureux ceux qui n'ont point vu la fumée des
« fêtes de l'étranger, et qui ne se sont assis qu'aux
« festins de leurs pères !

« Après les heures d'une marche pénible, le
« voyageur s'assied tristement. Il contemple au-
« tour de lui les toits des hommes ; le voyageur
« n'a pas un lieu où reposer sa tête. Le voyageur
« frappe à la cabane, il met son arc derrière la
« porte, il demande l'hospitalité ; le maître fait
« un geste de la main ; le voyageur reprend son
« arc et retourne au désert !

« Heureux ceux qui n'ont point vu la fumée
« des fêtes de l'étranger, et qui ne se sont assis
« qu'aux festins de leurs pères !

« Merveilleuses histoires racontées autour du
« foyer, tendres épanchements du cœur, longues
« habitudes d'aimer si nécessaires à la vie, vous
« avez rempli les journées de ceux qui n'ont point
« quitté leur pays natal ! Leurs tombeaux sont dans

« leur patrie, avec le soleil couchant, les pleurs
« de leurs amis et les charmes de la religion.

« Heureux ceux qui n'ont point vu la fumée
« des fêtes de l'étranger, et qui ne se sont assis
« qu'aux festins de leurs pères ! »

« Ainsi chantoit Atala. Rien n'interrompoit ses
plaintes, hors le bruit insensible de notre canot
sur les ondes. En deux ou trois endroits seulement elles furent recueillies par un foible écho,
qui les redit à un second plus foible, et celui-ci à
un troisième plus foible encore : on eût cru que
les ames de deux amants, jadis infortunés comme
nous, attirées par cette mélodie touchante, se
plaisoient à en soupirer les derniers sons dans
la montagne.

« Cependant la solitude, la présence continuelle de l'objet aimé, nos malheurs même, redoubloient à chaque instant notre amour. Les
forces d'Atala commençoient à l'abandonner, et
les passions, en abattant son corps, alloient
triompher de sa vertu. Elle prioit continuellement sa mère, dont elle avoit l'air de vouloir
apaiser l'ombre irritée. Quelquefois elle me demandoit si je n'entendois pas une voix plaintive,
si je ne voyois pas des flammes sortir de la terre.

Pour moi, épuisé de fatigue, mais toujours brûlant de désir, songeant que j'étois peut-être perdu sans retour au milieu de ces forêts, cent fois je fus prêt à saisir mon épouse dans mes bras, cent fois je lui proposai de bâtir une hutte sur ces rivages et de nous y ensevelir ensemble. Mais elle me résista toujours : « Songez, me di-« soit-elle, mon jeune ami, qu'un guerrier se doit « à sa patrie. Qu'est-ce qu'une femme auprès des « devoirs que tu as à remplir? Prends courage, « fils d'Outalissi, ne murmure point contre ta « destinée. Le cœur de l'homme est comme l'é-« ponge du fleuve, qui tantôt boit une onde pure « dans les temps de sérénité, tantôt s'enfle d'une « eau bourbeuse, quand le ciel a troublé les eaux. « L'éponge a-t-elle le droit de dire : Je croyois « qu'il n'y auroit jamais d'orages, que le soleil ne « seroit jamais brûlant? »

« O René, si tu crains les troubles du cœur défie-toi de la solitude : les grandes passions sont solitaires, et les transporter au désert, c'est les rendre à leur empire. Accablés de soucis et de craintes, exposés à tomber entre les mains des Indiens ennemis, à être engloutis dans les eaux, piqués des serpents, dévorés des bêtes, trouvant difficilement une chétive nourriture, et ne sachant plus de quel côté tourner nos pas, nos maux sembloient ne pouvoir plus s'accroître, lorsqu'un accident y vint mettre le comble.

« C'étoit le vingt-septième soleil depuis notre départ des cabanes : la *lune de feu* [1] avoit commencé son cours, et tout annonçoit un orage. Vers l'heure où les matrones indiennes suspendent la crosse du labour aux branches du savinier, et où les perruches se retirent dans le creux des cyprès, le ciel commença à se couvrir. Les voix de la solitude s'éteignirent, le désert fit silence, et les forêts demeurèrent dans un calme universel. Bientôt les roulements d'un tonnerre lointain, se prolongeant dans ces bois aussi vieux que le monde, en firent sortir des bruits sublimes. Craignant d'être submergés, nous nous hâtâmes de gagner le bord du fleuve, et de nous retirer dans une forêt.

« Ce lieu étoit un terrain marécageux. Nous avancions avec peine sous une voûte de smilax, parmi des ceps de vigne, des indigos, des faséoles, des lianes rampantes, qui entravoient nos pieds comme des filets. Le sol spongieux trembloit autour de nous, et à chaque instant nous étions près d'être engloutis dans des fondrières. Des insectes sans nombre, d'énormes chauve-

[1] Mois de juillet.

souris nous aveugloient; les serpents à sonnettes bruissoient de toutes parts; et les loups, les ours, les carcajous, les petits tigres, qui venoient se cacher dans ces retraites, les remplissoient de leurs rugissements.

« Cependant l'obscurité redouble : les nuages abaissés entrent sous l'ombrage des bois. La nue se déchire, et l'éclair trace un rapide losange de feu. Un vent impétueux, sorti du couchant, roule les nuages sur les nuages; les forêts plient, le ciel s'ouvre coup sur coup, et, à travers ses crevasses, on aperçoit de nouveaux cieux et des campagnes ardentes. Quel affreux, quel magnifique spectacle! La foudre met le feu dans les bois; l'incendie s'étend comme une chevelure de flammes; des colonnes d'étincelles et de fumée assiégent les nues qui vomissent leurs foudres dans le vaste embrasement. Alors le grand Esprit couvre les montagnes d'épaisses ténèbres; du milieu de ce vaste chaos s'élève un mugissement confus formé par le fracas des vents, le gémissement des arbres, le hurlement des bêtes féroces, le bourdonnement de l'incendie, et la chute répétée du tonnerre qui siffle en s'éteignant dans les eaux.

« Le grand Esprit le sait! Dans ce moment je ne vis qu'Atala, je ne pensai qu'à elle. Sous le tronc penché d'un bouleau, je parvins à la garantir des torrents de la pluie. Assis moi-même sous l'arbre, tenant ma bien-aimée sur mes genoux, et réchauffant ses pieds nus entre mes mains, j'étois plus heureux que la nouvelle épouse qui sent pour la première fois son fruit tressaillir dans son sein.

« Nous prêtions l'oreille au bruit de la tempête; tout à coup je sentis une larme d'Atala tomber sur mon sein : « Orage du cœur, m'écriai-je, est-ce « une goutte de votre pluie ? » Puis embrassant étroitement celle que j'aimois : « Atala, lui dis-je, « vous me cachez quelque chose. Ouvre-moi ton « cœur, ô ma beauté ! cela fait tant de bien, quand « un ami regarde dans notre ame! Raconte-moi « cet autre secret de la douleur, que tu t'obstines « à taire. Ah! je le vois, tu pleures ta patrie. » Elle repartit aussitôt : « Enfant des hommes, com- « ment pleurerois-je ma patrie, puisque mon père « n'étoit pas du pays des palmiers ? » — « Quoi, « répliquai-je avec un profond étonnement, votre « père n'étoit point du pays des palmiers ! Quel « est donc celui qui vous a mise sur cette terre ? « Répondez. » Atala dit ces paroles :

« Avant que ma mère eût apporté en mariage « au guerrier Simaghan trente cavales, vingt

« buffles, cent mesures d'huile de glands, cin-
« quante peaux de castors et beaucoup d'autres
« richesses, elle avoit connu un homme de la
« chair blanche. Or, la mère de ma mère lui jeta
« de l'eau au visage, et la contraignit d'épouser
« le magnanime Simaghan, tout semblable à un
« roi, et honoré des peuples comme un Génie.
« Mais ma mère dit à son nouvel époux : « Mon
« ventre a conçu, tuez-moi. » Simaghan lui ré-
« pondit : « Le grand Esprit me garde d'une si
« mauvaise action. Je ne vous mutilerai point, je
« ne vous couperai point le nez ni les oreilles,
« parce que vous avez été sincère et que vous
« n'avez point trompé ma couche. Le fruit de vos
« entrailles sera mon fruit, et je ne vous visiterai
« qu'après le départ de l'oiseau de rizière, lorsque
« la treizième lune aura brillé. » En ce temps-là,
« je brisai le sein de ma mère, et je commençai à
« croître, fière comme une Espagnole et comme
« une Sauvage. Ma mère me fit chrétienne, afin
« que son Dieu et le Dieu de mon père fût aussi
« mon Dieu. Ensuite le chagrin d'amour vint la
« chercher, et elle descendit dans la petite cave
« garnie de peaux, d'où l'on ne sort jamais. »

« Telle fut l'histoire d'Atala. « Et quel étoit donc
« ton père, pauvre orpheline ? lui dis-je; comment

« les hommes l'appeloient-ils sur la terre, et quel
« nom portoit-il parmi les Génies ? » — « Je n'ai
« jamais lavé les pieds de mon père, dit Atala; je
« sais seulement qu'il vivoit avec sa sœur à Saint-
« Augustin, et qu'il a toujours été fidèle à ma
« mère : *Philippe* étoit son nom parmi les anges,
« et les hommes le nommoient *Lopez.* »

« A ces mots je poussai un cri qui retentit dans
toute la solitude; le bruit de mes transports se
mêla au bruit de l'orage. Serrant Atala sur mon
cœur, je m'écriai avec des sanglots : « O ma sœur !
« ô fille de Lopez ! fille de mon bienfaiteur ! »
Atala, effrayée, me demanda d'où venoit mon
trouble; mais quand elle sut que Lopez étoit cet
hôte généreux qui m'avoit adopté à Saint-Augustin, et que j'avois quitté pour être libre, elle fut
saisie elle-même de confusion et de joie.

« C'en étoit trop pour nos cœurs que cette amitié fraternelle qui venoit nous visiter, et joindre
son amour à notre amour. Désormais les combats d'Atala alloient devenir inutiles : en vain je
la sentis porter une main à son sein, et faire un
mouvement extraordinaire; déja je l'avois saisie,
déja je m'étois enivré de son souffle, déja j'avois
bu toute la magie de l'amour sur ses lèvres. Les
yeux levés vers le ciel, à la lueur des éclairs, je
tenois mon épouse dans mes bras, en présence

de l'Éternel. Pompe nuptiale, digne de nos malheurs et de la grandeur de nos amours : superbes forêts qui agitiez vos lianes et vos dômes comme les rideaux et le ciel de notre couche, pins embrasés qui formiez les flambeaux de notre hymen, fleuve débordé, montagnes mugissantes, affreuse et sublime nature, n'étiez-vous donc qu'un appareil préparé pour nous tromper, et ne pûtes-vous cacher un moment dans vos mystérieuses horreurs la félicité d'un homme?

« Atala n'offroit plus qu'une foible résistance; je touchois au moment du bonheur, quand tout à coup un impétueux éclair, suivi d'un éclat de la foudre, sillonne l'épaisseur des ombres, remplit la forêt de soufre et de lumière, et brise un arbre à nos pieds. Nous fuyons. O surprise!... dans le silence qui succède, nous entendons le son d'une cloche! Tous deux interdits, nous prêtons l'oreille à ce bruit, si étrange dans un désert. A l'instant un chien aboie dans le lointain; il approche, il redouble ses cris, il arrive, il hurle de joie à nos pieds; un vieux solitaire portant une petite lanterne le suit à travers les ténèbres de la forêt. « La Providence soit bénie! s'écria-t-il
« aussitôt qu'il nous aperçut. Il y a bien long-
« temps que je vous cherche! Notre chien vous a
« sentis dès le commencement de l'orage, et il m'a

« conduit ici. Bon Dieu ! comme ils sont jeunes !
« Pauvres enfants ! comme ils ont dû souffrir !
« Allons : j'ai apporté une peau d'ours, ce sera
« pour cette jeune femme ; voici un peu de vin
« dans notre calebasse. Que Dieu soit loué dans
« toutes ses œuvres ! sa miséricorde est bien
« grande, et sa bonté est infinie ! »

« Atala étoit aux pieds du religieux : « Chef de
« la prière, lui disoit-elle, je suis chrétienne,
« c'est le ciel qui t'envoie pour me sauver. » —
« Ma fille, dit l'ermite en la relevant, nous son-
« nons ordinairement la cloche de la mission
« pendant la nuit et pendant les tempêtes, pour
« appeler les étrangers ; et, à l'exemple de nos
« frères des Alpes et du Liban, nous avons ap-
« pris à notre chien à découvrir les voyageurs
« égarés. » Pour moi, je comprenois à peine l'ermite ; cette charité me sembloit si fort au dessus
de l'homme, que je croyois faire un songe. A la
lueur de la petite lanterne que tenoit le religieux,
j'entrevoyois sa barbe et ses cheveux tout trempés d'eau ; ses pieds, ses mains et son visage
étoient ensanglantés par les ronces. « Vieillard,
« m'écriai-je enfin, quel cœur as-tu donc, toi qui
« n'as pas craint d'être frappé de la foudre ? » —
« Craindre ! repartit le père avec une sorte de
« chaleur ; craindre lorsqu'il y a des hommes en

« péril et que je leur puis être utile ! je serois donc
« un bien indigne serviteur de Jésus-Christ ! » —
« Mais sais-tu, lui dis-je, que je ne suis pas chré-
« tien ? » — « Jeune homme, répondit l'ermite,
« vous ai-je demandé votre religion ? Jésus-
« Christ n'a pas dit : « Mon sang lavera celui-ci,
« et non celui-là. » Il est mort pour le Juif et le
« Gentil, et il n'a vu dans tous les hommes que
« des frères et des infortunés. Ce que je fais ici
« pour vous est fort peu de chose, et vous trou-
« veriez ailleurs bien d'autres secours ; mais la
« gloire n'en doit point retomber sur les prêtres.
« Que sommes-nous, foibles solitaires, sinon de
« grossiers instruments d'une œuvre céleste ? Eh !
« quel seroit le soldat assez lâche pour reculer,
« lorsque son chef, la croix à la main, et le front
« couronné d'épines, marche devant lui au se-
« cours des hommes ? »

« Ces paroles saisirent mon cœur ; des larmes
d'admiration et de tendresse tombèrent de mes
yeux. « Mes chers enfants, dit le missionnaire, je
« gouverne dans ces forêts un petit troupeau
« de vos frères sauvages. Ma grotte est assez
« près d'ici dans la montagne ; venez vous ré-
« chauffer chez moi ; vous n'y trouverez pas les
« commodités de la vie ; mais vous y aurez un
« abri, et il faut encore en remercier la bonté

« divine, car il y a bien des hommes qui en
« manquent. »

LES LABOUREURS.

« Il y a des justes dont la conscience est si tranquille, qu'on ne peut approcher d'eux sans participer à la paix qui s'exhale, pour ainsi dire, de leur cœur et de leurs discours. A mesure que le solitaire parloit, je sentois les passions s'apaiser dans mon sein, et l'orage même du ciel sembloit s'éloigner à sa voix. Les nuages furent bientôt assez dispersés pour nous permettre de quitter notre retraite. Nous sortîmes de la forêt et nous commençâmes à gravir le revers d'une haute montagne. Le chien marchoit devant nous, en portant au bout d'un bâton la lanterne éteinte. Je tenois la main d'Atala, et nous suivions le missionnaire. Il se détournoit souvent pour nous regarder, contemplant avec pitié nos malheurs et notre jeunesse. Un livre étoit suspendu à son cou; il s'appuyoit sur un bâton blanc. Sa taille étoit élevée, sa figure pâle et maigre, sa physionomie simple et sincère. Il n'avoit pas les traits morts et effacés de l'homme né sans passions; on voyoit que ses jours avoient été mauvais, et les rides de son front montroient les belles cicatrices des passions guéries par la vertu et par l'amour de Dieu et des hommes. Quand il nous parloit debout et immobile, sa longue barbe, ses yeux modestement baissés, le son affectueux de sa voix, tout en lui avoit quelque chose de calme et de sublime. Quiconque a vu, comme moi, le père Aubry cheminant seul avec son bâton et son bréviaire dans le désert, a une véritable idée du voyageur chrétien sur la terre.

« Après une demi-heure d'une marche dangereuse par les sentiers de la montagne, nous arrivâmes à la grotte du missionnaire. Nous y entrâmes à travers les lierres et les giraumonts humides, que la pluie avoit abattus des rochers. Il n'y avoit dans ce lieu qu'une natte de feuilles de papaya, une calebasse pour puiser de l'eau, quelques vases de bois, une bêche, un serpent familier, et sur une pierre qui servoit de table un crucifix et le livre des chrétiens.

« L'homme des anciens jours se hâta d'allumer du feu avec des lianes sèches; il brisa du maïs entre deux pierres, et en ayant fait un gâteau, il le mit cuire sous la cendre. Quand ce gâteau eut pris au feu une belle couleur dorée, il nous le servit tout brûlant avec de la crème de noix dans un vase d'érable. Le soir ayant ramené la sérénité, le serviteur du grand Esprit nous proposa d'aller nous asseoir à l'entrée de la grotte. Nous le suivîmes dans ce lieu, qui commandoit une vue immense. Les restes de l'orage étoient jetés en désordre vers l'orient : les feux de l'incendie allumé dans les forêts par la foudre brilloient encore dans le lointain ; au pied de la montagne un bois de pins tout entier étoit renversé dans la vase, et le fleuve rouloit pêle-mêle les argiles détrempées, les troncs des arbres, les corps des animaux et les poissons morts, dont on voyoit le ventre argenté flotter à la surface des eaux.

« Ce fut au milieu de cette scène qu'Atala raconta notre histoire au vieux Génie de la montagne. Son cœur parut touché, et des larmes tombèrent sur sa barbe : « Mon enfant, dit-il à Atala, « il faut offrir vos souffrances à Dieu pour la « gloire de qui vous avez déja fait tant de choses ; « il vous rendra le repos. Voyez fumer ces forêts, « sécher ces torrents, se dissiper ces nuages ; « croyez-vous que celui qui peut calmer une « pareille tempête ne pourra pas apaiser les « troubles du cœur de l'homme ? Si vous n'avez « pas de meilleure retraite, ma chère fille, je « vous offre une place au milieu du troupeau « que j'ai eu le bonheur d'appeler à Jésus-Christ. « J'instruirai Chactas, et je vous le donnerai pour « époux quand il sera digne de l'être. »

« A ces mots je tombai aux genoux du solitaire, en versant des pleurs de joie; mais Atala devint pâle comme la mort. Le vieillard me releva avec bénignité, et je m'aperçus alors qu'il avoit les deux mains mutilées. Atala comprit sur-le-champ ses malheurs. « Les barbares! » s'écria-t-elle.

« Ma fille, reprit le père avec un doux sourire, « qu'est-ce que cela auprès de ce qu'a enduré mon « divin Maître? Si les Indiens idolâtres m'ont « affligé, ce sont de pauvres aveugles que Dieu « éclairera un jour. Je les chéris même davan- « tage, en proportion des maux qu'ils m'ont « faits. Je n'ai pu rester dans ma patrie où j'étois « retourné, et où une illustre reine m'a fait l'hon- « neur de vouloir contempler ces foibles marques « de mon apostolat. Et quelle récompense plus « glorieuse pouvois-je recevoir de mes travaux, « que d'avoir obtenu du chef de notre religion « la permission de célébrer le divin sacrifice avec « ces mains mutilées? Il ne me restoit plus, après « un tel honneur, qu'à tâcher de m'en rendre « digne : je suis revenu au Nouveau-Monde, « consumer le reste de ma vie au service de mon « Dieu. Il y a bientôt trente ans que j'habite cette « solitude, et il y en aura demain vingt-deux que « j'ai pris possession de ce rocher. Quand j'arrivai « dans ces lieux, je n'y trouvai que des familles

« vagabondes, dont les mœurs étoient féroces et
« la vie fort misérable. Je leur ai fait entendre la
« parole de paix, et leurs mœurs se sont graduel-
« lement adoucies. Ils vivent maintenant rassem-
« blés au bas de cette montagne. J'ai tâché, en
« leur enseignant les voies du salut, de leur ap-
« prendre les premiers arts de la vie, mais sans les
« porter trop loin, et en retenant ces honnêtes
« gens dans cette simplicité qui fait le bonheur.
« Pour moi, craignant de les gêner par ma pré-
« sence, je me suis retiré sous cette grotte, où ils
« viennent me consulter. C'est ici que, loin des
« hommes, j'admire Dieu dans la grandeur de ces
« solitudes, et que je me prépare à la mort, que
« m'annoncent mes vieux jours. »

« En achevant ces mots, le solitaire se mit à
genoux, et nous imitâmes son exemple. Il commença à haute voix une prière, à laquelle Atala
répondoit. De muets éclairs ouvroient encore les
cieux dans l'orient, et sur les nuages du couchant trois soleils brilloient ensemble. Quelques renards dispersés par l'orage allongeoient
leurs museaux noirs au bord des précipices, et
l'on entendoit le frémissement des plantes qui,
séchant à la brise du soir, relevoient de toutes
parts leurs tiges abattues.

« Nous rentrâmes dans la grotte, où l'ermite

étendit un lit de mousse de cyprès pour Atala. Une profonde langueur se peignoit dans les yeux et dans les mouvements de cette vierge ; elle regardoit le père Aubry, comme si elle eût voulu lui communiquer un secret ; mais quelque chose sembloit la retenir, soit ma présence, soit une certaine honte, soit l'inutilité de l'aveu. Je l'entendis se lever au milieu de la nuit, elle cherchoit le solitaire ; mais, comme il lui avoit donné sa couche, il étoit allé contempler la beauté du ciel et prier Dieu sur le sommet de la montagne. Il me dit le lendemain que c'étoit assez sa coutume, même pendant l'hiver, aimant à voir les forêts balancer leurs cimes dépouillées, les nuages voler dans les cieux, et à entendre les vents et les torrents gronder dans la solitude. Ma sœur fut donc obligée de retourner à sa couche, où elle s'assoupit. Hélas ! comblé d'espérance, je ne vis dans la foiblesse d'Atala que des marques passagères de lassitude !

« Le lendemain je m'éveillai aux chants des cardinaux et des oiseaux-moqueurs, nichés dans les acacias et les lauriers qui environnoient la grotte. J'allai cueillir une rose de magnolia, et je la déposai, humectée des larmes du matin, sur la tête d'Atala endormie. J'espérois, selon la religion de mon pays, que l'ame de quelque enfant

mort à la mamelle seroit descendue sur cette
fleur dans une goutte de rosée, et qu'un heureux
songe la porteroit au sein de ma future épouse.
Je cherchai ensuite mon hôte ; je le trouvai la
robe relevée dans ses deux poches, un chapelet
à la main, et m'attendant assis sur le tronc d'un
pin tombé de vieillesse. Il me proposa d'aller avec
lui à la Mission, tandis qu'Atala reposoit encore ;
j'acceptai son offre, et nous nous mîmes en route
à l'instant.

« En descendant la montagne, j'aperçus des
chênes où les Génies sembloient avoir dessiné
des caractères étrangers. L'ermite me dit qu'il
les avoit tracés lui-même, que c'étoient des vers
d'un ancien poëte appelé *Homère,* et quelques
sentences d'un autre poëte plus ancien encore,
nommé *Salomon.* Il y avoit je ne sais quelle mystérieuse harmonie entre cette sagesse des temps,
ces vers rongés de mousse, ce vieux solitaire qui
les avoit gravés, et ces vieux chênes qui lui servoient de livres.

« Son nom, son âge, la date de sa mission,
étoient aussi marqués sur un roseau de savane,
au pied de ces arbres. Je m'étonnai de la fragilité
du dernier monument : « Il durera encore plus
« que moi, me répondit le père, et aura toujours
« plus de valeur que le peu de bien que j'ai fait. »

« De là, nous arrivâmes à l'entrée d'une vallée, où je vis un ouvrage merveilleux : c'étoit un pont naturel, semblable à celui de la Virginie, dont tu as peut-être entendu parler. Les hommes, mon fils, surtout ceux de ton pays, imitent souvent la nature, et leurs copies sont toujours petites ; il n'en est pas ainsi de la nature, quand elle a l'air d'imiter les travaux des hommes, en leur offrant en effet des modèles. C'est alors qu'elle jette des ponts du sommet d'une montagne au sommet d'une autre montagne, suspend des chemins dans les nues, répand des fleuves pour canaux, sculpte des monts pour colonnes, et pour bassins creuse des mers.

« Nous passâmes sous l'arche unique de ce pont, et nous nous trouvâmes devant une autre merveille : c'étoit le cimetière des Indiens de la Mission, ou *les Bocages de la mort*. Le père Aubry avoit permis à ses néophytes d'ensevelir leurs morts à leur manière et de conserver au lieu de leurs sépultures son nom sauvage ; il avoit seulement sanctifié ce lieu par une croix[1]. Le sol en étoit divisé, comme le champ commun des moissons, en autant de lots qu'il y avoit de familles.

[1] Le père Aubry avoit fait comme les jésuites à la Chine, qui permettoient aux Chinois d'enterrer leurs parents dans leurs jardins, selon leur ancienne coutume.

Chaque lot faisoit à lui seul un bois qui varioit selon le goût de ceux qui l'avoient planté. Un ruisseau serpentoit sans bruit au milieu de ces bocages; on l'appeloit *le Ruisseau de la paix*. Ce riant asile des ames étoit fermé à l'orient par le pont sous lequel nous avions passé; deux collines le bornoient au septentrion et au midi; il ne s'ouvroit qu'à l'occident, où s'élevoit un grand bois de sapins. Les troncs de ces arbres, rouges marbrés de vert, montant sans branches jusqu'à leurs cimes, ressembloient à de hautes colonnes, et formoient le péristyle de ce temple de la mort; il y régnoit un bruit religieux, semblable au sourd mugissement de l'orgue sous les voûtes d'une église; mais lorsqu'on pénétroit au fond du sanctuaire, on n'entendoit plus que les hymnes des oiseaux qui célébroient à la mémoire des morts une fête éternelle.

« En sortant de ce bois, nous découvrîmes le village de la Mission, situé au bord d'un lac, au milieu d'une savane semée de fleurs. On y arrivoit par une avenue de magnolias et de chênes-verts, qui bordoient une de ces anciennes routes que l'on trouve vers les montagnes qui divisent le Kentucky des Florides. Aussitôt que les Indiens aperçurent leur pasteur dans la plaine, ils abandonnèrent leurs travaux et accoururent au devant de lui. Les uns baisoient sa robe, les autres aidoient ses pas; les mères élevoient dans leurs bras leurs petits enfants pour leur faire voir l'homme de Jésus-Christ qui répandoit des larmes. Il s'informoit en marchant de ce qui se passoit au village; il donnoit un conseil à celui-ci, réprimandoit doucement celui-là; il parloit des moissons à recueillir, des enfants à instruire, des peines à consoler, et il mêloit Dieu à tous ses discours.

« Ainsi escortés, nous arrivâmes au pied d'une grande croix qui se trouvoit sur le chemin. C'étoit là que le serviteur de Dieu avoit accoutumé de célébrer les mystères de sa religion :
« Mes chers néophytes, dit-il en se tournant
« vers la foule, il vous est arrivé un frère et une
« sœur; et, pour surcroît de bonheur, je vois
« que la divine Providence a épargné hier vos
« moissons : voilà deux grandes raisons de la
« remercier. Offrons donc le saint sacrifice, et
« que chacun y apporte un recueillement pro-
« fond, une foi vive, une reconnoissance infinie
« et un cœur humilié. »

« Aussitôt le prêtre divin revêt une tunique blanche d'écorce de mûrier; les vases sacrés sont tirés d'un tabernacle au pied de la croix, l'autel se prépare sur un quartier de roche, l'eau se puise dans le torrent voisin, et une grappe de raisin sauvage fournit le vin du sacrifice. Nous nous mettons tous à genoux dans les hautes herbes ; le mystère commence.

« L'aurore, paroissant derrière les montagnes, enflammoit l'orient. Tout étoit d'or ou de rose dans la solitude. L'astre annoncé par tant de splendeur sortit enfin d'un abîme de lumière, et son premier rayon rencontra l'hostie consacrée, que le prêtre en ce moment même élevoit dans les airs. O charme de la religion ! O magnificence du culte chrétien ! Pour sacrificateur un vieil ermite, pour autel un rocher, pour église le désert, pour assistance d'innocents Sauvages ! Non, je ne doute point qu'au moment où nous nous prosternâmes, le grand mystère ne s'accomplît, et que Dieu ne descendît sur la terre, car je le sentis descendre dans mon cœur.

« Après le sacrifice, où il ne manqua pour moi que la fille de Lopez, nous nous rendîmes au village. Là régnoit le mélange le plus touchant de la vie sociale et de la vie de la nature : au coin d'une cyprière de l'antique désert on découvroit une culture naissante; les épis rouloient à flots d'or sur le tronc du chêne abattu, et la gerbe d'un été remplaçoit l'arbre de trois siècles. Partout on voyoit les forêts livrées aux flammes pousser de grosses fumées dans les airs, et la charrue se promener lentement entre les débris de leurs racines. Des arpenteurs avec de longues chaînes alloient mesurant le terrain; des arbitres établissoient les premières propriétés; l'oiseau cédoit son nid; le repaire de la bête féroce se changeoit en une cabane; on entendoit gronder des forges, et les coups de la cognée faisoient pour la dernière fois mugir des échos, expirant eux-mêmes avec les arbres qui leur servoient d'asile.

« J'errois avec ravissement au milieu de ces tableaux, rendus plus doux par l'image d'Atala et par les rêves de félicité dont je berçois mon cœur. J'admirois le triomphe du christianisme sur la vie sauvage; je voyois l'Indien se civilisant à la voix de la religion; j'assistois aux noces primitives de l'homme et de la terre : l'homme, par ce grand contrat, abandonnant à la terre l'héritage de ses sueurs; et la terre s'engageant en retour à porter fidèlement les moissons, les fils et les cendres de l'homme.

« Cependant on présenta un enfant au missionnaire, qui le baptisa parmi des jasmins en fleurs, au bord d'une source, tandis qu'un cercueil, au milieu des jeux et des travaux, se rendoit aux Bocages de la mort. Deux époux reçurent la bénédiction nuptiale sous un chêne, et nous allâmes ensuite les établir dans un coin du désert. Le pasteur marchoit devant nous, bénissant çà et là, et le rocher, et l'arbre, et la fontaine, comme autrefois, selon le livre des chrétiens, Dieu bénit la terre inculte, en la donnant en héritage à Adam. Cette procession, qui pêle-mêle avec ses troupeaux suivoit de rocher en rocher son chef vénérable, représentoit à mon cœur attendri ces migrations des premières familles, alors que Sem, avec ses enfants, s'avançoit à travers le monde inconnu, en suivant le soleil qui marchoit devant lui.

« Je voulus savoir du saint ermite comment il gouvernoit ses enfants ; il me répondit avec une grande complaisance : « Je ne leur ai donné « aucune loi ; je leur ai seulement enseigné à s'ai- « mer, à prier Dieu, et à espérer une meilleure « vie : toutes les lois du monde sont là dedans. « Vous voyez au milieu du village une cabane plus « grande que les autres : elle sert de chapelle dans « la saison des pluies. On s'y assemble soir et « matin pour louer le Seigneur, et quand je suis « absent c'est un vieillard qui fait la prière; car « la vieillesse est, comme la maternité, une espèce « de sacerdoce. Ensuite on va travailler dans les « champs, et si les propriétés sont divisées, afin

« que chacun puisse apprendre l'économie sociale,
« les moissons sont déposées dans des greniers
« communs, pour maintenir la charité frater-
« nelle. Quatre vieillards distribuent avec égalité
« le produit du labeur. Ajoutez à cela des céré-
« monies religieuses, beaucoup de cantiques ; la
« croix où j'ai célébré les mystères, l'ormeau sous
« lequel je prêche dans les bons jours, nos tom-
« beaux tout près de nos champs de blé, nos
« fleuves où je plonge les petits enfants et les
« saints Jeans de cette nouvelle Béthanie, vous
« aurez une idée complète de ce royaume de
« Jésus-Christ. »

« Les paroles du solitaire me ravirent, et je sentis la supériorité de cette vie stable et occupée, sur la vie errante et oisive du Sauvage.

« Ah, René ! je ne murmure point contre la Providence, mais j'avoue que je ne me rappelle jamais cette société évangélique sans éprouver l'amertume des regrets. Qu'une hutte, avec Atala, sur ces bords, eût rendu ma vie heureuse! Là finissoient toutes mes courses ; là, avec une épouse, inconnu des hommes, cachant mon bonheur au fond des forêts, j'aurois passé comme ces fleuves, qui n'ont pas même un nom dans le désert. Au lieu de cette paix que j'osois alors me promettre, dans quel trouble n'ai-je point coulé mes jours! Jouet continuel de la fortune, brisé sur tous les rivages, long-temps exilé de mon pays, et n'y trouvant, à mon retour, qu'une cabane en ruine et des amis dans la tombe : telle devoit être la destinée de Chactas. »

LE DRAME.

« Si mon songe de bonheur fut vif, il fut aussi d'une courte durée, et le réveil m'attendoit à la grotte du solitaire. Je fus surpris, en y arrivant au milieu du jour, de ne pas voir Atala accourir au devant de nos pas. Je ne sais quelle soudaine horreur me saisit. En approchant de la grotte, je n'osois appeler la fille de Lopez : mon imagination étoit également épouvantée, ou du bruit, ou du silence qui succéderoit à mes cris. Encore plus effrayé de la nuit qui régnoit à l'entrée du rocher, je dis au missionnaire : « O vous « que le ciel accompagne et fortifie, pénétrez « dans ces ombres. »

« Qu'il est foible celui que les passions dominent ! Qu'il est fort celui qui se repose en Dieu ! Il y avoit plus de courage dans ce cœur religieux, flétri par soixante-seize années, que dans toute l'ardeur de ma jeunesse. L'homme de paix entra dans la grotte, et je restai au dehors plein de terreur. Bientôt un foible murmure semblable à des plaintes sortit du fond du rocher, et vint frapper mon oreille. Poussant un cri, et retrouvant mes forces, je m'élançai dans la nuit de la caverne... Esprits de mes pères, vous savez seuls le spectacle qui frappa mes yeux !

« Le solitaire avoit allumé un flambeau de pin ; il le tenoit d'une main tremblante au dessus de la couche d'Atala. Cette belle et jeune femme, à moitié soulevée sur le coude, se montroit pâle et échevelée. Les gouttes d'une sueur pénible brilloient sur son front ; ses regards à demi éteints cherchoient encore à m'exprimer son amour, et sa bouche essayoit de sourire. Frappé comme d'un coup de foudre, les yeux fixés, les bras étendus, les lèvres entr'ouvertes, je demeurai immobile. Un profond silence règne un moment parmi les trois personnages de cette scène de douleur. Le solitaire le rompt le premier : « Ceci, dit-il, ne sera qu'une fièvre occa-
« sionnée par la fatigue, et, si nous nous résignons
« à la volonté de Dieu, il aura pitié de nous. »

« A ces paroles, le sang suspendu reprit son cours dans mon cœur, et, avec la mobilité du Sauvage, je passai subitement de l'excès de la crainte à l'excès de la confiance. Mais Atala ne m'y laissa pas long-temps. Balançant tristement la tête, elle nous fit signe de nous approcher de sa couche.

« Mon père, dit-elle d'une voix affoiblie en s'a-
« dressant au religieux, je touche au moment de
« la mort. O Chactas! écoute sans désespoir le fu-
« neste secret que je t'ai caché, pour ne pas te
« rendre trop misérable, et pour obéir à ma
« mère. Tâche de ne pas m'interrompre par des
« marques d'une douleur qui précipiteroit le peu
« d'instants que j'ai à vivre. J'ai beaucoup de
« choses à raconter, et, aux battements de ce
« cœur, qui se ralentissent... à je ne sais quel far-
« deau glacé que mon sein soulève à peine... je
« sens que je ne me saurois trop hâter. »

« Après quelques moments de silence, Atala poursuivit ainsi :

« Ma triste destinée a commencé presque avant
« que j'eusse vu la lumière. Ma mère m'avoit
« conçue dans le malheur; je fatiguois son sein,
« et elle me mit au monde avec de grands dé-
« chirements d'entrailles : on désespéra de ma
« vie. Pour sauver mes jours, ma mère fit un
« vœu : elle promit à la Reine des Anges que
« je lui consacrerois ma virginité, si j'échappois

« à la mort... Vœu fatal qui me précipite au tom-
« beau!

« J'entrois dans ma seizième année lorsque
« je perdis ma mère. Quelques heures avant de
« mourir, elle m'appela au bord de sa couche.
« Ma fille, me dit-elle en présence d'un mission-
« naire qui consoloit ses derniers instants; ma
« fille, tu sais le vœu que j'ai fait pour toi. Vou-
« drois-tu démentir ta mère? O mon Atala! je te
« laisse dans un monde qui n'est pas digne de
« posséder une chrétienne, au milieu d'idolâtres
« qui persécutent le Dieu de ton père et le mien,
« le Dieu qui, après t'avoir donné le jour, te l'a
« conservé par un miracle. Eh! ma chère enfant,
« en acceptant le voile des vierges, tu ne fais que
« renoncer aux soucis de la cabane et aux funestes
« passions qui ont troublé le sein de ta mère!
« Viens donc, ma bien-aimée, viens; jure sur cette
« image de la Mère du Sauveur, entre les mains
« de ce saint prêtre et de ta mère expirante, que
« tu ne me trahiras point à la face du ciel. Songe
« que je me suis engagée pour toi, afin de te sau-
« ver la vie, et que, si tu ne tiens ma promesse, tu
« plongeras l'ame de ta mère dans des tourments
« éternels. »

« O ma mère! pourquoi parlâtes-vous ainsi!
« O religion qui fais à la fois mes maux et ma

« félicité, qui me perds et qui me consoles! Et toi,
« cher et triste objet d'une passion qui me con-
« sume jusque dans les bras de la mort, tu vois
« maintenant, ô Chactas, ce qui a fait la rigueur
« de notre destinée!... Fondant en pleurs et me
« précipitant dans le sein maternel, je promis
« tout ce qu'on me voulut faire promettre. Le
« missionnaire prononça sur moi les paroles re-
« doutables, et me donna le scapulaire qui me lie
« pour jamais. Ma mère me menaça de sa malé-
« diction, si jamais je rompois mes vœux, et après
« m'avoir recommandé un secret inviolable en-
« vers les païens, persécuteurs de ma religion,
« elle expira en me tenant embrassée.

« Je ne connus pas d'abord le danger de mes
« serments. Pleine d'ardeur, et chrétienne véri-
« table, fière du sang espagnol qui coule dans
« mes veines, je n'aperçus autour de moi que
« des hommes indignes de recevoir ma main; je
« m'applaudis de n'avoir d'autre époux que le
« Dieu de ma mère. Je te vis, jeune et beau pri-
« sonnier, je m'attendris sur ton sort, je t'osai
« parler au bûcher de la forêt; alors je sentis tout
« le poids de mes vœux. »

« Comme Atala achevoit de prononcer ces paroles, serrant les poings, et regardant le mission-

naire d'un air menaçant, je m'écriai : « La voilà
« donc cette religion que vous m'avez tant vantée!
« Périsse le serment qui m'enlève Atala! Périsse
« le Dieu qui contrarie la nature! Homme-prêtre,
« qu'es-tu venu faire dans ces forêts ? »

« Te sauver, dit le vieillard d'une voix terrible,
« dompter tes passions, et t'empêcher, blasphé-
« mateur, d'attirer sur toi la colère céleste! Il te
« sied bien, jeune homme, à peine entré dans la
« vie, de te plaindre de tes douleurs! Où sont les
« marques de tes souffrances ? Où sont les injus-
« tices que tu as supportées? Où sont tes vertus,
« qui seules pourroient te donner quelques droits
« à la plainte? Quel service as-tu rendu? Quel
« bien as-tu fait? Eh! malheureux, tu ne m'offres
« que des passions, et tu oses accuser le ciel!
« Quand tu auras, comme le père Aubry, passé
« trente années exilé sur les montagnes, tu seras
« moins prompt à juger des desseins de la Pro-
« vidence; tu comprendras alors que tu ne sais
« rien, que tu n'es rien, et qu'il n'y a point de
« châtiment si rigoureux, point de maux si ter-
« ribles, que la chair corrompue ne mérite de
« souffrir. »

« Les éclairs qui sortoient des yeux du vieillard, sa barbe qui frappoit sa poitrine, ses paroles foudroyantes le rendoient semblable à un

dieu. Accablé de sa majesté, je tombai à ses genoux, et lui demandai pardon de mes emportements. « Mon fils, me répondit-il avec un « accent si doux, que le remords entra dans mon « ame, mon fils, ce n'est pas pour moi-même « que je vous ai réprimandé. Hélas! vous avez « raison, mon cher enfant : je suis venu faire « bien peu de chose dans ces forêts, et Dieu n'a « pas de serviteur plus indigne que moi. Mais, « mon fils, le ciel, le ciel, voilà ce qu'il ne faut « jamais accuser! Pardonnez-moi si je vous ai « offensé, mais écoutons votre sœur. Il y a peut-« être du remède, ne nous lassons point d'es-« pérer. Chactas, c'est une religion bien divine « que celle-là qui a fait une vertu de l'espé-« rance! »

« Mon jeune ami, reprit Atala, tu as été témoin « de mes combats, et cependant tu n'en as vu « que la moindre partie; je te cachois le reste. « Non, l'esclave noir qui arrose de ses sueurs « les sables ardents de la Floride est moins misé-« rable que n'a été Atala. Te sollicitant à la fuite, « et pourtant certaine de mourir si tu t'éloignois « de moi; craignant de fuir avec toi dans les dé-« serts, et cependant haletant après l'ombrage « des bois... Ah! s'il n'avoit fallu que quitter pa-

« rents, amis, patrie; si même (chose affreuse!)
« il n'y eût eu que la perte de mon ame!... Mais
« ton ombre, ô ma mère, ton ombre étoit tou-
« jours là, me reprochant ses tourments! J'en-
« tendois tes plaintes, je voyois les flammes de
« l'enfer te consumer. Mes nuits étoient arides et
« pleines de fantômes, mes jours étoient désolés;
« la rosée du soir séchoit en tombant sur ma peau
« brûlante; j'entrouvrois mes lèvres aux brises,
« et les brises, loin de m'apporter la fraîcheur,
« s'embrasoient du feu de mon souffle. Quel
« tourment de te voir sans cesse auprès de moi,
« loin de tous les hommes, dans de profondes
« solitudes, et de sentir entre toi et moi une bar-
« rière invincible! Passer ma vie à tes pieds, te
« servir comme ton esclave, apprêter ton repas
« et ta couche dans quelque coin ignoré de l'uni-
« vers, eût été pour moi le bonheur suprême; ce
« bonheur, j'y touchois, et je ne pouvois en jouir.
« Quel dessein n'ai-je point rêvé! Quel songe
« n'est point sorti de ce cœur si triste! Quelque-
« fois, en attachant mes yeux sur toi, j'allois
« jusqu'à former des désirs aussi insensés que
« coupables : tantôt j'aurois voulu être avec toi la
« seule créature vivante sur la terre; tantôt, sen-
« tant une divinité qui m'arrêtoit dans mes hor-
« ribles transports, j'aurois désiré que cette divi-

« nité se fût anéantie, pourvu que, serrée dans
« tes bras, j'eusse roulé d'abîme en abîme avec
« les débris de Dieu et du monde! A présent
« même... le dirai-je! à présent que l'éternité va
« m'engloutir, que je vais paroître devant le Juge
« inexorable, au moment où, pour obéir à ma
« mère, je vois avec joie ma virginité dévorer ma
« vie; eh bien! par une affreuse contradiction,
« j'emporte le regret de n'avoir pas été à toi!... »

— « Ma fille, interrompit le missionnaire, votre
« douleur vous égare. Cet excès de passion au-
« quel vous vous livrez est rarement juste, il n'est
« pas même dans la nature; et en cela il est
« moins coupable aux yeux de Dieu, parce que
« c'est plutôt quelque chose de faux dans l'esprit,
« que de vicieux dans le cœur. Il faut donc éloi-
« gner de vous ces emportements, qui ne sont
« pas dignes de votre innocence. Mais aussi, ma
« chère enfant, votre imagination impétueuse
« vous a trop alarmée sur vos vœux. La religion
« n'exige point de sacrifice plus qu'humain. Ses
« sentiments vrais, ses vertus tempérées sont
« bien au dessus des sentiments exaltés et des
« vertus forcées d'un prétendu héroïsme. Si
« vous aviez succombé, eh bien! pauvre brebis
« égarée, le bon Pasteur vous auroit cherchée,

« pour vous ramener au troupeau. Les trésors du
« repentir vous étoient ouverts : il faut des tor-
« rents de sang pour effacer nos fautes aux yeux
« des hommes, une seule larme suffit à Dieu.
« Rassurez-vous donc, ma chère fille, votre situa-
« tion exige du calme; adressons-nous à Dieu,
« qui guérit toutes les plaies de ses serviteurs.
« Si c'est sa volonté, comme je l'espère, que
« vous échappiez à cette maladie, j'écrirai à
« l'évêque de Québec; il a les pouvoirs néces-
« saires pour vous relever de vos vœux, qui ne
« sont que des vœux simples, et vous achèverez
« vos jours près de moi avec Chactas votre
« époux. »

« A ces paroles du vieillard, Atala fut saisie
d'une longue convulsion, dont elle ne sortit que
pour donner des marques d'une douleur effrayante. « Quoi ! dit-elle en joignant les deux
« mains avec passion, il y avoit du remède ! Je
« pouvois être relevée de mes vœux ! » — « Oui,
« ma fille, répondit le père; et vous le pouvez
« encore. » — « Il est trop tard, il est trop tard!
« s'écria-t-elle. Faut-il mourir, au moment où
« j'apprends que j'aurois pu être heureuse ! Que
« n'ai-je connu plus tôt ce saint vieillard ! Aujour-
« d'hui, de quel bonheur je jouirois, avec toi,
« avec Chactas chrétien..., consolée, rassurée par

« ce prêtre auguste... dans ce désert... pour tou-
« jours... oh! c'eût été trop de félicité! » — « Calme-
« toi, lui dis-je en saisissant une des mains de
« l'infortunée; calme-toi, ce bonheur, nous allons
« le goûter. » — « Jamais! jamais! » dit Atala.
— « Comment? » repartis-je. — « Tu ne sais pas
« tout, s'écria la vierge : c'est hier... pendant
« l'orage... J'allois violer mes vœux : j'allois
« plonger ma mère dans les flammes de l'abîme;
« déja sa malédiction étoit sur moi; déja je
« mentois au Dieu qui m'a sauvé la vie... Quand
« tu baisois mes lèvres tremblantes, tu ne sa-
« vois pas que tu n'embrassois que la mort! » —
« O ciel! s'écria le missionnaire, chère enfant,
« qu'avez-vous fait? » — « Un crime, mon père,
« dit Atala les yeux égarés : mais je ne perdois
« que moi, et je sauvois ma mère. » — « Achève
« donc, » m'écriai-je plein d'épouvante. — « Hé
« bien, dit-elle, j'avois prévu ma foiblesse; en
« quittant les cabanes, j'ai emporté avec moi... »
— « Quoi? » repris-je avec horreur. — « Un poi-
« son? » dit le père. « Il est dans mon sein, » s'écria
Atala.

« Le flambeau échappe de la main du solitaire, je tombe mourant près de la fille de Lopez,
le vieillard nous saisit l'un et l'autre dans ses
bras, et tous trois, dans l'ombre, nous mêlons

un moment nos sanglots sur cette couche funèbre.

« Réveillons-nous, réveillons-nous ! dit bientôt
« le courageux ermite en allumant une lampe.
« Nous perdons des moments précieux : intré-
« pides chrétiens, bravons les assauts de l'ad-
« versité : la corde au cou, la cendre sur la tête,
« jetons-nous aux pieds du Très-Haut, pour im-
« plorer sa clémence, ou pour nous soumettre à
« ses décrets. Peut-être est-il temps encore. Ma
« fille, vous eussiez dû m'avertir hier au soir. »

— « Hélas ! mon père, dit Atala, je vous ai
« cherché la nuit dernière ; mais le ciel, en pu-
« nition de mes fautes, vous a éloigné de moi.
« Tout secours eût d'ailleurs été inutile ; car les
« Indiens même, si habiles dans ce qui regarde
« les poisons, ne connoissent point de remèdes à
« celui que j'ai pris. O Chactas ! juge de mon
« étonnement quand j'ai vu que le coup n'étoit
« pas aussi subit que je m'y attendois ! Mon amour
« a redoublé mes forces, mon ame n'a pu si vite
« se séparer de toi. »

« Ce ne fut plus ici par des sanglots que je
troublai le récit d'Atala, ce fut par ces emportements qui ne sont connus que des Sauvages.
Je me roulai furieux sur la terre en me tordant
les bras, et en me dévorant les mains. Le vieux

prêtre, avec une tendresse merveilleuse, couroit du frère à la sœur, et nous prodiguoit mille secours. Dans le calme de son cœur et sous le fardeau des ans, il savoit se faire entendre à notre jeunesse, et sa religion lui fournissoit des accents plus tendres et plus brûlants que nos passions mêmes. Ce prêtre, qui depuis quarante années s'immoloit chaque jour au service de Dieu et des hommes dans ces montagnes, ne te rappelle-t-il pas ces holocaustes d'Israël, fumant perpétuellement sur les hauts lieux, devant le Seigneur?

« Hélas! ce fut en vain qu'il essaya d'apporter quelque remède aux maux d'Atala. La fatigue, le chagrin, le poison, et une passion plus mortelle que tous les poisons ensemble, se réunissoient pour ravir cette fleur à la solitude. Vers le soir, des symptômes effrayants se manifestèrent; un engourdissement général saisit les membres d'A-tala, et les extrémités de son corps commencèrent à refroidir : « Touche mes doigts, me « disoit-elle; ne les trouves-tu pas bien glacés? » Je ne savois que répondre, et mes cheveux se hérissoient d'horreur; ensuite elle ajoutoit: « Hier encore, mon bien-aimé, ton seul toucher « me faisoit tressaillir, et voilà que je ne sens plus « ta main, je n'entends presque plus ta voix, les

« objets de la grotte disparoissent tour à tour.
« Ne sont-ce pas les oiseaux qui chantent! Le
« soleil doit être près de se coucher maintenant?
« Chactas, ses rayons seront bien beaux au dé-
« sert, sur ma tombe! »

« Atala, s'apercevant que ces paroles nous faisoient fondre en pleurs, nous dit : « Pardonnez-
« moi, mes bons amis, je suis bien foible ; mais
« peut-être que je vais devenir plus forte. Ce-
« pendant mourir si jeune, tout à la fois, quand
« mon cœur étoit si plein de vie! Chef de la
« prière, aie pitié de moi ; soutiens-moi. Crois-tu
« que ma mère soit contente, et que Dieu me
« pardonne ce que j'ai fait? »

— « Ma fille, répondit le bon religieux en ver-
« sant des larmes, et les essuyant avec ses doigts
« tremblants et mutilés ; ma fille, tous vos mal-
« heurs viennent de votre ignorance ; c'est votre
« éducation sauvage et le manque d'instruction
« nécessaire qui vous ont perdue ; vous ne saviez
« pas qu'une chrétienne ne peut disposer de sa
« vie. Consolez-vous donc, ma chère brebis; Dieu
« vous pardonnera à cause de la simplicité de
« votre cœur. Votre mère et l'imprudent mis-
« sionnaire qui la dirigeoit ont été plus cou-
« pables que vous ; ils ont passé leurs pouvoirs
« en vous arrachant un vœu indiscret ; mais que

« la paix du Seigneur soit avec eux ! Vous offrez
« tous trois un terrible exemple des dangers de
« l'enthousiasme et du défaut de lumières en
« matière de religion. Rassurez-vous, mon en-
« fant ; celui qui sonde les reins et les cœurs vous
« jugera sur vos intentions, qui étoient pures, et
« non sur votre action, qui est condamnable.

« Quant à la vie, si le moment est arrivé de
« vous endormir dans le Seigneur, ah ! ma chère
« enfant, que vous perdez peu de chose en per-
« dant ce monde ! Malgré la solitude où vous
« avez vécu, vous avez connu les chagrins : que
« penseriez-vous donc si vous eussiez été témoin
« des maux de la société ? si, en abordant sur les
« rivages de l'Europe, votre oreille eût été frap-
« pée de ce long cri de douleur qui s'élève de
« cette vieille terre ? L'habitant de la cabane, et
« celui des palais, tout souffre, tout gémit ici-
« bas ; les reines ont été vues pleurant comme
« de simples femmes, et l'on s'est étonné de la
« quantité de larmes que contiennent les yeux
« des rois !

« Est-ce votre amour que vous regrettez ? Ma
« fille, il faudroit autant pleurer un songe. Con-
« noissez-vous le cœur de l'homme, et pourriez-
« vous compter les inconstances de son désir ?
« Vous calculeriez plutôt le nombre des vagues

« que la mer roule dans une tempête. Atala, les
« sacrifices, les bienfaits, ne sont pas des liens
« éternels : un jour, peut-être, le dégoût fût venu
« avec la satiété, le passé eût été compté pour
« rien, et l'on n'eût plus aperçu que les inconvé-
« nients d'une union pauvre et méprisée. Sans
« doute, ma fille, les plus belles amours furent
« celles de cet homme et de cette femme, sortis
« de la main du Créateur. Un paradis avoit été
« formé pour eux, ils étoient innocents et im-
« mortels. Parfaits de l'ame et du corps, ils se
« convenoient en tout : Ève avoit été créée pour
« Adam, et Adam pour Ève. S'ils n'ont pu toute-
« fois se maintenir dans cet état de bonheur,
« quels couples le pourront après eux? Je ne vous
« parlerai point des mariages des premiers-nés
« des hommes, de ces unions ineffables, alors
« que la sœur étoit l'épouse du frère, que l'amour
« et l'amitié fraternelle se confondoient dans le
« même cœur, et que la pureté de l'une augmen-
« toit les délices de l'autre. Toutes ces unions ont
« été troublées; la jalousie s'est glissée à l'autel
« de gazon où l'on immoloit le chevreau, elle a
« régné sous la tente d'Abraham, et dans ces
« couches mêmes où les patriarches goûtoient
« tant de joie qu'ils oublioient la mort de leurs
« mères.

« Vous seriez-vous donc flattée, mon enfant,
« d'être plus innocente et plus heureuse dans vos
« liens, que ces saintes familles dont Jésus-Christ
« a voulu descendre? Je vous épargne les détails
« des soucis du ménage, les disputes, les re-
« proches mutuels, les inquiétudes et toutes ces
« peines secrètes qui veillent sur l'oreiller du lit
« conjugal. La femme renouvelle ses douleurs
« chaque fois qu'elle est mère, et elle se marie
« en pleurant. Que de maux dans la seule perte
« d'un nouveau-né à qui l'on donnoit le lait, et
« qui meurt sur votre sein! La montagne a été
« pleine de gémissements; rien ne pouvoit con-
« soler Rachel, parce que ses fils n'étoient plus.
« Ces amertumes attachées aux tendresses hu-
« maines sont si fortes, que j'ai vu dans ma patrie
« de grandes dames, aimées par des rois, quitter
« la cour pour s'ensevelir dans des cloîtres, et
« mutiler cette chair révoltée, dont les plaisirs ne
« sont que des douleurs.

« Mais peut-être direz-vous que ces derniers
« exemples ne vous regardent pas; que toute votre
« ambition se réduisoit à vivre dans une obscure
« cabane avec l'homme de votre choix; que vous
« cherchiez moins les douceurs du mariage que
« les charmes de cette folie que la jeunesse ap-
« pelle *amour?* Illusion, chimère, vanité, rêve

« d'une imagination blessée! Et moi aussi, ma
« fille, j'ai connu les troubles du cœur; cette tête
« n'a pas toujours été chauve, ni ce sein aussi
« tranquille qu'il vous le paroît aujourd'hui.
« Croyez-en mon expérience : si l'homme, con-
« stant dans ses affections, pouvoit sans cesse
« fournir à un sentiment renouvelé sans cesse,
« sans doute la solitude et l'amour l'égaleroient à
« Dieu même; car ce sont là les deux éternels
« plaisirs du grand Être. Mais l'ame de l'homme
« se fatigue, et jamais elle n'aime long-temps le
« même objet avec plénitude. Il y a toujours
« quelques points par où deux cœurs ne se tou-
« chent pas, et ces points suffisent à la longue
« pour rendre la vie insupportable.

« Enfin, ma chère fille, le grand tort des
« hommes, dans leur songe de bonheur, est d'ou-
« blier cette infirmité de la mort attachée à leur
« nature : il faut finir. Tôt ou tard, quelle qu'eût
« été votre félicité, ce beau visage se fût changé
« en cette figure uniforme que le sépulcre donne
« à la famille d'Adam; l'œil même de Chactas
« n'auroit pu vous reconnoître entre vos sœurs
« de la tombe. L'amour n'étend point son empire
« sur les vers du cercueil. Que dis-je! (ô vanité
« des vanités!) que parlé-je de la puissance des
« amitiés de la terre! Voulez-vous, ma chère fille,

« en connoître l'étendue ? Si un homme revenoit
« à la lumière quelques années après sa mort,
« je doute qu'il fût revu avec joie par ceux-là
« même qui ont donné le plus de larmes à sa
« mémoire : tant on forme vite d'autres liaisons,
« tant on prend facilement d'autres habitudes,
« tant l'inconstance est naturelle à l'homme, tant
« notre vie est peu de chose, même dans le cœur
« de nos amis!

« Remerciez donc la bonté divine, ma chère
« fille, qui vous retire si vite de cette vallée de
« misère. Déja le vêtement blanc et la couronne
« éclatante des vierges se préparent pour vous
« sur les nuées; déja j'entends la Reine des Anges
« qui vous crie : « Venez, ma digne servante, ve-
« nez, ma colombe, venez vous asseoir sur un
« trône de candeur, parmi toutes ces filles qui
« ont sacrifié leur beauté et leur jeunesse au ser-
« vice de l'humanité, à l'éducation des enfants et
« aux chefs-d'œuvre de la pénitence. Venez, rose
« mystique, vous reposer sur le sein de Jésus-
« Christ. Ce cercueil, lit nuptial que vous vous
« êtes choisi, ne sera point trompé; et les em-
« brassements de votre céleste époux ne finiront
« jamais! »

« Comme le dernier rayon du jour abat les
vents et répand le calme dans le ciel, ainsi la

parole tranquille du vieillard apaisa les passions dans le sein de mon amante. Elle ne parut plus occupée que de ma douleur et des moyens de me faire supporter sa perte. Tantôt elle me disoit qu'elle mourroit heureuse si je lui promettois de sécher mes pleurs; tantôt elle me parloit de ma mère, de ma patrie; elle cherchoit à me distraire de la douleur présente, en réveillant en moi une douleur passée. Elle m'exhortoit à la patience, à la vertu. « Tu ne seras pas toujours « malheureux, disoit-elle : si le ciel t'éprouve au- « jourd'hui, c'est seulement pour te rendre plus « compatissant aux maux des autres. Le cœur, ô « Chactas, est comme ces sortes d'arbres qui ne « donnent leur baume pour les blessures des « hommes que lorsque le fer les a blessés eux- « mêmes. »

« Quand elle avoit ainsi parlé, elle se tournoit vers le missionnaire, cherchoit auprès de lui le soulagement qu'elle m'avoit fait éprouver, et, tour à tour consolante et consolée, elle donnoit et recevoit la parole de vie sur la couche de la mort.

« Cependant l'ermite redoubloit de zèle. Ses vieux os s'étoient rallumés par l'ardeur de la charité, et toujours préparant des remèdes, rallumant le feu, rafraîchissant la couche, il faisoit d'admirables discours sur Dieu et sur le bonheur des justes. Le flambeau de la religion à la main, il sembloit précéder Atala dans la tombe, pour lui en montrer les secrètes merveilles. L'humble grotte étoit remplie de la grandeur de ce trépas chrétien, et les esprits célestes étoient sans doute attentifs à cette scène où la religion luttoit seule contre l'amour, la jeunesse et la mort.

« Elle triomphoit, cette religion divine, et l'on s'apercevoit de sa victoire à une sainte tristesse qui succédoit dans nos cœurs aux premiers transports des passions. Vers le milieu de la nuit, Atala sembla se ranimer pour répéter des prières que le religieux prononçoit au bord de sa couche. Peu de temps après, elle me tendit la main, et avec une voix qu'on entendoit à peine elle me dit : « Fils d'Outalissi, te rappelles-tu cette pre-
« mière nuit où tu me pris pour la Vierge des
« dernières amours ? Singulier présage de notre
« destinée ! » Elle s'arrêta ; puis elle reprit : « Quand
« je songe que je te quitte pour toujours, mon
« cœur fait un tel effort pour revivre, que je me
« sens presque le pouvoir de me rendre immor-
« telle à force d'aimer. Mais, ô mon Dieu, que votre
« volonté soit faite ! » Atala se tut pendant quelques instants ; elle ajouta : « Il ne me reste plus
« qu'à vous demander pardon des maux que je
« vous ai causés. Je vous ai beaucoup tourmenté

« par mon orgueil et mes caprices. Chactas, un
« peu de terre jeté sur mon corps va mettre tout
« un monde entre vous et moi, et vous délivrer
« pour toujours du poids de mes infortunes. »

— « Vous pardonner! répondis-je noyé de lar-
« mes : n'est-ce pas moi qui ai causé tous vos mal-
« heurs? » — « Mon ami, dit-elle en m'interrom-
« pant, vous m'avez rendue très heureuse, et si
« j'étois à recommencer la vie, je préférerois en-
« core le bonheur de vous avoir aimé quelques
« instants dans un exil infortuné à toute une vie
« de repos dans ma patrie. »

« Ici la voix d'Atala s'éteignit; les ombres de la
mort se répandirent autour de ses yeux et de
sa bouche; ses doigts errants cherchoient à toucher quelque chose; elle conversoit tout bas avec
des esprits invisibles. Bientôt, faisant un effort,
elle essaya, mais en vain, de détacher de son
cou le petit crucifix; elle me pria de le dénouer
moi-même, et elle me dit :

« Quand je te parlai pour la première fois, tu
« vis cette croix briller à la lueur du feu sur mon
« sein; c'est le seul bien que possède Atala. Lopez,
« ton père et le mien, l'envoya à ma mère peu
« de jours après ma naissance. Reçois donc de
« moi cet héritage, ô mon frère! conserve-le en

« mémoire de mes malheurs. Tu auras recours à
« ce Dieu des infortunés dans les chagrins de ta
« vie. Chactas, j'ai une dernière prière à te faire.
« Ami, notre union auroit été courte sur la terre,
« mais il est après cette vie une plus longue vie.
« Qu'il seroit affreux d'être séparée de toi pour
« jamais! Je ne fais que te devancer aujourd'hui,
« et je te vais attendre dans l'empire céleste. Si
« tu m'as aimée, fais-toi instruire dans la religion
« chrétienne, qui prépara notre réunion. Elle fait
« sous tes yeux un grand miracle, cette religion,
« puisqu'elle me rend capable de te quitter sans
« mourir dans les angoisses du désespoir. Cepen-
« dant, Chactas, je ne veux de toi qu'une simple
« promesse, je sais trop ce qu'il en coûte, pour
« te demander un serment. Peut-être ce vœu te
« sépareroit-il de quelque femme plus heureuse
« que moi... O ma mère! pardonne à ta fille. O
« Vierge! retenez votre courroux. Je retombe
« dans mes foiblesses, et je te dérobe, ô mon
« Dieu! des pensées qui ne devroient être que
« pour toi. »

« Navré de douleur, je promis à Atala d'embrasser un jour la religion chrétienne. A ce spectacle, le solitaire se levant d'un air inspiré, et
étendant les bras vers la voûte de la grotte : « Il

« est temps, s'écria-t-il, il est temps d'appeler
« Dieu ici ! »

« A peine a-t-il prononcé ces mots, qu'une force surnaturelle me contraint de tomber à genoux, et m'incline la tête au pied du lit d'Atala. Le prêtre ouvre un lieu secret où étoit renfermée une urne d'or, couverte d'un voile de soie ; il se prosterne et adore profondément. La grotte parut soudain illuminée ; on entendit dans les airs les paroles des anges et les frémissements des harpes célestes ; et, lorsque le solitaire tira le vase sacré de son tabernacle, je crus voir Dieu lui-même sortir du flanc de la montagne.

« Le prêtre ouvrit le calice ; il prit entre ses deux doigts une hostie blanche comme la neige, et s'approcha d'Atala en prononçant des mots mystérieux. Cette sainte avoit les yeux levés au ciel, en extase. Toutes ses douleurs parurent suspendues, toute sa vie se rassembla sur sa bouche; ses lèvres s'entr'ouvrirent, et vinrent avec respect chercher le Dieu caché sous le pain mystique. Ensuite le divin vieillard trempe un peu de coton dans une huile consacrée ; il en frotte les tempes d'Atala, il regarde un moment la fille mourante, et tout à coup ces fortes paroles lui échappent : « Partez, ame chrétienne, allez re-
« joindre votre Créateur ! » Relevant alors ma tête

abattue, je m'écriai en regardant le vase où étoit l'huile sainte : « Mon père, ce remède rendra-t-il
« la vie à Atala ? » — « Oui, mon fils, dit le vieil-
« lard en tombant dans mes bras, la vie éter-
« nelle ! » Atala venoit d'expirer. »

Dans cet endroit, pour la seconde fois depuis le commencement de son récit, Chactas fut obligé de s'interrompre. Ses pleurs l'inondoient, et sa voix ne laissoit échapper que des mots entre-coupés. Le Sachem aveugle ouvrit son sein, il en tira le crucifix d'Atala. « Le voilà, s'écria-t-il,
« ce gage de l'adversité ! O René, ô mon fils ! tu
« le vois ; et moi, je ne le vois plus ! Dis-moi,
« après tant d'années, l'or n'en est-il point altéré ?
« n'y vois-tu point la trace de mes larmes ? Pour-
« rois-tu reconnoître l'endroit qu'une sainte a
« touché de ses lèvres ? Comment Chactas n'est-il
« point encore chrétien ? Quelles frivoles raisons
« de politique et de patrie l'ont jusqu'à présent
« retenu dans les erreurs de ses pères ? Non, je
« ne veux pas tarder plus long-temps. La terre
« me crie : Quand donc descendras-tu dans la
« tombe, et qu'attends-tu pour embrasser une
« religion divine ?... O terre ! vous ne m'attendrez
« pas long-temps : aussitôt qu'un prêtre aura
« rajeuni dans l'onde cette tête blanchie par les
« chagrins, j'espère me réunir à Atala... Mais

« achevons ce qui me reste à conter de mon his-
« toire. »

LES FUNÉRAILLES.

« Je n'entreprendrai point, ô René, de te peindre aujourd'hui le désespoir qui saisit mon ame lorsque Atala eut rendu le dernier soupir. Il faudroit avoir plus de chaleur qu'il ne m'en reste ; il faudroit que mes yeux fermés se pussent rouvrir au soleil, pour lui demander compte des pleurs qu'ils versèrent à sa lumière. Oui, cette lune qui brille à présent sur nos têtes se lassera d'éclairer les solitudes du Kentucky ; oui, le fleuve qui porte maintenant nos pirogues suspendra le cours de ses eaux avant que mes larmes cessent de couler pour Atala ! Pendant deux jours entiers je fus insensible aux discours de l'ermite. En essayant de calmer mes peines, cet excellent homme ne se servoit point des vaines raisons de la terre, il se contentoit de me dire, « Mon fils, c'est la volonté de Dieu ; » et il me pressoit dans ses bras. Je n'aurois jamais cru qu'il y eût tant de consolation dans ce peu de mots du chrétien résigné, si je ne l'avois éprouvé moi-même.

« La tendresse, l'onction, l'inaltérable patience du vieux serviteur de Dieu, vainquirent enfin l'obstination de ma douleur. J'eus honte des larmes que je lui faisois répandre. « Mon père, « lui dis-je, c'en est trop : que les passions d'un « jeune homme ne troublent plus la paix de tes « jours. Laisse-moi emporter les restes de mon « épouse; je les ensevelirai dans quelque coin du « désert, et si je suis encore condamné à la vie, « je tâcherai de me rendre digne de ces noces « éternelles qui m'ont été promises par Atala. »

« A ce retour inespéré de courage, le bon père tressaillit de joie; il s'écria : « O sang de Jésus-« Christ, sang de mon divin maître, je reconnois « là tes mérites! Tu sauveras sans doute ce jeune « homme. Mon Dieu, achève ton ouvrage; rends « la paix à cette ame troublée, et ne lui laisse « de ses malheurs que d'humbles et utiles sou-« venirs. »

« Le juste refusa de m'abandonner le corps de la fille de Lopez, mais il me proposa de faire venir ses néophytes, et de l'enterrer avec toute la pompe chrétienne; je m'y refusai à mon tour. « Les malheurs et les vertus d'Atala, lui dis-je, « ont été inconnus des hommes; que sa tombe, « creusée furtivement par nos mains, partage « cette obscurité. » Nous convînmes que nous partirions le lendemain au lever du soleil pour enterrer Atala sous l'arche du pont naturel, à l'entrée des Bocages de la mort. Il fut aussi résolu que nous passerions la nuit en prière auprès du corps de cette sainte.

« Vers le soir, nous transportâmes ses précieux restes à une ouverture de la grotte qui donnoit vers le nord. L'ermite les avoit roulés dans une pièce de lin d'Europe, filé par sa mère : c'étoit le seul bien qui lui restât de sa patrie, et depuis long-temps il le destinoit à son propre tombeau. Atala étoit couchée sur un gazon de sensitives de montagnes ; ses pieds, sa tête, ses épaules et une partie de son sein étoient découverts. On voyoit dans ses cheveux une fleur de magnolia fanée... celle-là même que j'avois déposée sur le lit de la vierge, pour la rendre féconde. Ses lèvres, comme un bouton de rose cueilli depuis deux matins, sembloient languir et sourire. Dans ses joues d'une blancheur éclatante, on distinguoit quelques veines bleues. Ses beaux yeux étoient fermés, ses pieds modestes étoient joints, et ses mains d'albâtre pressoient sur son cœur un crucifix d'ébène ; le scapulaire de ses vœux étoit passé à son cou. Elle paroissoit enchantée par l'Ange de la mélancolie, et par le double sommeil de l'innocence et de la tombe. Je n'ai rien vu de plus céleste. Quiconque eût ignoré que cette jeune fille avoit joui de la lumière auroit pu la prendre pour la statue de la Virginité endormie.

« Le religieux ne cessa de prier toute la nuit. J'étois assis en silence au chevet du lit funèbre de mon Atala. Que de fois, durant son sommeil, j'avois supporté sur mes genoux cette tête charmante! Que de fois je m'étois penché sur elle pour entendre et pour respirer son souffle! Mais à présent aucun bruit ne sortoit de ce sein immobile, et c'étoit en vain que j'attendois le réveil de la beauté!

« La lune prêta son pâle flambeau à cette veillée funèbre. Elle se leva au milieu de la nuit, comme une blanche vestale qui vient pleurer sur le cercueil d'une compagne. Bientôt elle répandit dans les bois ce grand secret de mélancolie, qu'elle aime à raconter aux vieux chênes et aux rivages antiques des mers. De temps en temps, le religieux plongeoit un rameau fleuri dans une eau consacrée, puis, secouant la branche humide, il parfumoit la nuit des baumes du ciel. Parfois il répétoit sur un air antique quelques vers d'un vieux poëte nommé *Job;* il disoit:

« J'ai passé comme une fleur; j'ai séché comme
« l'herbe des champs.

« Pourquoi la lumière a-t-elle été donnée à

« un misérable, et la vie à ceux qui sont dans
« l'amertume du cœur ? »

« Ainsi chantoit l'ancien des hommes. Sa voix grave et un peu cadencée alloit roulant dans le silence des déserts. Le nom de Dieu et du tombeau sortoit de tous les échos, de tous les torrents, de toutes les forêts. Les roucoulements de la colombe de Virginie, la chute d'un torrent dans la montagne, les tintements de la cloche qui appeloit les voyageurs, se mêloient à ces chants funèbres, et l'on croyoit entendre dans les Bocages de la mort le chœur lointain des décédés, qui répondoit à la voix du solitaire.

« Cependant une barre d'or se forma dans l'orient. Les éperviers crioient sur les rochers, et les martres rentroient dans le creux des ormes: c'étoit le signal du convoi d'Atala. Je chargeai le corps sur mes épaules; l'ermite marchoit devant moi, une bêche à la main. Nous commençâmes à descendre de rochers en rochers; la vieillesse et la mort ralentissoient également nos pas. A la vue du chien qui nous avoit trouvés dans la forêt, et qui maintenant, bondissant de joie, nous traçoit une autre route, je me mis à fondre en larmes. Souvent la longue chevelure d'Atala, jouet des brises matinales, étendoit son voile d'or sur mes yeux; souvent pliant sous le fardeau, j'étois obligé de le déposer sur la mousse, et de m'asseoir auprès, pour reprendre des forces. Enfin, nous arrivâmes au lieu marqué par ma douleur; nous descendîmes sous l'arche du pont. O mon fils! il eût fallu voir un jeune sauvage et un vieil ermite à genoux l'un vis-à-vis de l'autre dans un désert, creusant avec leurs mains un tombeau pour une pauvre fille dont le corps étoit étendu près de là, dans la ravine desséchée d'un torrent!

« Quand notre ouvrage fut achevé, nous transportâmes la beauté dans son lit d'argile. Hélas! j'avois espéré de préparer une autre couche pour elle! Prenant alors un peu de poussière dans ma main, et gardant un silence effroyable, j'attachai pour la dernière fois mes yeux sur le visage d'Atala. Ensuite je répandis la terre du sommeil sur un front de dix-huit printemps; je vis graduellement disparoître les traits de ma sœur, et ses graces se cacher sous le rideau de l'éternité; son sein surmonta quelque temps le sol noirci, comme un lis blanc s'élève du milieu d'une sombre argile : « Lopez, m'écriai-je alors, vois « ton fils inhumer ta fille! » et j'achevai de couvrir Atala de la terre du sommeil.

« Nous retournâmes à la grotte, et je fis part au missionnaire du projet que j'avois formé de me fixer près de lui. Le saint, qui connoissoit merveilleusement le cœur de l'homme, découvrit ma pensée et la ruse de ma douleur. Il me dit : « Chactas, fils d'Outalissi, tandis qu'Atala a « vécu je vous ai sollicité moi-même de demeurer « auprès de moi ; mais à présent votre sort est « changé, vous vous devez à votre patrie. Croyez- « moi, mon fils, les douleurs ne sont point éter- « nelles ; il faut tôt ou tard qu'elles finissent, parce « que le cœur de l'homme est fini ; c'est une de « nos grandes misères : nous ne sommes pas même « capables d'être long-temps malheureux. Retour- « nez au Meschacebé : allez consoler votre mère, « qui vous pleure tous les jours, et qui a besoin « de votre appui. Faites-vous instruire dans la « religion de votre Atala, lorsque vous en trou- « verez l'occasion, et souvenez-vous que vous lui « avez promis d'être vertueux et chrétien. Moi, « je veillerai ici sur son tombeau. Partez, mon « fils. Dieu, l'ame de votre sœur et le cœur de « votre vieil ami vous suivront. »

« Telles furent les paroles de l'homme du rocher ; son autorité étoit trop grande, sa sagesse trop profonde, pour ne lui obéir pas. Dès le lendemain, je quittai mon vénérable hôte qui, me pressant sur son cœur, me donna ses derniers conseils, sa dernière bénédiction et ses dernières larmes. Je passai au tombeau; je fus surpris d'y trouver une petite croix qui se montroit au dessus de la mort, comme on aperçoit encore le mât d'un vaisseau qui a fait naufrage. Je jugeai que le solitaire étoit venu prier au tombeau pendant la nuit; cette marque d'amitié et de religion fit couler mes pleurs en abondance. Je fus tenté de rouvrir la fosse, et de voir encore une fois ma bien-aimée; une crainte religieuse me retint. Je m'assis sur la terre fraîchement remuée. Un coude appuyé sur mes genoux, et la tête soutenue dans ma main, je demeurai enseveli dans la plus amère rêverie. O René! c'est là que je fis pour la première fois des réflexions sérieuses sur la vanité de nos jours, et la plus grande vanité de nos projets! Eh, mon enfant! qui ne les a point faites ces réflexions? Je ne suis plus qu'un vieux cerf blanchi par les hivers; mes ans le disputent à ceux de la corneille : hé bien! malgré tant de jours accumulés sur ma tête, malgré une si longue expérience de la vie, je n'ai point encore rencontré d'homme qui n'eût été trompé dans ses rêves de félicité, point de cœur qui n'entretînt une plaie cachée. Le cœur le plus serein en apparence ressemble au puits naturel de la savane Alachua : la surface en paroît calme et pure; mais, quand vous regardez au fond du bassin, vous apercevez un large crocodile, que le puits nourrit dans ses eaux.

« Ayant ainsi vu le soleil se lever et se coucher sur ce lieu de douleur, le lendemain, au premier cri de la cigogne, je me préparai à quitter la sépulture sacrée. J'en partis comme de la borne d'où je voulois m'élancer dans la carrière de la vertu. Trois fois j'évoquai l'ame d'Atala; trois fois le Génie du désert répondit à mes cris sous l'arche funèbre. Je saluai ensuite l'orient, et je découvris au loin, dans les sentiers de la montagne, l'ermite qui se rendoit à la cabane de quelque infortuné. Tombant à genoux et embrassant étroitement la fosse, je m'écriai : « Dors en paix dans cette terre étrangère, fille « trop malheureuse! Pour prix de ton amour, de « ton exil et de ta mort, tu vas être abandonnée « même de Chactas! » Alors, versant des flots de larmes, je me séparai de la fille de Lopez, alors je m'arrachai de ces lieux, laissant au pied du monument de la nature un monument plus auguste : l'humble tombeau de la vertu. »

ÉPILOGUE.

Chactas, fils d'Outalissi le Natchez, a fait cette histoire à René l'Européen. Les pères l'ont redite aux enfants, et moi, voyageur aux terres lointaines, j'ai fidèlement rapporté ce que des Indiens m'en ont appris. Je vis dans ce récit le tableau du peuple chasseur et du peuple laboureur, la religion, première législatrice des hommes, les dangers de l'ignorance et de l'enthousiasme religieux, opposés aux lumières, à la charité et au véritable esprit de l'Évangile, les combats des passions et des vertus dans un cœur simple, enfin le triomphe du christianisme sur le sentiment le plus fougueux et la crainte la plus terrible, l'amour et la mort.

Quand un Siminole me raconta cette histoire, je la trouvai fort instructive et parfaitement belle, parce qu'il y mit la fleur du désert, la grace de la cabane, et une simplicité à conter la douleur, que je ne me flatte pas d'avoir conservées. Mais une chose me restoit à savoir. Je demandois ce qu'étoit devenu le père Aubry, et personne ne me le pouvoit dire. Je l'aurois toujours ignoré, si la Providence, qui conduit tout, ne m'avoit découvert ce que je cherchois. Voici comme la chose se passa :

J'avois parcouru les rivages du Meschacebé, qui formoient autrefois la barrière méridionale de la Nouvelle-France, et j'étois curieux de voir au nord l'autre merveille de cet empire, la cataracte de Niagara. J'étois arrivé tout près de cette chute, dans l'ancien pays des Agannonsioni[1], lorsqu'un matin, en traversant une plaine, j'aperçus une femme assise sous un arbre, et tenant un enfant mort sur ses genoux. Je m'approchai doucement de la jeune mère, et je l'entendis qui disoit:

« Si tu étois resté parmi nous, cher enfant,
« comme ta main eût bandé l'arc avec grace!
« Ton bras eût dompté l'ours en fureur; et, sur
« le sommet de la montagne, tes pas auroient
« défié le chevreuil à la course. Blanche hermine
« du rocher, si jeune, être allé dans le pays des
« ames! Comment feras-tu pour y vivre? Ton
« père n'y est point pour t'y nourrir de sa chasse.
« Tu auras froid, et aucun Esprit ne te donnera
« des peaux pour te couvrir. Oh! il faut que je
« me hâte de t'aller rejoindre, pour te chanter
« des chansons et te présenter mon sein. »

Et la jeune mère chantoit d'une voix trem-

[1] Les Iroquois.

blante, balançoit l'enfant sur ses genoux, humectoit ses lèvres du lait maternel, et prodiguoit à la mort tous les soins qu'on donne à la vie.

Cette femme vouloit faire sécher le corps de son fils sur les branches d'un arbre, selon la coutume indienne, afin de l'emporter ensuite aux tombeaux de ses pères. Elle dépouilla donc le nouveau-né, et, respirant quelques instants sur sa bouche, elle dit : « Ame de mon fils, ame char« mante, ton père t'a créée jadis sur mes lèvres « par un baiser; hélas! les miens n'ont pas le « pouvoir de te donner une seconde naissance. » Ensuite elle découvrit son sein, et embrassa ces restes glacés, qui se fussent ranimés au feu du cœur maternel, si Dieu ne s'étoit réservé le souffle qui donne la vie.

Elle se leva, et chercha des yeux un arbre sur les branches duquel elle pût exposer son enfant. Elle choisit un érable à fleurs rouges, festonné de guirlandes d'apios, et qui exhaloit les parfums les plus suaves. D'une main elle en abaissa les rameaux inférieurs, de l'autre elle y plaça le corps; laissant alors échapper la branche, la branche retourna à sa position naturelle, emportant la dépouille de l'innocence, cachée dans un feuillage odorant. O que cette coutume indienne est touchante! Je vous ai vus dans vos campagnes désolées, pompeux monuments des Crassus et des Césars, et je vous préfère encore ces tombeaux aériens du Sauvage, ces mausolées de fleurs et de verdure que parfume l'abeille, que balance le zéphyr, et où le rossignol bâtit son nid et fait entendre sa plaintive mélodie. Si c'est la dépouille d'une jeune fille que la main d'un amant a suspendue à l'arbre de la mort, si ce sont les restes d'un enfant chéri qu'une mère a placés dans la demeure des petits oiseaux, le charme redouble encore. Je m'approchai de celle qui gémissoit au pied de l'érable; je lui imposai les mains sur la tête, en poussant les trois cris de douleur. Ensuite, sans lui parler, prenant comme elle un rameau, j'écartai les insectes qui bourdonnoient autour du corps de l'enfant. Mais je me donnai de garde d'effrayer une colombe voisine. L'Indienne lui disoit : « Colombe, si tu « n'es pas l'ame de mon fils qui s'est envolée, tu « es sans doute une mère qui cherche quelque « chose pour faire un nid. Prends de ces che- « veux, que je ne laverai plus dans l'eau d'es- « quine; prends-en pour coucher tes petits : « puisse le grand Esprit te les conserver! »

Cependant la mère pleuroit de joie en voyant la politesse de l'étranger. Comme nous faisions ceci, un jeune homme approcha : « Fille de Cé-

« luta, retire notre enfant, nous ne séjournerons
« pas plus long-temps ici, et nous partirons au
« premier soleil. » Je dis alors : « Frère, je te sou-
« haite un ciel bleu, beaucoup de chevreuils, un
« manteau de castor, et l'espérance. Tu n'es donc
« pas de ce désert? » — « Non, répondit le jeune
« homme, nous sommes des exilés, et nous allons
« chercher une patrie. » En disant cela, le guerrier baissa la tête dans son sein, et avec le bout
de son arc il abattoit la tête des fleurs. Je vis
qu'il y avoit des larmes au fond de cette histoire, et je me tus. La femme retira son fils des
branches de l'arbre, et elle le donna à porter à
son époux. Alors je dis : « Voulez-vous me per-
« mettre d'allumer votre feu cette nuit? » —
« Nous n'avons point de cabane, reprit le guer-
« rier; si vous voulez nous suivre, nous campons
« au bord de la chute. » — « Je le veux bien, » répondis-je, et nous partîmes ensemble.

Nous arrivâmes bientôt au bord de la cataracte, qui s'annonçoit par d'affreux mugisse-
ments. Elle est formée par la rivière Niagara,
qui sort du lac Érié, et se jette dans le lac On-
tario; sa hauteur perpendiculaire est de cent
quarante-quatre pieds. Depuis le lac Érié jusqu'au Saut, le fleuve accourt, par une pente rapide, et au moment de la chute, c'est moins un

fleuve qu'une mer, dont les torrents se pressent à la bouche béante d'un gouffre. La cataracte se divise en deux branches, et se courbe en fer à cheval. Entre les deux chutes s'avance une île creusée en dessous, qui pend avec tous ses arbres sur le chaos des ondes. La masse du fleuve qui se précipite au midi, s'arrondit en un vaste cylindre, puis se déroule en nappe de neige, et brille au soleil de toutes les couleurs. Celle qui tombe au levant descend dans une ombre effrayante: on diroit une colonne d'eau du déluge. Mille arcs-en-ciel se courbent et se croisent sur l'abîme. Frappant le roc ébranlé, l'eau rejaillit en tourbillons d'écume, qui s'élèvent au dessus des forêts, comme les fumées d'un vaste embrasement. Des pins, des noyers sauvages, des rochers taillés en forme de fantômes, décorent la scène. Des aigles entraînés par le courant d'air descendent en tournoyant au fond du gouffre; et des carcajous se suspendent par leurs queues flexibles au bout d'une branche abaissée, pour saisir dans l'abîme les cadavres brisés des élans et des ours.

Tandis qu'avec un plaisir mêlé de terreur je contemplois ce spectacle, l'Indienne et son époux me quittèrent. Je les cherchai en remontant le fleuve au dessus de la chute, et bientôt je les trouvai dans un endroit convenable à leur deuil.

Ils étoient couchés sur l'herbe avec des vieillards, auprès de quelques ossements humains enveloppés dans des peaux de bêtes. Étonné de tout ce que je voyois depuis quelques heures, je m'assis auprès de la jeune mère, et je lui dis : « Qu'est-ce « que tout ceci, ma sœur ? » Elle me répondit : « Mon frère, c'est la terre de la patrie, ce sont les « cendres de nos aïeux, qui nous suivent dans « notre exil. » — « Et comment, m'écriai-je, avez- « vous été réduits à un tel malheur ? » La fille de Céluta repartit : « Nous sommes les restes des « Natchez. Après le massacre que les François « firent de notre nation pour venger leurs frères, « ceux de nos frères qui échappèrent aux vain- « queurs trouvèrent un asile chez les Chikassas « nos voisins. Nous y sommes demeurés assez « long-temps tranquilles ; mais il y a sept lunes « que les blancs de la Virginie se sont emparés « de nos terres, en disant qu'elles leur ont été « données par un roi d'Europe. Nous avons levé « les yeux au ciel, et, chargés des restes de nos « aïeux, nous avons pris notre route à travers le « désert. Je suis accouchée pendant la marche ; « et comme mon lait étoit mauvais, à cause de la « douleur, il a fait mourir mon enfant. » En disant cela, la jeune mère essuya ses yeux avec sa chevelure ; je pleurois aussi.

Or, je dis bientôt : « Ma sœur, adorons le grand
« Esprit, tout arrive par son ordre. Nous sommes
« tous voyageurs ; nos pères l'ont été comme
« nous ; mais il y a un lieu où nous nous repose-
« rons. Si je ne craignois d'avoir la langue aussi
« légère que celle d'un blanc, je vous demande-
« rois si vous avez entendu parler de Chactas le
« Natchez ? » A ces mots, l'Indienne me regarda et
me dit : « Qui est-ce qui vous a parlé de Chactas
« le Natchez ? » Je répondis : « C'est la Sagesse. »
L'Indienne reprit : « Je vous dirai ce que je sais,
« parce que vous avez éloigné les mouches du
« corps de mon fils, et que vous venez de dire de
« belles paroles sur le grand Esprit. Je suis la fille
« de la fille de René l'Européen, que Chactas
« avoit adopté. Chactas, qui avoit reçu le bap-
« tême, et René mon aïeul si malheureux, ont
« péri dans le massacre. » — « L'homme va tou-
« jours de douleur en douleur, répondis-je en
« m'inclinant. Vous pourriez donc aussi m'ap-
« prendre des nouvelles du père Aubry ? » — « Il
« n'a pas été plus heureux que Chactas, dit l'In-
« dienne. Les Chéroquois, ennemis des François,
« pénétrèrent à sa Mission ; ils y furent conduits
« par le son de la cloche qu'on sonnoit pour se-
« courir les voyageurs. Le père Aubry se pouvoit
« sauver ; mais il ne voulut pas abandonner ses

« enfants, et il demeura pour les encourager à
« mourir, par son exemple. Il fut brûlé avec de
« grandes tortures ; jamais on ne put tirer de lui
« un cri qui tournât à la honte de son Dieu, ou au
« déshonneur de sa patrie. Il ne cessa, durant le
« supplice, de prier pour ses bourreaux, et de
« compatir au sort des victimes. Pour lui arracher
« une marque de foiblesse, les Chéroquois ame-
« nèrent à ses pieds un Sauvage chrétien, qu'ils
« avoient horriblement mutilé. Mais ils furent
« bien surpris, quand ils virent le jeune homme
« se jeter à genoux, et baiser les plaies du vieil er-
« mite, qui lui crioit : « Mon enfant, nous avons été
« mis en spectacle aux anges et aux hommes. »
« Les Indiens furieux lui plongèrent un fer rouge
« dans la gorge, pour l'empêcher de parler. Alors,
« ne pouvant plus consoler les hommes, il ex-
« pira.

« On dit que les Chéroquois, tout accoutumés
« qu'ils étoient à voir des Sauvages souffrir avec
« constance, ne purent s'empêcher d'avouer qu'il
« y avoit dans l'humble courage du père Aubry
« quelque chose qui leur étoit inconnu, et qui
« surpassoit tous les courages de la terre. Plu-
« sieurs d'entre eux, frappés de cette mort, se
« sont faits chrétiens.

« Quelques années après, Chactas, à son retour

« de la terre des Blancs, ayant appris les malheurs
« du chef de la prière, partit pour aller recueillir
« ses cendres et celles d'Atala. Il arriva à l'endroit
« où étoit située la Mission, mais il put à peine le
« reconnoître. Le lac s'étoit débordé, et la sa-
« vane étoit changée en un marais ; le pont natu-
« rel, en s'écroulant, avoit enseveli sous ses débris
« le tombeau d'Atala et les Bocages de la mort.
« Chactas erra long-temps dans ce lieu ; il visita
« la grotte du solitaire, qu'il trouva remplie de
« ronces et de framboisiers, et dans laquelle une
« biche allaitoit son faon. Il s'assit sur le rocher de
« la Veillée de la mort, où il ne vit que quelques
« plumes tombées de l'aile de l'oiseau de passage.
« Tandis qu'il y pleuroit, le serpent familier du
« missionnaire sortit des broussailles voisines, et
« vint s'entortiller à ses pieds. Chactas réchauffa
« dans son sein ce fidèle ami, resté seul au milieu
« de ces ruines. Le fils d'Outalissi a raconté que
« plusieurs fois, aux approches de la nuit, il avoit
« cru voir les ombres d'Atala et du père Aubry
« s'élever dans la vapeur du crépuscule. Ces vi-
« sions le remplirent d'une religieuse frayeur et
« d'une joie triste.

« Après avoir cherché vainement le tombeau
« de sa sœur et celui de l'ermite, il étoit près
« d'abandonner ces lieux, lorsque la biche de la

« grotte se mit à bondir devant lui. Elle s'arrêta
« au pied de la croix de la Mission. Cette croix
« étoit alors à moitié entourée d'eau; son bois
« étoit rongé de mousse, et le pélican du désert
« aimoit à se percher sur ses bras vermoulus.
« Chactas jugea que la biche reconnoissante l'avoit
« conduit au tombeau de son hôte. Il creusa sous
« la roche qui jadis servoit d'autel, et il y trouva
« les restes d'un homme et d'une femme. Il ne
« douta point que ce ne fussent ceux du prêtre et
« de la vierge, que les anges avoient peut-être
« ensevelis dans ce lieu; il les enveloppa dans des
« peaux d'ours, et reprit le chemin de son pays,
« emportant ces précieux restes, qui résonnoient
« sur ses épaules comme le carquois de la mort.
« La nuit, il les mettoit sous sa tête, et il avoit des
« songes d'amour et de vertu. O étranger! tu peux
« contempler ici cette poussière avec celle de
« Chactas lui-même. »

Comme l'Indienne achevoit de prononcer ces
mots, je me levai; je m'approchai des cendres
sacrées, et me prosternai devant elles en silence.
Puis m'éloignant à grands pas, je m'écriai : « Ainsi
« passe sur la terre tout ce qui fut bon, vertueux,
« sensible! Homme, tu n'es qu'un songe rapide,
« un rêve douloureux; tu n'existes que par le
« malheur; tu n'es quelque chose que par la tris-

« tesse de ton ame et l'éternelle mélancolie de ta
« pensée! »

Ces réflexions m'occupèrent toute la nuit. Le lendemain, au point du jour, mes hôtes me quittèrent. Les jeunes guerriers ouvroient la marche, et les épouses la fermoient; les premiers étoient chargés des saintes reliques; les secondes portoient leurs nouveau-nés : les vieillards cheminoient lentement au milieu, placés entre leurs aïeux et leur postérité, entre les souvenirs et l'espérance, entre la patrie perdue et la patrie à venir. Oh! que de larmes sont répandues lorsqu'on abandonne ainsi la terre natale, lorsque du haut de la colline de l'exil on découvre pour la dernière fois le toit où l'on fut nourri, et le fleuve de la cabane qui continue de couler tristement à travers les champs solitaires de la patrie!

Indiens infortunés que j'ai vus errer dans les déserts du Nouveau-Monde avec les cendres de vos aïeux, vous qui m'aviez donné l'hospitalité malgré votre misère, je ne pourrois vous la rendre aujourd'hui, car j'erre, ainsi que vous, à la merci des hommes; et, moins heureux dans mon exil, je n'ai point emporté les os de mes pères.

RENÉ.

RENÉ.

En arrivant chez les Natchez, René avoit été obligé de prendre une épouse, pour se conformer aux mœurs des Indiens; mais il ne vivoit point avec elle. Un penchant mélancolique l'entraînoit au fond des bois; il y passoit seul des journées entières, et sembloit sauvage parmi des Sauvages. Hors Chactas, son père adoptif, et le père Souël, missionnaire au fort Rosalie[1], il avoit renoncé au commerce des hommes. Ces deux vieillards avoient pris beaucoup d'empire sur son cœur: le premier, par une indulgence aimable; l'autre, au contraire, par une extrême sévérité. Depuis la chasse du castor, où le Sachem aveugle raconta ses aventures à René, celui-ci n'avoit jamais voulu parler des siennes. Cependant Chactas et le missionnaire désiroient vivement connoître par quel malheur un Européen bien né avoit été conduit à l'étrange résolution de s'ensevelir dans les déserts de la Louisiane. René avoit toujours donné pour motif de ses refus le peu d'intérêt de son histoire, qui se bornoit, disoit-il,

---

[1] Colonie françoise aux Natchez.

à celle de ses pensées et de ses sentiments. « Quant
« à l'événement qui m'a déterminé à passer en
« Amérique, ajoutoit-il, je le dois ensevelir dans
« un éternel oubli. »

Quelques années s'écoulèrent de la sorte, sans
que les deux vieillards lui pussent arracher son
secret. Une lettre qu'il reçut d'Europe, par le
bureau des Missions étrangères, redoubla tellement sa tristesse, qu'il fuyoit jusqu'à ses vieux
amis. Ils n'en furent que plus ardents à le presser
de leur ouvrir son cœur; ils y mirent tant de
discrétion, de douceur et d'autorité, qu'il fut
enfin obligé de les satisfaire. Il prit donc jour
avec eux pour leur raconter, non les aventures
de sa vie, puisqu'il n'en avoit point éprouvé,
mais les sentiments secrets de son ame.

Le 21 de ce mois que les Sauvages appellent
la lune des fleurs, René se rendit à la cabane de
Chactas. Il donna le bras au Sachem, et le conduisit sous un sassafras, au bord de Meschacebé.
Le père Souël ne tarda pas à arriver au rendez-vous. L'aurore se levoit : à quelque distance dans
la plaine, on apercevoit le village des Natchez,
avec son bocage de mûriers, et ses cabanes qui
ressemblent à des ruches d'abeilles. La colonie
françoise et le fort Rosalie se montroient sur la
droite, au bord du fleuve. Des tentes, des mai-

sons à moitié bâties, des forteresses commencées, des défrichements couverts de Nègres, des groupes de Blancs et d'Indiens, présentoient, dans ce petit espace, le contraste des mœurs sociales et des mœurs sauvages. Vers l'orient, au fond de la perspective, le soleil commençoit à paroître entre les sommets brisés des Apalaches, qui se dessinoient comme des caractères d'azur dans les hauteurs dorées du ciel ; à l'occident, le Meschacebé rouloit ses ondes dans un silence magnifique, et formoit la bordure du tableau avec une inconcevable grandeur.

Le jeune homme et le missionnaire admirèrent quelque temps cette belle scène, en plaignant le Sachem qui ne pouvoit plus en jouir ; ensuite le père Souël et Chactas s'assirent sur le gazon, au pied de l'arbre ; René prit sa place au milieu d'eux, et, après un moment de silence, il parla de la sorte à ses vieux amis :

« Je ne puis, en commençant mon récit, me défendre d'un mouvement de honte. La paix de vos cœurs, respectables vieillards, et le calme de la nature autour de moi, me font rougir du trouble et de l'agitation de mon ame.

« Combien vous aurez pitié de moi ! Que mes éternelles inquiétudes vous paroîtront misérables! Vous qui avez épuisé tous les chagrins de la vie, que penserez-vous d'un jeune homme sans force et sans vertu, qui trouve en lui-même son tourment, et ne peut guère se plaindre que des maux qu'il se fait à lui-même? Hélas, ne le condamnez pas; il a été trop puni!

« J'ai coûté la vie à ma mère en venant au monde; j'ai été tiré de son sein avec le fer. J'avois un frère que mon père bénit, parce qu'il voyoit en lui son fils aîné. Pour moi, livré de bonne heure à des mains étrangères, je fus élevé loin du toit paternel.

« Mon humeur étoit impétueuse, mon caractère inégal. Tour à tour bruyant et joyeux, silencieux et triste, je rassemblois autour de moi mes jeunes compagnons; puis, les abandonnant tout à coup, j'allois m'asseoir à l'écart, pour contempler la nue fugitive, ou entendre la pluie tomber sur le feuillage.

« Chaque automne, je revenois au château paternel, situé au milieu des forêts, près d'un lac, dans une province reculée.

« Timide et contraint devant mon père, je ne trouvois l'aise et le contentement qu'auprès de ma sœur Amélie. Une douce conformité d'humeur et de goûts m'unissoit étroitement à cette sœur; elle étoit un peu plus âgée que moi. Nous aimions à gravir les coteaux ensemble, à voguer sur le lac, à parcourir les bois à la chute des feuilles : promenades dont le souvenir remplit encore mon ame de délices. O illusions de l'enfance et de la patrie, ne perdez-vous jamais vos douceurs !

« Tantôt nous marchions en silence, prêtant l'oreille au sourd mugissement de l'automne, ou au bruit des feuilles séchées que nous traînions tristement sous nos pas; tantôt, dans nos jeux innocents, nous poursuivions l'hirondelle dans la prairie, l'arc-en-ciel sur les collines pluvieuses; quelquefois aussi nous murmurions des vers que nous inspiroit le spectacle de la nature. Jeune, je cultivois les muses; il n'y a rien de plus poétique, dans la fraîcheur de ses passions, qu'un cœur de seize années. Le matin de la vie est comme le matin du jour, plein de pureté, d'images et d'harmonies.

« Les dimanches et les jours de fête, j'ai souvent entendu dans le grand bois, à travers les arbres, les sons de la cloche lointaine qui appeloit au temple l'homme des champs. Appuyé contre le tronc d'un ormeau, j'écoutois en silence le pieux murmure. Chaque frémissement de l'airain portoit à mon ame naïve l'innocence des mœurs champêtres, le calme de la solitude, le charme de la religion, et la délectable mélancolie des souvenirs de ma première enfance. Oh! quel cœur si mal fait n'a tressailli au bruit des cloches de son lieu natal, de ces cloches qui frémirent de joie sur son berceau, qui annoncèrent son avénement à la vie, qui marquèrent le premier battement de son cœur, qui publièrent dans tous les lieux d'alentour la sainte allégresse de son père, les douleurs et les joies encore plus ineffables de sa mère! Tout se trouve dans les rêveries enchantées où nous plonge le bruit de la cloche natale : religion, famille, patrie, et le berceau et la tombe, et le passé et l'avenir.

« Il est vrai qu'Amélie et moi nous jouissions plus que personne de ces idées graves et tendres, car nous avions tous les deux un peu de tristesse au fond du cœur : nous tenions cela de Dieu ou de notre mère.

« Cependant mon père fut atteint d'une maladie qui le conduisit en peu de jours au tombeau. Il expira dans mes bras. J'appris à connoître la mort sur les lèvres de celui qui m'avoit donné la vie. Cette impression fut grande; elle dure encore. C'est la première fois que l'immortalité de l'ame s'est présentée clairement à mes yeux. Je ne pus croire que ce corps inanimé étoit en moi l'auteur de la pensée; je sentis qu'elle me devoit venir d'une autre source; et, dans une sainte douleur qui approchoit de la joie, j'espérai me rejoindre un jour à l'esprit de mon père.

« Un autre phénomène me confirma dans cette haute idée. Les traits paternels avoient pris au cercueil quelque chose de sublime. Pourquoi cet étonnant mystère ne seroit-il pas l'indice de notre immortalité? Pourquoi la mort, qui sait tout, n'auroit-elle pas gravé sur le front de sa victime les secrets d'un autre univers? Pourquoi n'y auroit-il pas dans la tombe quelque grande vision de l'éternité?

« Amélie, accablée de douleur, étoit retirée au fond d'une tour, d'où elle entendit retentir, sous les voûtes du château gothique, le chant des prêtres du convoi et les sons de la cloche funèbre.

« J'accompagnai mon père à son dernier asile; la terre se referma sur sa dépouille; l'éternité et l'oubli le pressèrent de tout leur poids: le soir même l'indifférent passoit sur sa tombe; hors pour sa fille et pour son fils, c'étoit déja comme s'il n'avoit jamais été.

« Il fallut quitter le toit paternel, devenu l'héritage de mon frère : je me retirai avec Amélie chez de vieux parents.

« Arrêté à l'entrée des voies trompeuses de la

vie, je les considérois l'une après l'autre sans m'y oser engager. Amélie m'entretenoit souvent du bonheur de la vie religieuse; elle me disoit que j'étois le seul lien qui la retînt dans le monde, et ses yeux s'attachoient sur moi avec tristesse.

« Le cœur ému par ces conversations pieuses, je portois souvent mes pas vers un monastère voisin de mon nouveau séjour; un moment même j'eus la tentation d'y cacher ma vie. Heureux ceux qui ont fini leur voyage sans avoir quitté le port, et qui n'ont point, comme moi, traîné d'inutiles jours sur la terre!

« Les Européens, incessamment agités, sont obligés de se bâtir des solitudes. Plus notre cœur est tumultueux et bruyant, plus le calme et le silence nous attirent. Ces hospices de mon pays, ouverts aux malheureux et aux foibles, sont souvent cachés dans des vallons qui portent au cœur le vague sentiment de l'infortune et l'espérance d'un abri; quelquefois aussi on les découvre sur de hauts sites où l'ame religieuse, comme une plante des montagnes, semble s'élever vers le ciel pour lui offrir ses parfums.

« Je vois encore le mélange majestueux des eaux et des bois de cette antique abbaye où je pensai dérober ma vie aux caprices du sort; j'erre encore au déclin du jour dans ces cloîtres retentissants et solitaires. Lorsque la lune éclairoit à demi les piliers des arcades, et dessinoit leur ombre sur le mur opposé, je m'arrêtois à contempler la croix qui marquoit le champ de la mort, et les longues herbes qui croissoient entre les pierres des tombes. O hommes qui ayant vécu loin du monde avez passé du silence de la vie au silence de la mort, de quel dégoût de la terre vos tombeaux ne remplissoient-ils point mon cœur !

« Soit inconstance naturelle, soit préjugé contre la vie monastique, je changeai mes desseins; je me résolus à voyager. Je dis adieu à ma sœur; elle me serra dans ses bras avec un mouvement qui ressembloit à de la joie, comme si elle eût été heureuse de me quitter; je ne pus me défendre d'une réflexion amère sur l'inconséquence des amitiés humaines.

« Cependant, plein d'ardeur, je m'élançai seul sur cet orageux océan du monde, dont je ne connoissois ni les ports, ni les écueils. Je visitai d'abord les peuples qui ne sont plus : je m'en allai m'asseyant sur les débris de Rome et de la Grèce, pays de forte et d'ingénieuse mémoire, où les palais sont ensevelis dans la poudre et les mausolées des rois cachés sous les ronces. Force de la nature, et foiblesse de l'homme! un brin d'herbe perce souvent le marbre le plus dur de ces tombeaux, que tous ces morts, si puissants, ne soulèveront jamais!

« Quelquefois une haute colonne se montroit seule debout dans un désert, comme une grande pensée s'élève, par intervalle, dans une ame que le temps et le malheur ont dévastée.

« Je méditai sur ces monuments dans tous les accidents et à toutes les heures de la journée. Tantôt ce même soleil qui avoit vu jeter les fondements de ces cités se couchoit majestueusement, à mes yeux, sur leurs ruines; tantôt la lune se levant dans un ciel pur, entre deux urnes cinéraires à moitié brisées, me montroit les pâles tombeaux. Souvent, aux rayons de cet astre qui alimente les rêveries, j'ai cru voir le Génie des souvenirs, assis tout pensif à mes côtés.

« Mais je me lassai de fouiller dans des cercueils, où je ne remuois trop souvent qu'une poussière criminelle.

« Je voulus voir si les races vivantes m'offriroient plus de vertus, ou moins de malheurs que les races évanouies. Comme je me promenois un jour dans une grande cité en passant derrière un palais, dans une cour retirée et déserte, j'aperçus une statue qui indiquoit du doigt un lieu fameux par un sacrifice[1]. Je fus frappé du silence de ces lieux; le vent seul gémissoit autour du marbre tragique. Des manœuvres étoient couchés avec indifférence au pied de la statue, ou tailloient des pierres en sifflant. Je leur demandai ce que signifioit ce monument : les uns purent à peine me le dire, les autres ignoroient la catastrophe qu'il retraçoit. Rien ne m'a plus donné la juste mesure des événements de la vie et du peu que nous sommes. Que sont devenus ces personnages qui firent tant de bruit? Le temps a fait un pas, et la face de la terre a été renouvelée.

« Je recherchai surtout dans mes voyages les artistes et ces hommes divins qui chantent les dieux sur la lyre, et la félicité des peuples qui honorent les lois, la religion et les tombeaux.

« Ces chantres sont de race divine, ils possèdent le seul talent incontestable dont le ciel ait fait présent à la terre. Leur vie est à la fois naïve et sublime; ils célèbrent les dieux avec une bouche d'or, et sont les plus simples des hommes; ils causent comme des immortels ou comme de petits enfants; ils expliquent les lois de l'univers, et ne peuvent comprendre les affaires les

---

[1] A Londres, derrière White-Hall, la statue de Charles II.

plus innocentes de la vie; ils ont des idées merveilleuses de la mort, et meurent sans s'en apercevoir, comme des nouveau-nés.

« Sur les monts de la Calédonie, le dernier barde qu'on ait ouï dans ces déserts me chanta les poëmes dont un héros consoloit jadis sa vieillesse. Nous étions assis sur quatre pierres rongées de mousse; un torrent couloit à nos pieds; le chevreuil paissoit à quelque distance parmi les débris d'une tour, et le vent des mers siffloit sur la bruyère de Cona. Maintenant la religion chrétienne, fille aussi des hautes montagnes, a placé des croix sur les monuments des héros de Morven, et touché la harpe de David, au bord du même torrent où Ossian fit gémir la sienne. Aussi pacifique que les divinités de Selma étoient guerrières, elle garde des troupeaux où Fingal livroit des combats, et elle a répandu des anges de paix dans les nuages qu'habitoient des fantômes homicides.

« L'ancienne et riante Italie m'offrit la foule de ses chefs-d'œuvre. Avec quelle sainte et poétique horreur j'errois dans ces vastes édifices consacrés par les arts à la religion! Quel labyrinthe de colonnes! Quelle succession d'arches et de voûtes! Qu'ils sont beaux ces bruits qu'on entend autour des dômes, semblables aux rumeurs des flots dans l'Océan, aux murmures des vents dans les forêts, ou à la voix de Dieu dans son temple! L'architecte bâtit, pour ainsi dire, les idées du poëte, et les fait toucher aux sens.

« Cependant qu'avois-je appris jusqu'alors avec tant de fatigue? Rien de certain parmi les anciens, rien de beau parmi les modernes. Le passé et le présent sont deux statues incomplètes : l'une a été retirée toute mutilée du débris des âges; l'autre n'a pas encore reçu sa perfection de l'avenir.

« Mais peut-être, mes vieux amis, vous surtout, habitants du désert, êtes-vous étonnés que, dans ce récit de mes voyages, je ne vous aie pas une seule fois entretenus des monuments de la nature?

« Un jour j'étois monté au sommet de l'Etna, volcan qui brûle au milieu d'une île. Je vis le soleil se lever dans l'immensité de l'horizon au dessous de moi, la Sicile resserrée comme un point à mes pieds, et la mer déroulée au loin dans les espaces. Dans cette vue perpendiculaire du tableau, les fleuves ne me sembloient plus que des lignes géographiques tracées sur une carte; mais, tandis que d'un côté mon œil apercevoit ces objets, de l'autre il plongeoit dans le cratère de l'Etna, dont je découvrois les entrailles brûlantes, entre les bouffées d'une noire vapeur.

« Un jeune homme plein de passions, assis sur la bouche d'un volcan, et pleurant sur les mortels dont à peine il voyoit à ses pieds les demeures, n'est sans doute, ô vieillards! qu'un objet digne de votre pitié; mais quoi que vous puissiez penser de René, ce tableau vous offre l'image de son caractère et de son existence: c'est ainsi que toute ma vie j'ai eu devant les yeux une création à la fois immense et imperceptible, et un abîme ouvert à mes côtés. »

En prononçant ces derniers mots, René se tut et tomba subitement dans la rêverie. Le père Souël le regardoit avec étonnement, et le vieux Sachem aveugle, qui n'entendoit plus parler le jeune homme, ne savoit que penser de ce silence.

René avoit les yeux attachés sur un groupe d'Indiens qui passoient gaiement dans la plaine. Tout à coup sa physionomie s'attendrit, des larmes coulent de ses yeux, il s'écrie:

« Heureux Sauvages! Oh! que ne puis-je jouir de la paix qui vous accompagne toujours! Tandis qu'avec si peu de fruit je parcourois tant de contrées, vous, assis tranquillement sous vos chênes, vous laissiez couler les jours sans les compter. Votre raison n'étoit que vos besoins, et vous arriviez, mieux que moi, au résultat de la sagesse, comme l'enfant, entre les jeux et le sommeil. Si cette mélancolie qui s'engendre de l'excès du bonheur atteignoit quelquefois votre ame, bientôt vous sortiez de cette tristesse passagère, et votre regard levé vers le ciel cherchoit avec attendrissement ce je ne sais quoi inconnu qui prend pitié du pauvre Sauvage. »

Ici la voix de René expira de nouveau, et le jeune homme pencha la tête sur sa poitrine. Chactas, étendant le bras dans l'ombre, et prenant le bras de son fils, lui cria d'un ton ému : « Mon fils ! mon cher fils ! » A ces accents, le frère d'Amélie revenant à lui, et rougissant de son trouble, pria son père de lui pardonner.

Alors le vieux Sauvage : « Mon jeune ami, les « mouvements d'un cœur comme le tien ne sau- « roient être égaux; modère seulement ce carac- « tère qui t'a déja fait tant de mal. Si tu souffres « plus qu'un autre des choses de la vie, il ne faut « pas t'en étonner; une grande ame doit con- « tenir plus de douleurs qu'une petite. Continue « ton récit. Tu nous as fait parcourir une partie

« de l'Europe, fais-nous connoître ta patrie. Tu
« sais que j'ai vu la France, et quels liens m'y
« ont attaché; j'aimerai à entendre parler de ce
« grand Chef[1], qui n'est plus, et dont j'ai visité la
« superbe cabane. Mon enfant, je ne vis plus que
« par la mémoire. Un vieillard avec ses souvenirs
« ressemble au chêne décrépit de nos bois : ce
« chêne ne se décore plus de son propre feuil-
« lage, mais il couvre quelquefois sa nudité des
« plantes étrangères qui ont végété sur ses an-
« tiques rameaux. »

Le frère d'Amélie, calmé par ces paroles, reprit ainsi l'histoire de son cœur :

« Hélas ! mon père, je ne pourrai t'entretenir de ce grand siècle dont je n'ai vu que la fin dans mon enfance, et qui n'étoit plus lorsque je rentrai dans ma patrie. Jamais un changement plus étonnant et plus soudain ne s'est opéré chez un peuple. De la hauteur du génie, du respect pour la religion, de la gravité des mœurs, tout étoit subitement descendu à la souplesse de l'esprit, à l'impiété, à la corruption.

« C'étoit donc bien vainement que j'avois espéré retrouver dans mon pays de quoi calmer

---

[1] Louis XIV.

cette inquiétude, cette ardeur de désir qui me suit partout. L'étude du monde ne m'avoit rien appris, et pourtant je n'avois plus la douceur de l'ignorance.

« Ma sœur, par une conduite inexplicable, sembloit se plaire à augmenter mon ennui; elle avoit quitté Paris quelques jours avant mon arrivée. Je lui écrivis que je comptois l'aller rejoindre; elle se hâta de me répondre pour me détourner de ce projet, sous prétexte qu'elle étoit incertaine du lieu où l'appelleroient ses affaires. Quelles tristes réflexions ne fis-je point alors sur l'amitié, que la présence attiédit, que l'absence efface, qui ne résiste point au malheur, et encore moins à la prospérité!

« Je me trouvai bientôt plus isolé dans ma patrie que je ne l'avois été sur une terre étrangère. Je voulus me jeter pendant quelque temps dans un monde qui ne me disoit rien et qui ne m'entendoit pas. Mon ame, qu'aucune passion n'avoit encore usée, cherchoit un objet qui pût l'attacher; mais je m'aperçus que je donnois plus que je ne recevois. Ce n'étoit ni un langage élevé, ni un sentiment profond qu'on demandoit de moi. Je n'étois occupé qu'à rapetisser ma vie, pour la mettre au niveau de la société. Traité partout d'esprit romanesque, honteux du rôle que je jouois, dégoûté de plus en plus des choses et des hommes, je pris le parti de me retirer dans un faubourg pour y vivre totalement ignoré.

« Je trouvai d'abord assez de plaisir dans cette vie obscure et indépendante. Inconnu, je me mêlois à la foule : vaste désert d'hommes!

« Souvent assis dans une église peu fréquentée, je passois des heures entières en méditation. Je voyois de pauvres femmes venir se prosterner devant le Très-Haut, ou des pécheurs s'agenouiller au tribunal de la pénitence. Nul ne sortoit de ces lieux sans un visage plus serein, et les sourdes clameurs qu'on entendoit au dehors sembloient être les flots des passions et les orages du monde, qui venoient expirer au pied du temple du Seigneur. Grand Dieu, qui vis en secret couler mes larmes dans ces retraites sacrées, tu sais combien de fois je me jetai à tes pieds, pour te supplier de me décharger du poids de l'existence, ou de changer en moi le vieil homme! Ah! qui n'a senti quelquefois le besoin de se régénérer, de se rajeunir aux eaux du torrent, de retremper son ame à la fontaine de vie? Qui ne se trouve quelquefois accablé du fardeau de sa propre corruption, et incapable de rien faire de grand, de noble, de juste?

« Quand le soir étoit venu, reprenant le chemin de ma retraite, je m'arrêtois sur les ponts pour voir se coucher le soleil. L'astre, enflammant les vapeurs de la cité, sembloit osciller lentement dans un fluide d'or, comme le pendule de l'horloge des siècles. Je me retirois ensuite avec la nuit, à travers un labyrinthe de rues solitaires. En regardant les lumières qui brilloient dans la demeure des hommes, je me transportois par la pensée au milieu des scènes de douleur et de joie qu'elles éclairoient, et je songeois que sous tant de toits habités je n'avois pas un ami. Au milieu de mes réflexions, l'heure venoit frapper à coups mesurés dans la tour de la cathédrale gothique; elle alloit se répétant sur tous les tons et à toutes les distances d'église en église. Hélas! chaque heure dans la société ouvre un tombeau, et fait couler des larmes.

« Cette vie, qui m'avoit d'abord enchanté, ne tarda pas à me devenir insupportable. Je me fatiguai de la répétition des mêmes scènes et des mêmes idées. Je me mis à sonder mon cœur, à me demander ce que je désirois. Je ne le savois pas; mais je crus tout à coup que les bois me seroient délicieux. Me voilà soudain résolu d'achever, dans un exil champêtre, une carrière à peine commencée, et dans laquelle j'avois déja dévoré des siècles.

« J'embrassai ce projet avec l'ardeur que je mets à tous mes desseins; je partis précipitamment pour m'ensevelir dans une chaumière, comme j'étois parti autrefois pour faire le tour du monde.

« On m'accuse d'avoir des goûts inconstants, de ne pouvoir jouir long-temps de la même chimère, d'être la proie d'une imagination qui se hâte d'arriver au fond de mes plaisirs, comme si elle étoit accablée de leur durée; on m'accuse de passer toujours le but que je puis atteindre: hélas! je cherche seulement un bien inconnu dont l'instinct me poursuit. Est-ce ma faute, si je trouve partout des bornes, si ce qui est fini n'a pour moi aucune valeur? Cependant je sens que j'aime la monotonie des sentiments de la vie, et si j'avois encore la folie de croire au bonheur, je le chercherois dans l'habitude.

« La solitude absolue, le spectacle de la nature, me plongèrent bientôt dans un état presque impossible à décrire. Sans parents, sans amis, pour ainsi dire, sur la terre, n'ayant point encore aimé, j'étois accablé d'une surabondance de vie. Quelquefois je rougissois subitement, et je sentois couler dans mon cœur comme des ruisseaux d'une lave ardente; quelquefois je poussois des cris involontaires, et la nuit étoit également troublée de mes songes et de mes veilles. Il me manquoit quelque chose pour remplir l'abîme de mon existence : je descendois dans la vallée, je m'élevois sur la montagne, appelant de toute la force de mes désirs l'idéal objet d'une flamme future; je l'embrassois dans les vents; je croyois l'entendre dans les gémissements du fleuve; tout étoit ce fantôme imaginaire, et les astres dans les cieux, et le principe même de vie dans l'univers.

« Toutefois cet état de calme et de trouble, d'indigence et de richesse, n'étoit pas sans quelques charmes : un jour je m'étois amusé à effeuiller une branche de saule sur un ruisseau, et à attacher une idée à chaque feuille que le courant entraînoit. Un roi qui craint de perdre sa couronne par une révolution subite, ne ressent pas des angoisses plus vives que les miennes, à chaque accident qui menaçoit les débris de mon rameau. O foiblesse des mortels! O enfance du cœur humain qui ne vieillit jamais! Voilà donc à quel degré de puérilité notre superbe raison peut descendre! Et encore est-il vrai que bien des hommes attachent leur destinée à des choses d'aussi peu de valeur que mes feuilles de saule.

« Mais comment exprimer cette foule de sensations fugitives que j'éprouvois dans mes promenades? Les sons que rendent les passions dans le vide d'un cœur solitaire ressemblent au murmure que les vents et les eaux font entendre dans le silence d'un désert : on en jouit, mais on ne peut les peindre.

« L'automne me surprit au milieu de ces incertitudes : j'entrai avec ravissement dans les mois des tempêtes. Tantôt j'aurois voulu être un de ces guerriers errant au milieu des vents, des nuages et des fantômes; tantôt j'enviois jusqu'au sort du pâtre que je voyois réchauffer ses mains à l'humble feu de broussailles qu'il avoit allumé au coin d'un bois. J'écoutois ses chants mélancoliques, qui me rappeloient que dans tout pays, le chant naturel de l'homme est triste, lors même qu'il exprime le bonheur. Notre cœur est un instrument incomplet, une lyre où il manque des cordes, et où nous sommes forcés de rendre les accents de la joie sur le ton consacré aux soupirs.

« Le jour, je m'égarois sur de grandes bruyères terminées par des forêts. Qu'il falloit peu de choses à ma rêverie! une feuille séchée que le vent chassoit devant moi, une cabane dont la fumée s'élevoit dans la cime dépouillée des arbres, la mousse qui trembloit au souffle du nord sur le tronc d'un chêne, une roche écartée, un étang désert où le jonc flétri murmuroit! Le clocher solitaire s'élevant au loin dans la vallée a souvent attiré mes regards ; souvent j'ai suivi des yeux les oiseaux de passage qui voloient au dessus de ma tête. Je me figurois les bords ignorés, les climats lointains où ils se rendent; j'aurois voulu être sur leurs ailes. Un secret instinct me tourmentoit; je sentois que je n'étois moi-même qu'un voyageur; mais une voix du ciel sembloit me dire : « Homme, la saison de ta migration « n'est pas encore venue; attends que le vent de « la mort se lève, alors tu déploieras ton vol « vers ces régions inconnues que ton cœur de- « mande. »

« Levez-vous vite, orages désirés, qui devez emporter René dans les espaces d'une autre vie ! Ainsi disant, je marchois à grands pas, le visage enflammé, le vent sifflant dans ma chevelure, ne sentant ni pluie, ni frimas, enchanté, tourmenté, et comme possédé par le démon de mon cœur.

« La nuit, lorsque l'aquilon ébranloit ma chaumière, que les pluies tomboient en torrent sur mon toit, qu'à travers ma fenêtre je voyois la lune sillonner les nuages amoncelés, comme un pâle vaisseau qui laboure les vagues, il me sembloit que la vie redoubloit au fond de mon cœur, que j'aurois eu la puissance de créer des mondes.

Ah! si j'avois pu faire partager à une autre les transports que j'éprouvois! O Dieu! si tu m'avois donné une femme selon mes désirs; si, comme à notre premier père, tu m'eusses amené par la main une Ève tirée de moi-même..... Beauté céleste! je me serois prosterné devant toi, puis, te prenant dans mes bras, j'aurois prié l'Éternel de te donner le reste de ma vie.

« Hélas! j'étois seul, seul sur la terre! Une langueur secrète s'emparoit de mon corps. Ce dégoût de la vie que j'avois ressenti dès mon enfance revenoit avec une force nouvelle. Bientôt mon cœur ne fournit plus d'aliment à ma pensée, et je ne m'apercevois de mon existence que par un profond sentiment d'ennui.

« Je luttai quelque temps contre mon mal, mais avec indifférence et sans avoir la ferme résolution de le vaincre. Enfin, ne pouvant trouver de remède à cette étrange blessure de mon cœur qui n'étoit nulle part et qui étoit partout, je résolus de quitter la vie.

« Prêtre du Très-Haut, qui m'entendez, pardonnez à un malheureux que le ciel avoit presque privé de la raison. J'étois plein de religion, et je raisonnois en impie; mon cœur aimoit Dieu, et mon esprit le méconnoissoit; ma conduite, mes discours, mes sentiments, mes pensées n'étoient que contradiction, ténèbres, mensonges. Mais l'homme sait-il bien toujours ce qu'il veut, est-il toujours sûr de ce qu'il pense?

« Tout m'échappoit à la fois, l'amitié, le monde, la retraite. J'avois essayé de tout, et tout m'avoit été fatal. Repoussé par la société, abandonné d'Amélie, quand la solitude vint à me manquer, que me restoit-il ? C'étoit la dernière planche sur laquelle j'avois espéré me sauver, et je la sentois encore s'enfoncer dans l'abîme!

« Décidé que j'étois à me débarrasser du poids de la vie, je résolus de mettre toute ma raison dans cet acte insensé. Rien ne me pressoit ; je ne fixai point le moment du départ, afin de savourer à longs traits les derniers moments de l'existence, et de recueillir toutes mes forces, à l'exemple d'un ancien, pour sentir mon ame s'échapper.

« Cependant je crus nécessaire de prendre des arrangements concernant ma fortune, et je fus obligé d'écrire à Amélie. Il m'échappa quelques plaintes sur son oubli, et je laissai sans doute percer l'attendrissement qui surmontoit peu à peu mon cœur. Je m'imaginois pourtant avoir bien dissimulé mon secret; mais ma sœur, accoutumée à lire dans les replis de mon ame, le devina sans peine. Elle fut alarmée du ton de contrainte qui régnoit dans ma lettre, et de mes questions sur des affaires dont je ne m'étois jamais occupé. Au lieu de me répondre, elle me vint tout à coup surprendre.

« Pour bien sentir quelle dut être dans la suite l'amertume de ma douleur, et quels furent mes premiers transports en revoyant Amélie, il faut vous figurer que c'étoit la seule personne au monde que j'eusse aimée, que tous mes sentiments se venoient confondre en elle, avec la douceur des souvenirs de mon enfance. Je reçus donc Amélie dans une sorte d'extase de cœur. Il y avoit si long-temps que je n'avois trouvé quelqu'un qui m'entendît, et devant qui je pusse ouvrir mon ame !

« Amélie, se jetant dans mes bras, me dit : « Ingrat, tu veux mourir, et ta sœur existe ! Tu « soupçonnes son cœur ! Ne t'explique point, ne « t'excuse point, je sais tout ; j'ai tout compris, « comme si j'avois été avec toi. Est-ce moi que « l'on trompe, moi, qui ai vu naître tes premiers « sentiments ? Voilà ton malheureux caractère, « tes dégoûts, tes injustices. Jure, tandis que je « te presse sur mon cœur, jure que c'est la der- « nière fois que tu te livreras à tes folies ; fais le « serment de ne jamais attenter à tes jours. »

« En prononçant ces mots, Amélie me regardoit avec compassion et tendresse, et couvroit mon front de ses baisers; c'étoit presqu'une mère, c'étoit quelque chose de plus tendre. Hélas! mon cœur se rouvrit à toutes les joies; comme un enfant, je ne demandois qu'à être consolé; je cédai à l'empire d'Amélie; elle exigea un serment solennel; je le fis sans hésiter, ne soupçonnant même pas que désormais je pusse être malheureux.

« Nous fûmes plus d'un mois à nous accoutumer à l'enchantement d'être ensemble. Quand le matin, au lieu de me trouver seul, j'entendois la voix de ma sœur, j'éprouvois un tressaillement de joie et de bonheur. Amélie avoit reçu de la nature quelque chose de divin; son ame avoit les mêmes graces innocentes que son corps; la douceur de ses sentiments étoit infinie; il n'y avoit rien que de suave et d'un peu rêveur dans son esprit; on eût dit que son cœur, sa pensée et sa voix soupiroient comme de concert; elle tenoit de la femme la timidité et l'amour, et de l'ange la pureté et la mélodie.

« Le moment étoit venu où j'allois expier toutes mes inconséquences. Dans mon délire j'avois été jusqu'à désirer d'éprouver un malheur, pour avoir du moins un objet réel de souffrance: épouvantable souhait que Dieu, dans sa colère, a trop exaucé!

« Que vais-je vous révéler, ô mes amis! voyez les pleurs qui coulent de mes yeux. Puis-je même... Il y a quelques jours, rien n'auroit pu m'arracher ce secret... A présent tout est fini!

« Toutefois, ô vieillards! que cette histoire soit à jamais ensevelie dans le silence: souvenez-vous qu'elle n'a été racontée que sous l'arbre du désert.

« L'hiver finissoit, lorsque je m'aperçus qu'Amélie perdoit le repos et la santé qu'elle commençoit à me rendre. Elle maigrissoit; ses yeux se creusoient, sa démarche étoit languissante, et sa voix troublée. Un jour, je la surpris tout en larmes au pied d'un crucifix. Le monde, la solitude, mon absence, ma présence, la nuit, le jour, tout l'alarmoit. D'involontaires soupirs venoient expirer sur ses lèvres; tantôt elle soutenoit, sans se fatiguer, une longue course; tantôt elle se traînoit à peine; elle prenoit et laissoit son ouvrage, ouvroit un livre sans pouvoir lire, commençoit une phrase qu'elle n'achevoit pas, fondoit tout à coup en pleurs, et se retiroit pour prier.

« En vain je cherchois à découvrir son secret. Quand je l'interrogeois, en la pressant dans mes bras, elle me répondoit, avec un sourire, qu'elle étoit comme moi, qu'elle ne savoit pas ce qu'elle avoit.

«Trois mois se passèrent de la sorte, et son état devenoit pire chaque jour. Une correspondance mystérieuse me sembloit être la cause de ses larmes; car elle paroissoit ou plus tranquille ou plus émue, selon les lettres qu'elle recevoit. Enfin, un matin, l'heure à laquelle nous déjeunions ensemble étant passée, je monte à son appartement; je frappe; on ne me répond point; j'entr'ouvre la porte, il n'y avoit personne dans la chambre. J'aperçois sur la cheminée un paquet à mon adresse. Je le saisis en tremblant, je l'ouvre, et je lis cette lettre, que je conserve pour m'ôter à l'avenir tout mouvement de joie.

A RENÉ.

«Le ciel m'est témoin, mon frère, que je don-
«nerois mille fois ma vie pour vous épargner un
«moment de peine; mais, infortunée que je suis,
«je ne puis rien pour votre bonheur. Vous me
«pardonnerez donc de m'être dérobée de chez
«vous comme une coupable; je n'aurois jamais
«pu résister à vos prières, et cependant il falloit
«partir... Mon Dieu, ayez pitié de moi!

«Vous savez, René, que j'ai toujours eu du
«penchant pour la vie religieuse; il est temps
«que je mette à profit les avertissements du

« ciel. Pourquoi ai-je attendu si tard ! Dieu
« m'en punit. J'étois restée pour vous dans le
« monde... Pardonnez, je suis toute troublée
« par le chagrin que j'ai de vous quitter.

« C'est à présent, mon cher frère, que je sens
« bien la nécessité de ces asiles, contre lesquels
« je vous ai vu souvent vous élever. Il est des
« malheurs qui nous séparent pour toujours des
« hommes ; que deviendroient alors de pauvres
« infortunées !... Je suis persuadée que vous-
« même, mon frère, vous trouveriez le repos dans
« ces retraites de la religion : la terre n'offre rien
« qui soit digne de vous.

« Je ne vous rappellerai point votre serment :
« je connois la fidélité de votre parole. Vous
« l'avez juré, vous vivrez pour moi. Y a-t-il rien
« de plus misérable que de songer sans cesse à
« quitter la vie ? Pour un homme de votre carac-
« tère, il est si aisé de mourir ! Croyez-en votre
« sœur, il est plus difficile de vivre.

« Mais, mon frère, sortez au plus vite de la
« solitude, qui ne vous est pas bonne ; cher-
« chez quelque occupation. Je sais que vous rirez
« amèrement de cette nécessité où l'on est en
« France de *prendre un état*. Ne méprisez pas
« tant l'expérience et la sagesse de nos pères.
« Il vaut mieux, mon cher René, ressembler un

« peu plus au commun des hommes, et avoir un
« peu moins de malheur.

« Peut-être trouveriez-vous dans le mariage
« un soulagement à vos ennuis. Une femme, des
« enfants occuperoient vos jours. Et quelle est la
« femme qui ne chercheroit pas à vous rendre
« heureux! L'ardeur de votre ame, la beauté de
« votre génie, votre air noble et passionné, ce
« regard fier et tendre, tout vous assureroit de
« son amour et de sa fidélité. Ah! avec quelles
« délices ne te presseroit-elle pas dans ses bras
« et sur son cœur! Comme tous ses regards,
« toutes ses pensées, seroient attachés sur toi
« pour prévenir tes moindres peines! Elle seroit
« tout amour, tout innocence devant toi; tu croi-
« rois retrouver une sœur.

« Je pars pour le couvent de... Ce monastère,
« bâti au bord de la mer, convient à la situation
« de mon ame. La nuit, du fond de ma cellule,
« j'entendrai le murmure des flots qui baignent les
« murs du couvent; je songerai à ces promenades
« que je faisois avec vous au milieu des bois,
« alors que nous croyions retrouver le bruit des
« mers dans la cime agitée des pins. Aimable
« compagnon de mon enfance, est-ce que je ne
« vous verrai plus? A peine plus âgée que vous,
« je vous balançois dans votre berceau: souvent

« nous avons dormi ensemble. Ah! si un même
« tombeau nous réunissoit un jour! Mais non : je
« dois dormir seule sous les marbres glacés de
« ce sanctuaire où reposent pour jamais ces filles
« qui n'ont point aimé.

« Je ne sais si vous pourrez lire ces lignes à
« demi effacées par mes larmes. Après tout, mon
« ami, un peu plus tôt, un peu plus tard, n'au-
« roit-il pas fallu nous quitter? Qu'ai-je besoin
« de vous entretenir de l'incertitude et du peu
« de valeur de la vie? Vous vous rappelez le jeune
« M... qui fit naufrage à l'Isle-de-France. Quand
« vous reçûtes sa dernière lettre, quelques mois
« après sa mort, sa dépouille terrestre n'existoit
« même plus, et l'instant où vous commenciez
« son deuil en Europe étoit celui où on le finissoit
« aux Indes. Qu'est-ce donc que l'homme, dont la
« mémoire périt si vite? Une partie de ses amis ne
« peut apprendre sa mort, que l'autre n'en soit
« déja consolée! Quoi, cher et trop cher René,
« mon souvenir s'effacera-t-il si promptement de
« ton cœur? O mon frère! si je m'arrache à vous
« dans le temps, c'est pour n'être pas séparée de
« vous dans l'éternité.

« AMÉLIE. »

P. S. « Je joins ici l'acte de la donation de mes

« biens ; j'espère que vous ne refuserez pas cette
« marque de mon amitié. »

« La foudre qui fût tombée à mes pieds ne
m'eût pas causé plus d'effroi que cette lettre.
Quel secret Amélie me cachoit-elle ? Qui la for-
çoit si subitement à embrasser la vie religieuse ?
Ne m'avoit-elle rattaché à l'existence par le
charme de l'amitié, que pour me délaisser tout
à coup ? Oh ! pourquoi étoit-elle venue me détourner de mon dessein ! Un mouvement de pitié
l'avoit rappelée auprès de moi ; mais bientôt fa-
tiguée d'un pénible devoir elle se hâte de quitter
un malheureux qui n'avoit qu'elle sur la terre.
On croit avoir tout fait quand on a empêché un
homme de mourir ! Telles étoient mes plaintes.
Puis, faisant un retour sur moi-même : « Ingrate
Amélie, disois-je, si tu avois été à ma place, si,
comme moi, tu avois été perdue dans le vide
de tes jours, ah ! tu n'aurois pas été abandonnée
de ton frère. »

« Cependant, quand je relisois la lettre, j'y
trouvois je ne sais quoi de si triste et de si tendre, que tout mon cœur se fondoit. Tout à coup
il me vint une idée qui me donna quelque espérance : je m'imaginai qu'Amélie avoit peut-être
conçu une passion pour un homme qu'elle n'o-

soit avouer. Ce soupçon sembla m'expliquer sa mélancolie, sa correspondance mystérieuse, et le ton passionné qui respiroit dans sa lettre. Je lui écrivis aussitôt pour la supplier de m'ouvrir son cœur.

« Elle ne tarda pas à me répondre, mais sans me découvrir son secret : elle me mandoit seulement qu'elle avoit obtenu les dispenses du noviciat, et qu'elle alloit prononcer ses vœux.

« Je fus révolté de l'obstination d'Amélie, du mystère de ses paroles, et de son peu de confiance en mon amitié.

« Après avoir hésité un moment sur le parti que j'avois à prendre, je résolus d'aller à B... pour faire un dernier effort auprès de ma sœur. La terre où j'avois été élevé se trouvoit sur la route. Quand j'aperçus les bois où j'avois passé les seuls moments heureux de ma vie, je ne pus retenir mes larmes, et il me fut impossible de résister à la tentation de leur dire un dernier adieu.

« Mon frère aîné avoit vendu l'héritage paternel, et le nouveau propriétaire ne l'habitoit pas. J'arrivai au château par la longue avenue de sapins ; je traversai à pied les cours désertes ; je m'arrêtai à regarder les fenêtres fermées ou demi-brisées, le chardon qui croissoit au pied des murs, les feuilles qui jonchoient le seuil des portes, et ce perron solitaire où j'avois vu si souvent mon père et ses fidèles serviteurs. Les marches étoient déja couvertes de mousse ; le violier jaune croissoit entre leurs pierres déjointes et tremblantes. Un gardien inconnu m'ouvrit brusquement les portes. J'hésitois à franchir le seuil ; cet homme s'écria : « Hé bien ! allez-« vous faire comme cette étrangère qui vint ici « il y a quelques jours ? Quand ce fut pour en-« trer, elle s'évanouit, et je fus obligé de la re-« porter à sa voiture. » Il me fut aisé de reconnoître l'*étrangère* qui, comme moi, étoit venue chercher dans ces lieux des pleurs et des souvenirs !

« Couvrant un moment mes yeux de mon mouchoir, j'entrai sous le toit de mes ancêtres. Je parcourus les appartements sonores où l'on n'entendoit que le bruit de mes pas. Les chambres étoient à peine éclairées par la foible lumière qui pénétroit entre les volets fermés : je visitai celle où ma mère avoit perdu la vie en me mettant au monde, celle où se retiroit mon père, celle où j'avois dormi dans mon berceau, celle enfin où l'amitié avoit reçu mes premiers vœux dans le sein d'une sœur. Partout les salles étoient détendues, et l'araignée filoit sa toile dans les couches abandonnées. Je sortis précipitamment de ces lieux, je m'en éloignai à grands pas, sans oser tourner la tête. Qu'ils sont doux, mais qu'ils sont rapides, les moments que les frères et les sœurs passent dans leurs jeunes années, réunis sous l'aile de leurs vieux parents! La famille de l'homme n'est que d'un jour; le souffle de Dieu la disperse comme une fumée. A peine le fils connoît-il le père, le père le fils, le frère la sœur, la sœur le frère! Le chêne voit germer ses glands autour de lui; il n'en est pas ainsi des enfants des hommes!

« En arrivant à B..., je me fis conduire au couvent; je demandai à parler à ma sœur. On me dit qu'elle ne recevoit personne. Je lui écrivis: elle me répondit que, sur le point de se consacrer à Dieu, il ne lui étoit pas permis de donner une pensée au monde; que, si je l'aimois, j'éviterois de l'accabler de ma douleur. Elle ajoutoit: « Cependant si votre projet est de paroître à « l'autel le jour de ma profession, daignez m'y « servir de père; ce rôle est le seul digne de votre « courage, le seul qui convienne à notre amitié « et à mon repos. »

« Cette froide fermeté qu'on opposoit à l'ardeur de mon amitié me jeta dans de violents transports. Tantôt j'étois près de retourner sur mes pas; tantôt je voulois rester, uniquement pour troubler le sacrifice. L'enfer me suscitoit jusqu'à la pensée de me poignarder dans l'église, et de mêler mes derniers soupirs aux vœux qui m'arrachoient ma sœur. La supérieure du couvent me fit prévenir qu'on avoit préparé un banc dans le sanctuaire, et elle m'invitoit à me rendre à la cérémonie, qui devoit avoir lieu dès le lendemain.

« Au lever de l'aube, j'entendis le premier son des cloches... Vers dix heures, dans une sorte d'agonie, je me traînai au monastère. Rien ne peut plus être tragique quand on a assisté à un pareil spectacle; rien ne peut plus être douloureux quand on y a survécu.

« Un peuple immense remplissoit l'église. On me conduit au banc du sanctuaire; je me précipite à genoux sans presque savoir où j'étois, ni à quoi j'étois résolu. Déja le prêtre attendoit à l'autel; tout à coup la grille mystérieuse s'ouvre, et Amélie s'avance, parée de toutes les pompes du monde. Elle étoit si belle, il y avoit sur son visage quelque chose de si divin, qu'elle excita un mouvement de surprise et d'admiration. Vaincu par la glorieuse douleur de la sainte, abattu par les grandeurs de la religion, tous mes projets de violence s'évanouirent; ma force m'abandonna; je me sentis lié par une main toute-puissante, et, au lieu de blasphèmes et de menaces, je ne trouvai dans mon cœur que de profondes adorations et les gémissements de l'humilité.

« Amélie se place sous un dais. Le sacrifice commence à la lueur des flambeaux, au milieu des fleurs et des parfums, qui devoient rendre l'holocauste agréable. A l'offertoire, le prêtre se dépouilla de ses ornements, ne conserva qu'une tunique de lin, monta en chaire, et, dans un discours simple et pathétique, peignit le bonheur de la vierge qui se consacre au Seigneur. Quand il prononça ces mots: « Elle a paru comme « l'encens qui se consume dans le feu, » un grand calme et des odeurs célestes semblèrent se répandre dans l'auditoire; on se sentit comme à l'abri sous les ailes de la colombe mystique, et l'on eût cru voir les anges descendre sur l'autel et remonter vers les cieux avec des parfums et des couronnes.

« Le prêtre achève son discours, reprend ses vêtements, continue le sacrifice. Amélie, soutenue de deux jeunes religieuses, se met à genoux sur la dernière marche de l'autel. On vient alors me chercher, pour remplir les fonctions paternelles. Au bruit de mes pas chancelants dans le sanctuaire, Amélie est prête à défaillir. On me place à côté du prêtre, pour lui présenter les ciseaux. En ce moment, je sens renaître mes transports; ma fureur va éclater, quand Amélie, rappelant son courage, me lance un regard où il y a tant de reproche et de douleur, que j'en suis atterré. La religion triomphe. Ma sœur profite de mon trouble; elle avance hardiment la tête. Sa superbe chevelure tombe de toutes parts sous le fer sacré; une longue robe d'étamine remplace pour elle les ornements du siècle, sans la rendre moins touchante; les ennuis de son front se cachent sous un bandeau de lin; et le voile mystérieux, double symbole de la virginité et de la religion, accompagne sa tête dépouillée. Jamais elle n'avoit paru si belle. L'œil de la pénitente étoit attaché sur la poussière du monde, et son ame étoit dans le ciel.

« Cependant Amélie n'avoit point encore prononcé ses vœux; et pour mourir au monde il falloit qu'elle passât à travers le tombeau. Ma sœur se couche sur le marbre; on étend sur elle un drap mortuaire; quatre flambeaux en marquent les quatre coins. Le prêtre, l'étole au cou, le livre à la main, commence l'Office des morts; de jeunes vierges le continuent. O joies de la religion, que vous êtes grandes, mais que vous êtes terribles! On m'avoit contraint de me placer à genoux, près de ce lugubre appareil. Tout à coup un murmure confus sort de dessous le voile sépulcral; je m'incline, et ces paroles épouvantables (que je fus seul à entendre) viennent frapper mon oreille : « Dieu de miséricorde, fais « que je ne me relève jamais de cette couche « funèbre, et comble de tes biens un frère qui « n'a point partagé ma criminelle passion ! »

« A ces mots échappés du cercueil, l'affreuse vérité m'éclaire; ma raison s'égare, je me laisse tomber sur le linceul de la mort, je presse ma sœur dans mes bras, je m'écrie : « Chaste épouse « de Jésus-Christ, reçois mes derniers embrasse- « ments à travers les glaces du trépas et les pro- « fondeurs de l'éternité, qui te séparent déjà de « ton frère ! »

« Ce mouvement, ce cri, ces larmes, troublent la cérémonie : le prêtre s'interrompt, les religieuses ferment la grille, la foule s'agite et se presse vers l'autel; on m'emporte sans connoissance. Que je sus peu de gré à ceux qui me rappelèrent au jour! J'appris, en rouvrant les yeux, que le sacrifice étoit consommé, et que ma sœur avoit été saisie d'une fièvre ardente. Elle me faisoit prier de ne plus chercher à la voir. O misère de ma vie! une sœur craindre de parler à un frère, et un frère craindre de faire entendre sa voix à une sœur! Je sortis du monastère comme de ce lieu d'expiation où des flammes nous préparent pour la vie céleste, où l'on a tout perdu comme aux enfers, hors l'espérance.

« On peut trouver des forces dans son ame contre un malheur personnel; mais devenir la cause involontaire du malheur d'un autre, cela est tout-à-fait insupportable. Éclairé sur les maux de ma sœur, je me figurois ce qu'elle avoit dû souffrir. Alors s'expliquèrent pour moi plusieurs choses que je n'avois pu comprendre; ce mélange de joie et de tristesse, qu'Amélie avoit fait paroître au moment de mon départ pour mes voyages, le soin qu'elle prit de m'éviter à mon retour, et cependant cette foiblesse qui l'empêcha si long-temps d'entrer dans un monastère, sans doute la fille malheureuse s'étoit flattée de guérir! Ses projets de retraite, la dispense du noviciat, la disposition de ses biens en ma faveur, avoient apparemment produit cette correspondance secrète qui servit à me tromper.

« O mes amis! je sus donc ce que c'étoit que de verser des larmes pour un mal qui n'étoit point imaginaire! Mes passions, si long-temps indéterminées, se précipitèrent sur cette première proie avec fureur. Je trouvai même une sorte de satisfaction inattendue dans la plénitude de mon chagrin, et je m'aperçus, avec un secret mouvement de joie, que la douleur n'est pas une affection qu'on épuise comme le plaisir.

« J'avois voulu quitter la terre avant l'ordre du Tout-Puissant; c'étoit un grand crime : Dieu m'avoit envoyé Amélie à la fois pour me sauver et pour me punir. Ainsi, toute pensée coupable, toute action criminelle entraîne après elle des désordres et des malheurs. Amélie me prioit de vivre, et je lui devois bien de ne pas aggraver ses maux. D'ailleurs (chose étrange!) je n'avois plus envie de mourir depuis que j'étois réellement malheureux. Mon chagrin étoit devenu une occupation qui remplissoit tous mes moments : tant mon cœur est naturellement pétri d'ennui et de misère!

« Je pris donc subitement une autre résolution : je me déterminai à quitter l'Europe, et à passer en Amérique.

« On équipoit dans ce moment même, au port de B.... une flotte pour la Louisiane; je m'arrangeai avec un des capitaines de vaisseau; je fis savoir mon projet à Amélie, et je m'occupai de mon départ.

« Ma sœur avoit touché aux portes de la mort : mais Dieu, qui lui destinoit la première palme des vierges, ne voulut pas la rappeler si vite à lui; son épreuve ici-bas fut prolongée. Descendue une seconde fois dans la pénible carrière de la vie, l'héroïne, courbée sous la croix, s'avança courageusement à l'encontre des douleurs, ne voyant plus que le triomphe dans le combat, et dans l'excès des souffrances, l'excès de la gloire.

« La vente du peu de bien qui me restoit, et que je cédai à mon frère, les longs préparatifs d'un convoi, les vents contraires, me retinrent long-temps dans le port. J'allois chaque matin m'informer des nouvelles d'Amélie, et je revenois toujours avec de nouveaux motifs d'admiration et de larmes.

« J'errois sans cesse autour du monastère, bâti au bord de la mer. J'apercevois souvent à une petite fenêtre grillée qui donnoit sur une plage déserte, une religieuse assise dans une attitude pensive; elle rêvoit à l'aspect de l'océan où apparoissoit quelque vaisseau, cinglant aux extrémités de la terre. Plusieurs fois à la clarté de la lune, j'ai revu la même religieuse aux barreaux de la même fenêtre : elle contemploit la mer, éclairée par l'astre de la nuit, et sembloit prêter l'oreille au bruit des vagues qui se brisoient tristement sur des grèves solitaires.

« Je crois encore entendre la cloche qui, pendant la nuit, appeloit les religieuses aux veilles et aux prières. Tandis qu'elle tintoit avec lenteur et que les vierges s'avançoient en silence à l'autel du Tout-Puissant, je courois au monastère : là, seul au pied des murs, j'écoutois dans une sainte extase les derniers sons des cantiques, qui se mêloient sous les voûtes du temple au foible bruissement des flots.

« Je ne sais comment toutes ces choses, qui auroient dû nourrir mes peines, en émoussoient au contraire l'aiguillon. Mes larmes avoient moins d'amertume, lorsque je les répandois sur les rochers et parmi les vents. Mon chagrin même, par sa nature extraordinaire, portoit avec lui quelque remède : on jouit de ce qui n'est pas commun, même quand cette chose est un malheur. J'en conçus presque l'espérance que ma sœur deviendroit à son tour moins misérable.

« Une lettre que je reçus d'elle avant mon départ sembla me confirmer dans ces idées. Amélie se plaignoit tendrement de ma douleur, et m'assuroit que le temps diminuoit la sienne. « Je ne
« désespère pas de mon bonheur, me disoit-elle.
« L'excès même du sacrifice, à présent que le
« sacrifice est consommé, sert à me rendre quel-
« que paix. La simplicité de mes compagnes, la

«pureté de leurs vœux, la régularité de leur
«vie, tout répand du baume sur mes jours.
«Quand j'entends gronder les orages, et que
«l'oiseau de mer vient battre des ailes à ma fe-
«nêtre, moi, pauvre colombe du ciel, je songe
«au bonheur que j'ai eu de trouver un abri contre
«la tempête. C'est ici la sainte montagne; le som-
«met élevé d'où l'on entend les derniers bruits
«de la terre et les premiers concerts du ciel;
«c'est ici que la religion trompe doucement une
«ame sensible : aux plus violentes amours elle
«substitue une sorte de chasteté brûlante où l'a-
«mante et la vierge sont unies; elle épure les
«soupirs; elle change en une flamme incorrup-
«tible une flamme périssable; elle mêle divine-
«ment son calme et son innocence à ce reste de
«trouble et de volupté d'un cœur qui cherche à
«se reposer, et d'une vie qui se retire.»

«Je ne sais ce que le ciel me réserve, et s'il a
voulu m'avertir que les orages accompagneroient
partout mes pas. L'ordre étoit donné pour le départ de la flotte; déja plusieurs vaisseaux avoient
appareillé au baisser du soleil; je m'étois arrangé
pour passer la dernière nuit à terre, afin d'é-
crire ma lettre d'adieux à Amélie. Vers minuit,
tandis que je m'occupe de ce soin, et que je
mouille mon papier de mes larmes, le bruit des

vents vient frapper mon oreille. J'écoute; et au milieu de la tempête, je distingue les coups de canon d'alarme, mêlés au glas de la cloche monastique. Je vole sur le rivage où tout étoit désert, et où l'on n'entendoit que le rugissement des flots. Je m'assieds sur un rocher. D'un côté s'étendent les vagues étincelantes, de l'autre les murs sombres du monastère se perdent confusément dans les cieux. Une petite lumière paroissoit à la fenêtre grillée. Étoit-ce toi, ô mon Amélie, qui, prosternée au pied du crucifix, priois le Dieu des orages d'épargner ton malheureux frère! La tempête sur les flots, le calme dans ta retraite; des hommes brisés sur des écueils, au pied de l'asile que rien ne peut troubler; l'infini de l'autre côté du mur d'une cellule; les fanaux agités des vaisseaux, le phare immobile du couvent; l'incertitude des destinées du navigateur, la vestale connoissant dans un seul jour tous les jours futurs de sa vie; d'une autre part, une ame telle que la tienne, ô Amélie, orageuse comme l'océan; un naufrage plus affreux que celui du marinier : tout ce tableau est encore profondément gravé dans ma mémoire. Soleil de ce ciel nouveau, maintenant témoin de mes larmes, échos du rivage américain qui répétez les accents de René, ce fut le lendemain de cette nuit terrible qu'appuyé sur le gaillard de mon vaisseau, je vis s'éloigner pour jamais ma terre natale! Je contemplai long-temps sur la côte les derniers balancements des arbres de la patrie, et les faîtes du monastère qui s'abaissoient à l'horizon. »

Comme René achevoit de raconter son histoire, il tira un papier de son sein, et le donna au père Souël; puis, se jetant dans les bras de Chactas, et étouffant ses sanglots, il laissa le temps au missionnaire de parcourir la lettre qu'il venoit de lui remettre.

Elle étoit de la supérieure de... Elle contenoit le récit des derniers moments de la sœur Amélie de la Miséricorde, morte victime de son zèle et de sa charité, en soignant ses compagnes attaquées d'une maladie contagieuse. Toute la communauté étoit inconsolable, et l'on y regardoit Amélie comme une sainte. La supérieure ajoutoit que depuis trente ans qu'elle étoit à la tête de la maison, elle n'avoit jamais vu de religieuse d'une humeur aussi douce et aussi égale, ni qui fût plus contente d'avoir quitté les tribulations du monde.

Chactas pressoit René dans ses bras, le vieillard pleuroit. « Mon enfant, dit-il à son fils, je « voudrois que le père Aubry fût ici; il tiroit du

« fond de son cœur je ne sais quelle paix qui,
« en les calmant, ne sembloit cependant point
« étrangère aux tempêtes; c'étoit la lune dans
« une nuit orageuse : les nuages errants ne peuvent
« l'emporter dans leur course; pure et inalté-
« rable, elle s'avance tranquille au dessus d'eux.
« Hélas, pour moi, tout me trouble et m'en-
« traîne ! »

Jusqu'alors le père Souël, sans proférer une parole, avoit écouté d'un air austère l'histoire de René. Il portoit en secret un cœur compatissant, mais il montroit au dehors un caractère inflexible; la sensibilité du Sachem le fit sortir du silence :

« Rien, dit-il au frère d'Amélie, rien ne mé-
« rite, dans cette histoire, la pitié qu'on vous
« montre ici. Je vois un jeune homme entêté de
« chimères, à qui tout déplaît, et qui s'est sous-
« trait aux charges de la société pour se livrer à
« d'inutiles rêveries. On n'est point, monsieur,
« un homme supérieur parce qu'on aperçoit le
« monde sous un jour odieux. On ne hait les
« hommes et la vie, que faute de voir assez loin.
« Étendez un peu plus votre regard, et vous serez
« bientôt convaincu que tous ces maux dont
« vous vous plaignez sont de purs néants. Mais

« quelle honte de ne pouvoir songer au seul mal-
« heur réel de votre vie, sans être forcé de rougir!
« Toute la pureté, toute la vertu, toute la reli-
« gion, toutes les couronnes d'une sainte ren-
« dent à peine tolérable la seule idée de vos cha-
« grins. Votre sœur a expié sa faute; mais, s'il
« faut ici dire ma pensée, je crains que, par une
« épouvantable justice, un aveu sorti du sein de
« la tombe n'ait troublé votre ame à son tour.
« Que faites-vous seul au fond des forêts où
« vous consumez vos jours, négligeant tous vos
« devoirs? Des saints, me direz-vous, se sont
« ensevelis dans les déserts? Ils y étoient avec
« leurs larmes, et employoient à éteindre leurs
« passions le temps que vous perdez peut-être à
« allumer les vôtres. Jeune présomptueux qui
« avez cru que l'homme se peut suffire à lui-
« même! La solitude est mauvaise à celui qui n'y
« vit pas avec Dieu; elle redouble les puissances
« de l'ame, en même temps qu'elle leur ôte tout
« sujet pour s'exercer. Quiconque a reçu des
« forces doit les consacrer au service de ses sem-
« blables; s'il les laisse inutiles, il en est d'abord
« puni par une secrète misère, et tôt ou tard le
« ciel lui envoie un châtiment effroyable. »

Troublé par ces paroles, René releva du sein

de Chactas sa tête humiliée. Le Sachem aveugle se prit à sourire ; et ce sourire de la bouche, qui ne se marioit plus à celui des yeux, avoit quelque chose de mystérieux et de céleste. « Mon « fils, dit le vieil amant d'Atala, il nous parle « sévèrement ; il corrige et le vieillard et le jeune « homme, et il a raison. Oui, il faut que tu re- « nonces à cette vie extraordinaire qui n'est « pleine que de soucis ; il n'y a de bonheur que « dans les voies communes.

« Un jour le Meschacebé, encore assez près « de sa source, se lassa de n'être qu'un limpide « ruisseau. Il demande des neiges aux monta- « gnes, des eaux aux torrents, des pluies aux « tempêtes, il franchit ses rives, et désole ses « bords charmants. L'orgueilleux ruisseau s'ap- « plaudit d'abord de sa puissance ; mais voyant « que tout devenoit désert sur son passage ; qu'il « couloit, abandonné dans la solitude ; que ses « eaux étoient toujours troublées, il regretta « l'humble lit que lui avoit creusé la nature, les « oiseaux, les fleurs, les arbres et les ruisseaux, « jadis modestes compagnons de son paisible « cours. »

Chactas cessa de parler, et l'on entendit la voix du *flammant* qui, retiré dans les roseaux du Meschacebé, annonçoit un orage pour le milieu du jour. Les trois amis reprirent la route de leurs cabanes : René marchoit en silence entre le missionnaire qui prioit Dieu, et le Sachem aveugle qui cherchoit sa route. On dit que, pressé par les deux vieillards, il retourna chez son épouse, mais sans y trouver le bonheur. Il périt peu de temps après avec Chactas et le père Souël, dans le massacre des François et des Natchez à la Louisiane. On montre encore un rocher où il alloit s'asseoir au soleil couchant.

FIN.

LES AVENTURES

DU

DERNIER ABENCERAGE.

AVERTISSEMENT.

Les Aventures du dernier Abencerage sont écrites depuis à peu près une vingtaine d'années : le portrait que j'ai tracé des Espagnols explique assez pourquoi cette Nouvelle n'a pu être imprimée sous le gouvernement impérial. La résistance des Espagnols à Buonaparte, d'un peuple désarmé à ce conquérant qui avoit vaincu les meilleurs soldats de l'Europe, excitoit alors l'enthousiasme de tous les cœurs susceptibles d'être touchés par les grands dévouements et les nobles sacrifices. Les ruines de Saragosse fumoient encore, et la censure n'auroit pas permis des éloges où elle eût découvert, avec raison, un intérêt caché pour les victimes. La peinture des vieilles mœurs de l'Europe, les souvenirs de la gloire d'un autre temps, et ceux de la cour d'un de nos plus brillants monarques, n'auroient pas été plus agréables à la censure, qui d'ailleurs commençoit à se repentir de m'avoir tant de fois laissé parler de l'ancienne monarchie et de la religion de nos pères : ces morts que j'évoquois sans cesse faisoient trop penser aux vivants.

On place souvent dans les tableaux quelque personnage difforme pour faire ressortir la beauté des autres : dans cette Nouvelle, j'ai voulu peindre trois hommes d'un caractère également élevé, mais ne sortant point de la nature, et conservant, avec des passions, les mœurs et les préjugés même de leur pays. Le caractère de la femme est aussi dessiné dans les mêmes proportions. Il faut au moins que le monde chimérique, quand on s'y transporte, nous dédommage du monde réel.

On s'apercevra facilement que cette Nouvelle est l'ouvrage d'un homme qui a senti les chagrins de l'exil, et dont le cœur est tout à sa patrie.

C'est sur les lieux mêmes que j'ai pris, pour ainsi dire, les vues de Grenade, de l'Alhambra, et de cette mosquée transformée en église, qui n'est autre chose que la cathédrale de Cordoue. Ces descriptions sont donc une espèce d'addition à ce passage de l'*Itinéraire* :

« De Cadix, je me rendis à Cordoue : j'admirai la
« mosquée qui fait aujourd'hui la cathédrale de cette
« ville. Je parcourus l'ancienne Bétique, où les poëtes
« avoient placé le bonheur. Je remontai jusqu'à An-
« dujar, et je revins sur mes pas pour voir Grenade.
« L'Alhambra me parut digne d'être regardé même
« après les temples de la Grèce. La vallée de Gre-
« nade est délicieuse, et ressemble beaucoup à celle
« de Sparte : on conçoit que les Maures regrettent
« un pareil pays. » (*Itinéraire*, viie et dernière partie.)

Il est souvent fait allusion dans cette Nouvelle à l'histoire des Zégris et des Abencerages ; cette histoire est si connue qu'il m'a semblé superflu d'en donner un précis dans cet avertissement. La Nouvelle d'ailleurs contient les détails suffisants pour l'intelligence du texte.

LES AVENTURES

DU

DERNIER ABENCERAGE.

Lorsque Boabdil, dernier roi de Grenade, fut obligé d'abandonner le royaume de ses pères, il s'arrêta au sommet du mont Padul. De ce lieu élevé on découvroit la mer où l'infortuné monarque alloit s'embarquer pour l'Afrique; on apercevoit aussi Grenade, la Véga et le Xénil, au bord duquel s'élevoient les tentes de Ferdinand et d'Isabelle. A la vue de ce beau pays et des cyprès qui marquoient encore çà et là les tombeaux des musulmans, Boabdil se prit à verser des larmes. La sultane Aïxa, sa mère, qui l'accompagnoit dans son exil avec les grands qui composoient jadis sa cour, lui dit : « Pleure main-« tenant comme une femme un royaume que tu « n'as pas su défendre comme un homme. » Ils descendirent de la montagne, et Grenade disparut à leurs yeux pour toujours.

Les Maures d'Espagne, qui partagèrent le sort de leur roi, se dispersèrent en Afrique. Les tribus des Zégris et des Gomèles s'établirent dans le royaume de Fez, dont elles tiroient leur origine. Les Vanégas et les Alabès s'arrêtèrent sur la côte, depuis Oran jusqu'à Alger; enfin les Abencerages se fixèrent dans les environs de Tunis. Ils formèrent, à la vue des ruines de Carthage, une colonie que l'on distingue encore aujourd'hui des Maures d'Afrique, par l'élégance de ses mœurs et la douceur de ses lois.

Ces familles portèrent dans leur patrie nouvelle le souvenir de leur ancienne patrie. Le *Paradis de Grenade* vivoit toujours dans leur mémoire, les mères en redisoient le nom aux enfants qui suçoient encore la mamelle. Elles les berçoient avec les romances des Zégris et des Abencerages. Tous les cinq jours on prioit dans la mosquée, en se tournant vers Grenade. On invoquoit Allah, afin qu'il rendît à ses élus cette terre de délices. En vain le pays des Lotophages offroit aux exilés ses fruits, ses eaux, sa verdure, son brillant soleil; loin des *Tours Vermeilles*[1], il n'y avoit ni fruits agréables, ni fontaines limpides, ni fraîche verdure, ni soleil digne d'être regardé. Si l'on montroit à quelque banni les plaines de la Bagrada, il secouoit la tête et s'écrioit en soupirant : « Grenade! »

---

[1] Tours d'un palais de Grenade.

Les Abencerages surtout conservoient le plus tendre et le plus fidèle souvenir de la patrie. Ils avoient quitté avec un mortel regret le théâtre de leur gloire, et les bords qu'ils firent si souvent retentir de ce cri d'armes : « Honneur et Amour. » Ne pouvant plus lever la lance dans les déserts, ni se couvrir du casque dans une colonie de laboureurs, ils s'étoient consacrés à l'étude des simples, profession estimée chez les Arabes à l'égal du métier des armes. Ainsi cette race de guerriers qui jadis faisoit des blessures s'occupoit maintenant de l'art de les guérir. En cela elle avoit retenu quelque chose de son premier génie, car les chevaliers pansoient souvent eux-mêmes les plaies de l'ennemi qu'ils avoient abattu.

La cabane de cette famille, qui jadis eut des palais, n'étoit point placée dans le hameau des autres exilés, au pied de la montagne du Mamelife ; elle étoit bâtie parmi les débris mêmes de Carthage, au bord de la mer, dans l'endroit où saint Louis mourut sur la cendre, et où l'on voit aujourd'hui un ermitage mahométan. Aux murailles de la cabane étoient attachés des boucliers de peau de lion, qui portoient empreintes sur un champ d'azur deux figures de Sauvages, brisant une ville avec une massue. Autour de cette devise on lisoit ces mots, « *C'est peu de chose!* » armes et devise des Abencerages. Des lances ornées de pennons blancs et bleus, des alburnos, des casaques de satin tailladé, étoient rangés auprès des boucliers, et brilloient au milieu des cimeterres et des poignards. On voyoit encore suspendus çà et là des gantelets, des mors enrichis de pierreries, de larges étriers d'argent, de longues épées dont le fourreau avoit été brodé par les mains des princesses, et des éperons d'or que les Yseult, les Genièvre, les Oriane, chaussèrent jadis à de vaillants chevaliers.

Sur des tables, au pied de ces trophées de la gloire, étoient posés des trophées d'une vie pacifique : c'étoient des plantes cueillies sur les sommets de l'Atlas et dans le désert de Zaara; plusieurs même avoient été apportées de la plaine de Grenade. Les unes étoient propres à soulager les maux du corps ; les autres devoient étendre leur pouvoir jusque sur les chagrins de l'ame. Les Abencerages estimoient surtout celles qui servoient à calmer les vains regrets, à dissiper les folles illusions et ces espérances de bonheur toujours naissantes, toujours déçues. Malheureusement ces simples avoient des vertus opposées, et souvent le parfum d'une fleur de la patrie étoit comme une espèce de poison pour les illustres bannis.

Vingt-quatre ans s'étoient écoulés depuis la prise de Grenade. Dans ce court espace de temps quatorze Abencerages avoient péri par l'influence d'un nouveau climat, par les accidents d'une vie errante, et surtout par le chagrin, qui mine sourdement les forces de l'homme. Un seul rejeton étoit tout l'espoir de cette maison fameuse. Aben-Hamet portoit le nom de cet Abencerage qui fut accusé par les Zégris d'avoir séduit la sultane Alfaïma. Il réunissoit en lui la beauté, la valeur, la courtoisie, la générosité de ses ancêtres, avec ce doux éclat et cette légère expression de tristesse que donne le malheur noblement supporté. Il n'avoit que vingt-deux ans lorsqu'il perdit son père ; il résolut alors de faire un pélerinage au pays de ses aïeux, afin de satisfaire au besoin de son cœur, et d'accomplir un dessein qu'il cacha soigneusement à sa mère.

Il s'embarque à l'échelle de Tunis ; un vent favorable le conduit à Carthagène ; il descend du navire, et prend aussitôt la route de Grenade : il s'annonçoit comme un médecin arabe qui venoit herboriser parmi les rochers de la Sierra-Nevada. Une mule paisible le portoit lentement dans le pays où les Abencerages voloient jadis sur de belliqueux coursiers : un guide marchoit en avant, conduisant deux autres mules ornées de sonnettes et de touffes de laine de diverses couleurs. Aben-Hamet traversa les grandes bruyères et les bois de palmiers du royaume de Murcie : à la vieillesse de ces palmiers, il jugea qu'ils devoient avoir été plantés par ses pères, et son cœur fut pénétré de regrets. Là s'élevoit une tour où veilloit la sentinelle au temps de la guerre des Maures et des Chrétiens; ici se montroit une ruine dont l'architecture annonçoit une origine moresque; autre sujet de douleur pour l'Abencerage! Il descendoit de sa mule, et sous prétexte de chercher des plantes, il se cachoit un moment dans ces débris pour donner un libre cours à ses larmes. Il reprenoit ensuite sa route, en rêvant au bruit des sonnettes de la caravane et au chant monotone de son guide. Celui-ci n'interrompoit sa longue romance que pour encourager ses mules, en leur donnant le nom de *belles* et de *valeureuses*, ou pour les gourmander, en les appelant *paresseuses* et *obstinées*.

Des troupeaux de moutons qu'un berger conduisoit comme une armée dans des plaines jaunes et incultes, quelques voyageurs solitaires, loin de répandre la vie sur le chemin, ne servoient

qu'à le faire paroître plus triste et plus désert.
Ces voyageurs portoient tous une épée à la ceinture : ils étoient enveloppés dans un manteau,
et un large chapeau rabattu leur couvroit à demi
le visage. Ils saluoient en passant Aben-Hamet,
qui ne distinguoit dans ce noble salut que le nom
de *Dieu*, de *Seigneur* et de *Chevalier*. Le soir à la
venta l'Abencerage prenoit sa place au milieu des
étrangers, sans être importuné de leur curiosité
indiscrète. On ne lui parloit point, on ne le
questionnoit point ; son turban, sa robe, ses
armes, n'excitoient aucun mouvement. Puisque
Allah avoit voulu que les Maures d'Espagne perdissent leur belle patrie, Aben-Hamet ne pouvoit
s'empêcher d'en estimer les graves conquérants.

Des émotions encore plus vives attendoient
l'Abencerage au terme de sa course. Grenade
est bâtie au pied de la Sierra-Nevada, sur deux
hautes collines que sépare une profonde vallée.
Les maisons placées sur la pente des coteaux,
dans l'enfoncement de la vallée, donnent à la
ville l'air et la forme d'une grenade entr'ouverte, d'où lui est venu son nom. Deux rivières,
le Xénil et le Douro, dont l'une roule des paillettes d'or, et l'autre des sables d'argent, lavent
le pied des collines, se réunissent, et serpentent ensuite au milieu d'une plaine charmante,

appelée la Véga. Cette plaine que domine Grenade est couverte de vignes, de grenadiers, de figuiers, de mûriers, d'orangers; elle est entourée par des montagnes d'une forme et d'une couleur admirables. Un ciel enchanté, un air pur et délicieux, portent dans l'ame une langueur secrète dont le voyageur qui ne fait que passer a même de la peine à se défendre. On sent que dans ce pays les tendres passions auroient promptement étouffé les passions héroïques, si l'amour, pour être véritable, n'avoit pas toujours besoin d'être accompagné de la gloire.

Lorsque Aben-Hamet découvrit le faîte des premiers édifices de Grenade, le cœur lui battit avec tant de violence qu'il fut obligé d'arrêter sa mule. Il croisa les bras sur sa poitrine; et, les yeux attachés sur la ville sacrée, il resta muet et immobile. Le guide s'arrêta à son tour, et comme tous les sentiments élevés sont aisément compris d'un Espagnol, il parut touché et devina que le Maure revoyoit son ancienne patrie. L'Abencerage rompit enfin le silence.

« Guide, s'écria-t-il, sois heureux ! ne me
« cache point la vérité, car le calme régnoit dans
« les flots le jour de ta naissance, et la lune entroit dans son croissant. Quelles sont ces tours

« qui brillent comme des étoiles au dessus d'une
« verte forêt ? »

« C'est l'Alhambra, » répond le guide.

« Et cet autre château, sur cette autre col-
« line ? » dit Aben-Hamet.

« C'est le Généralife, répliqua l'Espagnol. Il
« y a dans ce château un jardin planté de myrtes
« où l'on prétend qu'Abencerage fut surpris avec
« la sultane Alfaïma. Plus loin vous voyez l'Al-
« baïzyn, et plus près de nous les Tours Ver-
« meilles. »

Chaque mot du guide perçoit le cœur d'Aben-Hamet. Qu'il est cruel d'avoir recours à des étrangers pour apprendre à connoître les monuments de ses pères, et de se faire raconter par des indifférents l'histoire de sa famille et de ses amis ! Le guide, mettant fin aux réflexions d'Aben-Hamet, s'écria : « Marchons, seigneur « Maure ; marchons, Dieu l'a voulu ! Prenez « courage. François Ier n'est-il pas aujourd'hui « même prisonnier dans notre Madrid ? Dieu l'a « voulu. » Il ôta son chapeau, fit un grand signe de croix, et frappa ses mules. L'Abencerage, pressant la sienne à son tour, s'écria : « C'étoit écrit [1] »; et ils descendirent vers Grenade.

[1] Expression que les musulmans ont sans cesse à la bouche, et qu'ils appliquent à la plupart des événements de la vie.

Ils passèrent près du gros frêne célèbre par le combat de Muça et du grand-maître de Calatrava, sous le dernier roi de Grenade. Ils firent le tour de la promenade Alameïda, et pénétrèrent dans la cité par la porte d'Elvire. Ils remontèrent le Rambla et arrivèrent bientôt sur une place qu'environnoient de toutes parts des maisons d'architecture moresque. Un kan étoit ouvert sur cette place pour les Maures d'Afrique, que le commerce de soies de la Véga attiroit en foule à Grenade. Ce fut là que le guide conduisit Aben-Hamet.

L'Abencerage étoit trop agité pour goûter un peu de repos dans sa nouvelle demeure; la patrie le tourmentoit. Ne pouvant résister aux sentiments qui troubloient son cœur, il sortit au milieu de la nuit pour errer dans les rues de Grenade. Il essayoit de reconnoître avec ses yeux ou ses mains quelques uns des monuments que les vieillards lui avoient si souvent décrits. Peut-être que ce haut édifice dont il entrevoyoit les murs à travers les ténèbres étoit autrefois la demeure des Abencerages; peut-être étoit-ce sur cette place solitaire que se donnoient ces fêtes qui portèrent la gloire de Grenade jusqu'aux nues. Là passoient les quadrilles superbement vêtus de brocards; là s'avançoient les galères chargées d'armes et de fleurs, les dragons qui lançoient des feux et qui recéloient dans leurs flancs d'illustres guerriers ; ingénieuses inventions du plaisir et de la galanterie.

Mais, hélas! au lieu du son des anafins, du bruit des trompettes et des chants d'amour, un silence profond régnoit autour d'Aben-Hamet. Cette ville muette avoit changé d'habitants, et les vainqueurs reposoient sur la couche des vaincus. «Ils dorment donc, ces fiers Espagnols, s'écrioit «le jeune Maure indigné, sous ces toits dont ils «ont exilé mes aïeux! Et moi, Abencerage, je «veille inconnu, solitaire, délaissé, à la porte du «palais de mes pères!»

Aben-Hamet réfléchissoit alors sur les destinées humaines, sur les vicissitudes de la fortune, sur la chute des empires, sur cette Grenade enfin, surprise par ses ennemis au milieu des plaisirs, et changeant tout à coup ses guirlandes de fleurs contre des chaînes; il lui sembloit voir ses citoyens abandonnant leurs foyers en habits de fête, comme des convives qui, dans le désordre de leur parure, sont tout à coup chassés de la salle du festin par un incendie.

Toutes ces images, toutes ces pensées se pressoient dans l'ame d'Aben-Hamet; plein de douleur et de regret, il songeoit surtout à exécuter le projet qui l'avoit amené à Grenade : le jour le surprit. L'Abencerage s'étoit égaré : il se trouvoit loin du kan, dans un faubourg écarté de la ville. Tout dormoit; aucun bruit ne troubloit le silence des rues; les portes et les fenêtres des maisons étoient fermées : seulement la voix du coq proclamoit dans l'habitation du pauvre le retour des peines et des travaux.

Après avoir erré long-temps sans pouvoir retrouver sa route, Aben-Hamet entendit une porte s'ouvrir. Il vit sortir une jeune femme, vêtue à peu près comme ces reines gothiques sculptées sur les monuments de nos anciennes abbayes. Son corset noir, garni de jais, serroit sa taille élégante; son jupon court, étroit et sans plis, découvroit une jambe fine et un pied charmant; une mantille également noire étoit jetée sur sa tête : elle tenoit avec sa main gauche cette mantille croisée et fermée comme une guimpe au-dessous de son menton, de sorte que l'on n'apercevoit de tout son visage que ses grands yeux et sa bouche de rose. Une duègne accompagnoit ses pas; un page portoit devant elle un livre d'église; deux varlets, parés de ses couleurs, suivoient à quelque distance la belle inconnue : elle se rendoit à la prière matinale, que les tintements d'une cloche annonçoient dans un monastère voisin.

Aben-Hamet crut voir l'ange Israfil ou la plus jeune des houris. L'Espagnole, non moins surprise, regardoit l'Abencerage, dont le turban, la robe et les armes embellissoient encore la noble figure. Revenue de son premier étonnement, elle fit signe à l'étranger de s'approcher avec une grace et une liberté particulières aux femmes de ce pays. « Seigneur Maure, lui dit-« elle, vous paroissez nouvellement arrivé à Gre-« nade : vous seriez-vous égaré ? »

« Sultane des fleurs, répondit Aben-Hamet, « délices des yeux des hommes, ô esclave chré-« tienne, plus belle que les vierges de la Géorgie, « tu l'as deviné ! je suis étranger dans cette ville : « perdu au milieu de ces palais, je n'ai pu retrou-« ver le kan des Maures. Que Mahomet touche « ton cœur et récompense ton hospitalité ! »

« Les Maures sont renommés pour leur galan-« terie, » reprit l'Espagnole avec le plus doux sourire; « mais je ne suis ni sultane des fleurs, « ni esclave, ni contente d'être recommandée à « Mahomet. Suivez-moi, seigneur chevalier, je « vais vous reconduire au kan des Maures. »

Elle marcha légèrement devant l'Abencerage, le mena jusqu'à la porte du kan, le lui montra de la main, passa derrière un palais et disparut.

A quoi tient donc le repos de la vie ! La patrie n'occupe plus seule et tout entière l'ame d'Aben-Hamet : Grenade a cessé d'être pour lui déserte, abandonnée, veuve, solitaire ; elle est plus chère que jamais à son cœur, mais c'est un prestige nouveau qui embellit ses ruines ; au souvenir des aïeux se mêle à présent un autre charme. Aben-Hamet a découvert le cimetière où reposent les cendres des Abencerages ; mais en priant, mais en se prosternant, mais en versant des larmes filiales, il songe que la jeune Espagnole a passé quelquefois sur ces tombeaux, et il ne trouve plus ses ancêtres si malheureux.

C'est en vain qu'il ne veut s'occuper que de son pélerinage au pays de ses pères ; c'est en vain qu'il parcourt les coteaux du Douro et du Xénil, pour y recueillir des plantes au lever de l'aurore : la fleur qu'il cherche maintenant, c'est la belle chrétienne. Que d'inutiles efforts il a déjà tentés pour retrouver le palais de son enchanteresse ! Que de fois il a essayé de repasser par les chemins que lui fit parcourir son divin guide ! Que de fois il a cru reconnoître le son de cette cloche, le chant de ce coq qu'il entendit près de la demeure de l'Espagnole ! Trompé par des bruits pareils, il court aussitôt de ce côté, et le palais magique ne s'offre point à ses regards ! Souvent encore le vêtement uniforme des femmes de Grenade lui donnoit un moment d'espoir : de loin toutes les chrétiennes ressembloient à la maîtresse de son cœur ; de près pas une n'avoit sa beauté ou sa grace. Aben-Hamet avoit enfin parcouru les églises pour découvrir l'étrangère ; il avoit même pénétré jusqu'à la tombe de Ferdinand et d'Isabelle ; mais c'étoit aussi le plus grand sacrifice qu'il eût jusqu'alors fait à l'amour.

Un jour il herborisoit dans la vallée du Douro. Le coteau du midi soutenoit sur sa pente fleurie les murailles de l'Alhambra et les jardins du Généralife ; la colline du nord étoit décorée par l'Albaïzyn, par de riants vergers, et par des grottes qu'habitoit un peuple nombreux. A l'extrémité occidentale de la vallée on découvroit les clochers de Grenade qui s'élevoient en groupe du milieu des chênes-verts et des cyprès. A l'autre extrémité, vers l'orient, l'œil rencontroit sur des pointes de rochers, des couvents, des ermitages, quelques ruines de l'ancienne Illibérie, et dans le lointain les sommets de la Sierra-Nevada. Le Douro rouloit au milieu du vallon, et présentoit le long de son cours de frais moulins, de bruyantes cascades, les arches brisées d'un aqueduc romain, et les restes d'un pont du temps des Maures.

Aben-Hamet n'étoit plus ni assez infortuné, ni assez heureux, pour bien goûter le charme de la solitude : il parcouroit avec distraction et indifférence ces bords enchantés. En marchant à l'aventure, il suivit une allée d'arbres qui circuloit sur la pente du coteau de l'Albaïzyn. Une maison de campagne, environnée d'un bocage d'orangers, s'offrit bientôt à ses yeux : en approchant du bocage, il entendit les sons d'une voix et d'une guitare. Entre la voix, les traits et les regards d'une femme, il y a des rapports qui ne trompent jamais un homme que l'amour possède. « C'est ma houri ! » dit Aben-Hamet ; et il écoute, le cœur palpitant : au nom des Abencerages plusieurs fois répété, son cœur bat encore plus vite. L'inconnue chantoit une romance castillane qui retraçoit l'histoire des Abencerages et des Zégris. Aben-Hamet ne peut plus résister à son émotion ; il s'élance à travers une haie de myrtes et tombe au milieu d'une troupe de jeunes femmes effrayées qui fuient en poussant des cris. L'Espagnole, qui venoit de chanter et qui tenoit encore la guitare, s'écrie : « C'est le « seigneur Maure ! » Et elle rappelle ses compagnes. « Favorite des Génies, dit l'Abencerage, « je te cherchois comme l'Arabe cherche une « source dans l'ardeur du midi ; j'ai entendu les

« sons de ta guitare, tu célébrois les héros de
« mon pays, je t'ai devinée à la beauté de tes
« accents, et j'apporte à tes pieds le cœur d'A-
« ben-Hamet. »

« Et moi, répondit dona Blanca, c'étoit en
« pensant à vous que je redisois la romance des
« Abencerages. Depuis que je vous ai vu, je me
« suis figuré que ces chevaliers Maures vous res-
« sembloient. »

Une légère rougeur monta au front de Blanca
en prononçant ces mots. Aben-Hamet se sentit
prêt à tomber aux genoux de la jeune chrétienne,
à lui déclarer qu'il étoit le dernier Abencerage;
mais un reste de prudence le retint; il craignit
que son nom, trop fameux à Grenade, ne don-
nât des inquiétudes au gouverneur. La guerre
des Morisques étoit à peine terminée, et la présence d'un Abencerage dans ce moment pouvoit
inspirer aux Espagnols de justes craintes. Ce
n'est pas qu'Aben-Hamet s'effrayât d'aucun péril, mais il frémissoit à la pensée d'être obligé
de s'éloigner pour jamais de la fille de don Rodrigue.

Dona Blanca descendoit d'une famille qui tiroit son origine du Cid de Bivar et de Chimène,
fille du comte Gomez de Gormas. La postérité
du vainqueur de Valence-la-Belle tomba, par

l'ingratitude de la cour de Castille, dans une extrême pauvreté; on crut même pendant plusieurs siècles qu'elle s'étoit éteinte, tant elle devint obscure. Mais vers le temps de la conquête de Grenade, un dernier rejeton de la race des Bivars, l'aïeul de Blanca, se fit reconnoître moins encore à ses titres qu'à l'éclat de sa valeur. Après l'expulsion des infidèles, Ferdinand donna au descendant du Cid les biens de plusieurs familles maures, et le créa duc de Santa-Fé. Le nouveau duc fixa sa demeure à Grenade, et mourut jeune encore, laissant un fils unique déja marié, don Rodrigue, père de Blanca.

Dona Thérésa de Xérès, femme de don Rodrigue, mit au jour un fils qui reçut à sa naissance le nom de Rodrigue comme tous ses aïeux, mais que l'on appela don Carlos, pour le distinguer de son père. Les grands événements que don Carlos eut sous les yeux dès sa plus tendre jeunesse, les périls auxquels il fut exposé presque au sortir de l'enfance, ne firent que rendre plus grave et plus rigide un caractère naturellement porté à l'austérité. Don Carlos comptoit à peine quatorze ans, lorsqu'il suivit Cortez au Mexique; il avoit supporté tous les dangers, il avoit été témoin de toutes les horreurs de cette étonnante aventure; il avoit assisté à la chute du dernier

roi d'un monde jusqu'alors inconnu. Trois ans
après cette catastrophe, don Carlos s'étoit trouvé
en Europe à la bataille de Pavie, comme pour
voir l'honneur et la vaillance couronnés succomber sous les coups de la fortune. L'aspect d'un
nouvel univers, de longs voyages sur des mers
non encore parcourues, le spectacle des révolu-
tions et des vicissitudes du sort, avoient fortement ébranlé l'imagination religieuse et mélancolique de don Carlos : il étoit entré dans l'Ordre
chevaleresque de Calatrava, et, renonçant au
mariage malgré les prières de don Rodrigue, il
destinoit tous ses biens à sa sœur.

Blanca de Bivar, sœur unique de don Carlos,
et beaucoup plus jeune que lui, étoit l'idole de
son père : elle avoit perdu sa mère, et elle entroit dans sa dix-huitième année, lorsqu'Aben-
Hamet parut à Grenade. Tout étoit séduction
dans cette femme enchanteresse; sa voix étoit
ravissante, sa danse plus légère que le zéphyr :
tantôt elle se plaisoit à guider un char comme
Armide, tantôt elle voloit sur le dos du plus
rapide coursier d'Andalousie, comme ces Fées
charmantes qui apparoissoient à Tristan et à
Galaor dans les forêts. Athènes l'eût prise pour
Aspasie, et Paris pour Diane de Poitiers qui
commençoit à briller à la cour. Mais avec les

charmes d'une Françoise, elle avoit les passions d'une Espagnole, et sa coquetterie naturelle n'ôtoit rien à la sûreté, à la constance, à la force, à l'élévation des sentiments de son cœur.

Aux cris qu'avoient poussés les jeunes Espagnoles lorsqu'Aben-Hamet s'étoit élancé dans le bocage, don Rodrigue étoit accouru. « Mon père, « dit Blanca, voilà le seigneur Maure dont je « vous ai parlé. Il m'a entendue chanter, il m'a « reconnue ; il est entré dans le jardin pour me « remercier de lui avoir enseigné sa route. »

Le duc de Santa-Fé reçut l'Abencerage avec la politesse grave et pourtant naïve des Espagnols. On ne remarque chez cette nation aucun de ces airs serviles, aucun de ces tours de phrase qui annoncent l'abjection des pensées et la dégradation de l'ame. La langue du grand seigneur et du paysan est la même, le salut le même, les compliments, les habitudes, les usages, sont les mêmes. Autant la confiance et la générosité de ce peuple envers les étrangers sont sans bornes, autant sa vengeance est terrible quand on le trahit. D'un courage héroïque, d'une patience à toute épreuve, incapable de céder à la mauvaise fortune, il faut qu'il la dompte ou qu'il en soit écrasé. Il a peu de ce qu'on appelle esprit, mais les passions exaltées lui tiennent lieu de cette lumière qui vient de la finesse et de l'abondance des idées. Un Espagnol qui passe le jour sans parler, qui n'a rien vu, qui ne se soucie de rien voir, qui n'a rien lu, rien étudié, rien comparé, trouvera dans la grandeur de ses résolutions les ressources nécessaires au moment de l'adversité.

C'étoit le jour de la naissance de don Rodrigue, et Blanca donnoit à son père une *tertullia*, ou petite fête, dans cette charmante solitude. Le duc de Santa-Fé invita Aben-Hamet à s'asseoir au milieu des jeunes femmes, qui s'amusoient du turban et de la robe de l'étranger. On apporta des carreaux de velours, et l'Abencerage se reposa sur ces carreaux à la façon des Maures. On lui fit des questions sur son pays et sur ses aventures : il y répondit avec esprit et gaieté. Il parloit le castillan le plus pur; on auroit pu le prendre pour un Espagnol, s'il n'eût presque toujours dit *toi* au lieu de *vous*. Ce mot avoit quelque chose de si doux dans sa bouche, que Blanca ne pouvoit se défendre d'un secret dépit lorsqu'il s'adressoit à l'une de ses compagnes.

De nombreux serviteurs parurent : ils portoient le chocolat, les pâtes de fruits et les petits pains de sucre de Malaga, blancs comme la neige, poreux et légers comme des éponges. Après le Refresco, on pria Blanca d'exécuter une de ces danses de caractère, où elle surpassoit les plus habiles Guitanas. Elle fut obligée de céder aux vœux de ses amies. Aben-Hamet avoit gardé le silence, mais ses regards suppliants parloient au défaut de sa bouche. Blanca choisit une Zambra, danse expressive que les Espagnols ont empruntée des Maures.

Une des jeunes femmes commence à jouer sur la guitare l'air de la danse étrangère. La fille de don Rodrigue ôte son voile, et attache à ses mains blanches des castagnettes de bois d'ébène. Ses cheveux noirs tombent en boucles sur son cou d'albâtre ; sa bouche et ses yeux sourient de concert ; son teint est animé par le mouvement de son cœur. Tout à coup elle fait retentir le bruyant ébène, frappe trois fois la mesure, entonne le chant de la Zambra, et, mêlant sa voix aux sons de la guitare, elle part comme un éclair.

Quelle variété dans ses pas! quelle élégance dans ses attitudes! Tantôt elle lève ses bras avec vivacité, tantôt elle les laisse retomber avec mollesse. Quelquefois elle s'élance comme enivrée de plaisir, et se retire comme accablée de douleur. Elle tourne la tête, semble appeler quelqu'un d'invisible, tend modestement une joue vermeille au baiser d'un nouvel époux, fuit honteuse, revient brillante et consolée, marche d'un pas noble et presque guerrier, puis voltige de nouveau sur le gazon. L'harmonie de ses pas, de ses chants, et des sons de sa guitare étoit parfaite. La voix de Blanca, légèrement voilée, avoit cette sorte d'accent qui remue les passions jusqu'au fond de l'ame. La musique espagnole, composée de soupirs, de mouvements vifs, de refrains tristes, de chants subitement arrêtés, offre un singulier mélange de gaieté et de mélancolie. Cette musique et cette danse fixèrent sans retour le destin du dernier Abencerage : elles auroient suffi pour troubler un cœur moins malade que le sien.

On retourna le soir à Grenade, par la vallée du Douro. Don Rodrigue, charmé des manières nobles et polies d'Aben-Hamet, ne voulut point se séparer de lui qu'il ne lui eût promis de venir souvent amuser Blanca des merveilleux récits de l'Orient. Le Maure, au comble de ses vœux, accepta l'invitation du duc de Santa-Fé; et dès le lendemain il se rendit au palais où respiroit celle qu'il aimoit plus que la lumière du jour.

Blanca se trouva bientôt engagée dans une passion profonde par l'impossibilité même où elle crut être d'éprouver jamais cette passion. Aimer un infidèle, un Maure, un inconnu, lui paroissoit une chose si étrange, qu'elle ne prit aucune précaution contre le mal qui commençoit à se glisser dans ses veines ; mais aussitôt qu'elle en reconnut les atteintes, elle accepta ce mal en véritable Espagnole. Les périls et les chagrins qu'elle prévit ne la firent point reculer au bord de l'abîme, ni délibérer long-temps avec son cœur. Elle se dit : « Qu'Aben-Hamet « soit chrétien, qu'il m'aime, et je le suis au « bout de la terre. »

L'Abencerage ressentoit de son côté toute la puissance d'une passion irrésistible : il ne vivoit plus que pour Blanca. Il ne s'occupoit plus des projets qui l'avoient amené à Grenade ; il lui étoit facile d'obtenir les éclaircissements qu'il étoit venu chercher, mais tout autre intérêt que celui de son amour s'étoit évanoui à ses yeux. Il redoutoit même des lumières qui auroient pu apporter des changements dans sa vie. Il ne demandoit rien, il ne vouloit rien connoître ; il se disoit : « Que Blanca soit musulmane, qu'elle m'aime, et « je la sers jusqu'à mon dernier soupir. »

Aben-Hamet et Blanca, ainsi fixés dans leur résolution, n'attendoient que le moment de se découvrir leurs sentiments. On étoit alors dans les plus beaux jours de l'année. « Vous n'avez « point encore vu l'Alhambra, dit la fille du duc

« de Santa-Fé à l'Abencerage. Si j'en crois quel-
« ques paroles qui vous sont échappées, votre
« famille est originaire de Grenade. Peut-être
« serez-vous bien aise de visiter le palais de vos
« anciens rois ? Je veux moi-même ce soir vous
« servir de guide. »

Aben-Hamet jura par le prophète que jamais
promenade ne pouvoit lui être plus agréable.

L'heure fixée pour le pélerinage à l'Alhambra
étant arrivée, la fille de don Rodrigue monta
sur une haquenée blanche accoutumée à gravir
les rochers comme un chevreuil. Aben-Hamet
accompagnoit la brillante Espagnole sur un
cheval andalou équipé à la manière des Turcs.
Dans la course rapide du jeune Maure, sa robe
de pourpre s'enfloit derrière lui, son sabre re-
courbé retentissoit sur la selle élevée, et le vent
agitoit l'aigrette dont son turban étoit surmonté.
Le peuple, charmé de sa bonne grace, disoit en
le regardant passer : « C'est un prince infidèle
« que Dona Blanca va convertir. »

Ils suivirent d'abord une longue rue qui portoit encore le nom d'une illustre famille maure ;
cette rue aboutissoit à l'enceinte extérieure de
l'Alhambra. Ils traversèrent ensuite un bois
d'ormeaux, arrivèrent à une fontaine, et se trouvèrent bientôt devant l'enceinte intérieure du

palais de Boabdil. Dans une muraille flanquée de tours et surmontée de créneaux, s'ouvroit une porte appelée *la Porte du Jugement*. Ils franchirent cette première porte, et s'avancèrent par un chemin étroit qui serpentoit entre de hauts murs et des masures à demi ruinées. Ce chemin les conduisit à la place des Algibes, près de laquelle Charles-Quint faisoit alors élever un palais. De là, tournant vers le nord, ils s'arrêtèrent dans une cour déserte, au pied d'un mur sans ornements et dégradé par les âges. Aben-Hamet, sautant légèrement à terre, offrit la main à Blanca pour descendre de sa mule. Les serviteurs frappèrent à une porte abandonnée, dont l'herbe cachoit le seuil : la porte s'ouvrit et laissa voir tout à coup les réduits secrets de l'Alhambra.

Tous les charmes, tous les regrets de la patrie, mêlés aux prestiges de l'amour, saisirent le cœur du dernier Abencerage. Immobile et muet, il plongeoit des regards étonnés dans cette habitation des Génies; il croyoit être transporté à l'entrée d'un de ces palais dont on lit la description dans les contes arabes. De légères galeries, des canaux de marbre blanc bordés de citronniers et d'orangers en fleur, des fontaines, des cours solitaires, s'offroient de toutes parts aux yeux d'Aben-Hamet, et, à travers les voûtes allongées des portiques, il apercevoit d'autres labyrinthes et de nouveaux enchantements. L'azur du plus beau ciel se montroit entre des colonnes qui soutenoient une chaîne d'arceaux gothiques. Les murs, chargés d'arabesques, imitoient à la vue ces étoffes de l'Orient, que brode dans l'ennui du harem le caprice d'une femme esclave. Quelque chose de voluptueux, de religieux et de guerrier sembloit respirer dans ce magique édifice; espèce de cloître de l'amour, retraite mystérieuse où les rois maures goûtoient tous les plaisirs, et oublioient tous les devoirs de la vie.

Après quelques instants de surprise et de silence, les deux amants entrèrent dans ce séjour de la puissance évanouie et des félicités passées. Ils firent d'abord le tour de la salle des Mésucar, au milieu du parfum des fleurs et de la fraîcheur des eaux. Ils pénétrèrent ensuite dans la cour des Lions. L'émotion d'Aben-Hamet augmentoit à chaque pas. « Si tu ne remplissois mon ame
« de délices, dit-il à Blanca, avec quel chagrin
« me verrois-je obligé de te demander, à toi
« Espagnole, l'histoire de ces demeures ! Ah ! ces
« lieux sont faits pour servir de retraite au bon-
« heur, et moi !... »

Aben-Hamet aperçut le nom de Boabdil enchâssé dans des mosaïques. « O mon roi, s'écria-

« t-il, qu'es-tu devenu ? Où te trouverai-je dans
« ton Alhambra désert ? » Et les larmes de la
fidélité, de la loyauté et de l'honneur couvroient
les yeux du jeune Maure. « Vos anciens maîtres,
« dit Blanca, ou plutôt les rois de vos pères,
« étoient des ingrats. » — « Qu'importe ? repartit
« l'Abencerage, ils ont été malheureux ! »

Comme il prononçoit ces mots, Blanca le
conduisit dans un cabinet qui sembloit être le
sanctuaire même du temple de l'Amour. Rien
n'égaloit l'élégance de cet asile : la voûte entière,
peinte d'azur et d'or, et composée d'arabesques
découpées à jour, laissoit passer la lumière comme
à travers un tissu de fleurs. Une fontaine jaillissoit au milieu de l'édifice, et ses eaux, retombant
en rosée, étoient recueillies dans une conque
d'albâtre. « Aben-Hamet, dit la fille du duc de
« Santa-Fé, regardez bien cette fontaine, elle
« reçut les têtes défigurées des Abencerages. Vous
« voyez encore sur le marbre la tache du sang
« des infortunés que Boabdil sacrifia à ses soup« çons. C'est ainsi qu'on traite dans votre pays
« les hommes qui séduisent les femmes crédules. »

Aben-Hamet n'écoutoit plus Blanca ; il s'étoit
prosterné et baisoit avec respect la trace du sang
de ses ancêtres. Il se relève et s'écrie : « O Blanca !
« je jure par le sang de ces chevaliers, de t'aimer

« avec la constance, la fidélité et l'ardeur d'un
« Abencerage. »

« Vous m'aimez donc ? » repartit Blanca en
joignant ses deux belles mains et levant ses regards au ciel. « Mais songez-vous que vous êtes
« un infidèle, un Maure, un ennemi, et que je
« suis chrétienne et Espagnole ? »

« O saint prophète, dit Aben-Hamet, soyez
« témoin de mes serments!... » Blanca l'interrompant : « Quelle foi voulez-vous que j'ajoute
« aux serments d'un persécuteur de mon Dieu ?
« Savez-vous si je vous aime ? Qui vous a donné
« l'assurance de me tenir un pareil langage ? »

Aben-Hamet consterné répondit : « Il est vrai,
« je ne suis que ton esclave ; tu ne m'as pas choisi
« pour ton chevalier. »

« Maure, dit Blanca, laisse là la ruse ; tu as vu
« dans mes regards que je t'aimois ; ma folie pour
« toi passe toute mesure ; sois chrétien, et rien
« ne pourra m'empêcher d'être à toi. Mais si la
« fille du duc de Santa-Fé ose te parler avec cette
« franchise, tu peux juger par cela même qu'elle
« saura se vaincre, et que jamais un ennemi des
« chrétiens n'aura aucun droit sur elle. »

Aben-Hamet, dans un transport de passion,
saisit les mains de Blanca, les posa sur son turban et ensuite sur son cœur. « Allah est puissant,

« s'écria-t-il, et Aben-Hamet est heureux! Ô
« Mahomet! que cette chrétienne connoisse ta
« loi, et rien ne pourra... » — « Tu blasphèmes,
« dit Blanca : sortons d'ici. »

Elle s'appuya sur le bras du Maure, et s'approcha de la fontaine des Douze-Lions, qui donne son nom à l'une des cours de l'Alhambra : « Étran-
« ger, dit la naïve Espagnole, quand je regarde
« ta robe, ton turban, tes armes, et que je songe
« à nos amours, je crois voir l'ombre du bel
« Abencerage se promenant dans cette retraite
« abandonnée avec l'infortunée Alfaïma. Expli-
« que-moi l'inscription arabe gravée sur le marbre
« de cette fontaine. »

Aben-Hamet lut ces mots [1] :

La belle princesse qui se promène couverte de perles dans son jardin, en augmente si prodigieusement la beauté..., le reste de l'inscription étoit effacé.

« C'est pour toi qu'elle a été faite, cette in-
« scription, dit Aben-Hamet. Sultane aimée, ces
« palais n'ont jamais été aussi beaux dans leur

---

[1] Cette inscription existe avec quelques autres. Il est inutile de répéter que j'ai fait cette description de l'Alhambra sur les lieux mêmes.

«jeunesse, qu'ils le sont aujourd'hui dans leurs
«ruines. Écoute le bruit des fontaines dont la
«mousse a détourné les eaux; regarde les jar-
«dins qui se montrent à travers ces arcades à
«demi tombées; contemple l'astre du jour qui
«se couche par delà tous ces portiques : qu'il
«est doux d'errer avec toi dans ces lieux ! Tes
«paroles embaument ces retraites, comme les
«roses de l'hymen. Avec quel charme je recon-
«nois dans ton langage quelques accents de la
«langue de mes pères ! le seul frémissement de
«ta robe sur ces marbres me fait tressaillir. L'air
«n'est parfumé que parce qu'il a touché ta che-
«velure. Tu es belle comme le Génie de ma pa-
«trie au milieu de ces débris. Mais Aben-Hamet
«peut-il espérer de fixer ton cœur ? Qu'est-il au-
«près de toi ? Il a parcouru les montagnes avec
«son père; il connoît les plantes du désert...;
«hélas ! il n'en est pas une seule qui pût le guérir
«de la blessure que tu lui as faite ! il porte des
«armes, mais il n'est point chevalier. Je me
«disois autrefois : L'eau de la mer qui dort à
«l'abri dans le creux du rocher est tranquille et
«muette, tandis que tout auprès la grande mer
«est agitée et bruyante. Aben-Hamet ! ainsi sera
«ta vie, silencieuse, paisible, ignorée dans un
«coin de terre inconnu, tandis que la cour du

« sultan est bouleversée par les orages. Je me
« disois cela, jeune Chrétienne, et tu m'as prouvé
« que la tempête peut aussi troubler la goutte
« d'eau dans le creux du rocher. »

Blanca écoutoit avec ravissement ce langage nouveau pour elle, et dont le tour oriental sembloit si bien convenir à la demeure des Fées, qu'elle parcouroit avec son amant. L'amour pénétroit dans son cœur de toutes parts; elle sentoit chanceler ses genoux; elle étoit obligée de s'appuyer plus fortement sur le bras de son guide. Aben-Hamet soutenoit le doux fardeau, et répétoit en marchant : « Ah! que ne suis-je un brillant
« Abencerage! »

« Tu me plairois moins, dit Blanca, car je se-
« rois plus tourmentée; reste obscur et vis pour
« moi. Souvent un chevalier célèbre oublie l'a-
« mour pour la renommée. »

« Tu n'aurois pas ce danger à craindre, » répliqua vivement Aben-Hamet.

« Et comment m'aimerois-tu donc, si tu étois
« un Abencerage? » dit la descendante de Chimène.

« Je t'aimerois, répondit le Maure, plus que la
« gloire et moins que l'honneur. »

Le soleil étoit descendu sous l'horizon pendant la promenade des deux amants. Ils avoient parcouru tout l'Alhambra. Quels souvenirs offerts à la pensée d'Aben-Hamet! Ici la sultane recevoit par des soupiraux la fumée des parfums qu'on brûloit au dessous d'elle. Là, dans cet asile écarté elle se paroit de tous les atours de l'Orient. Et c'étoit Blanca, c'étoit une femme adorée qui racontoit ces détails au beau jeune homme qu'elle idolâtroit.

La lune, en se levant, répandit sa clarté douteuse dans les sanctuaires abandonnés, et dans les parvis déserts de l'Alhambra. Ses blancs rayons dessinoient sur le gazon des parterres, sur les murs des salles, la dentelle d'une architecture aérienne, les cintres des cloîtres, l'ombre mobile des eaux jaillissantes, et celle des arbustes balancés par le zéphyr. Le rossignol chantoit dans un cyprès qui perçoit les dômes d'une mosquée en ruine, et les échos répétoient ses plaintes. Aben-Hamet écrivit, au clair de la lune, le nom de Blanca sur le marbre de la salle des Deux-Sœurs : il traça ce nom en caractères arabes, afin que le voyageur eût un mystère de plus à deviner dans ce palais des mystères.

« Maure, ces lieux sont cruels, dit Blanca, quit«tons ces lieux. Le destin de ma vie est fixé pour «jamais. Retiens bien ces mots : Musulman, je «suis ton amante sans espoir; chrétien, je suis «ton épouse fortunée. »

Aben-Hamet répondit : « Chrétienne, je suis
« ton esclave désolé; musulmane, je suis ton
« époux glorieux. »

Et ces nobles amants sortirent de ce dangereux palais.

La passion de Blanca s'augmenta de jour en jour, et celle d'Aben-Hamet s'accrut avec la même violence. Il étoit si enchanté d'être aimé pour lui seul, de ne devoir à aucune cause étrangère les sentiments qu'il inspiroit, qu'il ne révéla point le secret de sa naissance à la fille du duc de Santa-Fé : il se faisoit un plaisir délicat de lui apprendre qu'il portoit un nom illustre, le jour même où elle consentiroit à lui donner sa main. Mais il fut tout à coup rappelé à Tunis : sa mère, atteinte d'un mal sans remède, vouloit embrasser son fils et le bénir avant d'abandonner la vie. Aben-Hamet se présente au palais de Blanca. « Sultane, lui dit-il, ma mère va mourir. Elle me
« demande pour lui fermer les yeux. Me conser-
« veras-tu ton amour? »

« Tu me quittes, répondit Blanca pâlissante.
« Te reverrai-je jamais? »

« Viens, dit Aben-Hamet. Je veux exiger de toi
« un serment et t'en faire un que la mort seule
« pourra briser. Suis-moi. »

Ils sortent; ils arrivent à un cimetière qui fut

jadis celui des Maures. On voyoit encore çà et là de petites colonnes funèbres autour desquelles le sculpteur figura jadis un turban; mais les chrétiens avoient depuis remplacé ce turban par une croix. Aben-Hamet conduisit Blanca au pied de ces colonnes.

« Blanca, dit-il, mes ancêtres reposent ici; je «jure par leurs cendres de t'aimer jusqu'au jour «où l'ange du jugement m'appellera au tribunal «d'Allah. Je te promets de ne jamais engager «mon cœur à une autre femme, et de te prendre «pour épouse aussitôt que tu connoîtras la sainte «lumière du prophète. Chaque année, à cette «époque, je reviendrai à Grenade pour voir si «tu m'as gardé ta foi et si tu veux renoncer à tes «erreurs. »

« Et moi, dit Blanca en larmes, je t'attendrai «tous les ans; je te conserverai jusqu'à mon dernier soupir la foi que je t'ai jurée, et je te recevrai pour époux lorsque le Dieu des chrétiens, «plus puissant que ton amante, aura touché ton «cœur infidèle. »

Aben-Hamet part; les vents l'emportent aux bords africains : sa mère venoit d'expirer. Il la pleure, il embrasse son cercueil. Les mois s'écoulent : tantôt errant parmi les ruines de Carthage, tantôt assis sur le tombeau de saint Louis, l'Abencerage exilé appelle le jour qui doit le ramener à Grenade. Ce jour se lève enfin : Aben-Hamet monte sur un vaisseau et fait tourner la proue vers Malaga. Avec quel transport, avec quelle joie mêlée de crainte il aperçut les premiers promontoires de l'Espagne ! Blanca l'attend-elle sur ces bords ? Se souvient-elle encore d'un pauvre Arabe qui ne cessa de l'adorer sous le palmier du désert ?

La fille du duc de Santa-Fé n'étoit point infidèle à ses serments. Elle avoit prié son père de la conduire à Malaga. Du haut des montagnes qui bordoient la côte inhabitée, elle suivoit des yeux les vaisseaux lointains et les voiles fugitives. Pendant la tempête, elle contemploit avec effroi la mer soulevée par les vents : elle aimoit alors à se perdre dans les nuages, à s'exposer dans les passages dangereux, à se sentir baignée par les mêmes vagues, enlevée par le même tourbillon, qui menaçoient les jours d'Aben-Hamet. Quand elle voyoit la mouette plaintive raser les flots avec ses grandes ailes recourbées, et voler vers les rivages de l'Afrique, elle la chargeoit de toutes ces paroles d'amour, de tous ces vœux insensés qui sortent d'un cœur que la passion dévore.

Un jour qu'elle erroit sur les grèves, elle aperçut une longue barque dont la proue élevée, le mât penché et la voile latine annonçoient l'élégant génie des Maures. Blanca court au port, et voit bientôt entrer le vaisseau barbaresque qui faisoit écumer l'onde sous la rapidité de sa course. Un Maure, couvert de superbes habits, se tenoit debout sur la proue. Derrière lui deux esclaves noirs arrêtoient par le frein un cheval arabe, dont les naseaux fumants et les crins épars annonçoient à la fois son naturel ardent, et la frayeur que lui inspiroit le bruit des vagues. La barque arrive, abaisse ses voiles, touche au môle, présente le flanc : le Maure s'élance sur la rive qui retentit du son de ses armes. Les esclaves font sortir le coursier tigré comme un léopard, qui hennit et bondit de joie en retrouvant la terre. D'autres esclaves descendent doucement une corbeille où reposoit une gazelle couchée parmi des feuilles de palmier. Ses jambes fines étoient attachées et ployées sous elle, de peur qu'elles ne se fussent brisées dans les mouvements du vaisseau ; elle portoit un collier de grains d'aloës ; et sur une plaque d'or qui servoit à rejoindre les deux bouts du collier, étoient gravés en arabe, un nom et un talisman.

Blanca reconnoît Aben - Hamet : elle n'ose se trahir aux yeux de la foule ; elle se retire, et en-

voie Dorothée, une de ses femmes, avertir l'A-
bencerage qu'elle l'attend au palais des Maures.
Aben-Hamet présentoit dans ce moment au gouverneur son firman écrit en lettres d'azur, sur
un vélin précieux et renfermé dans un fourreau
de soie. Dorothée s'approche et conduit l'heureux Abencerage aux pieds de Blanca. Quels
transports, en se retrouvant tous deux fidèles!
Quel bonheur de se revoir, après avoir été si
long-temps séparés! Quels nouveaux sermens
de s'aimer toujours!

Les deux esclaves noirs amènent le cheval nu-
mide, qui, au lieu de selle, n'avoit sur le dos
qu'une peau de lion, rattachée par une zone de
pourpre. On apporte ensuite la gazelle. « Sul-
« tane, dit Aben-Hamet, c'est un chevreuil de
« mon pays, presque aussi léger que toi. » Blanca
détache elle-même l'animal charmant qui sembloit la remercier en jetant sur elle les regards
les plus doux. Pendant l'absence de l'Abencerage, la fille du duc de Santa-Fé avoit étudié l'a-
rabe : elle lut avec des yeux attendris son propre
nom sur le collier de la gazelle. Celle-ci, rendue
à la liberté, se soutenoit à peine sur ses pieds si
long-temps enchaînés; elle se couchoit à terre,
et appuyoit sa tête sur les genoux de sa maîtresse. Blanca lui présentoit des dattes nouvelles,

et caressoit cette chevrette du désert, dont la peau fine avoit retenu l'odeur du bois d'aloës et de la rose de Tunis.

L'Abencerage, le duc de Santa-Fé et sa fille partirent ensemble pour Grenade. Les jours du couple heureux s'écoulèrent comme ceux de l'année précédente : mêmes promenades, même regret à la vue de la patrie, même amour ou plutôt amour toujours croissant, toujours partagé ; mais aussi même attachement dans les deux amants à la religion de leurs pères. « Sois chré-«tien, » disoit Blanca ; » Sois musulmane, » disoit Aben-Hamet, et ils se séparèrent encore une fois sans avoir succombé à la passion qui les entraînoit l'un vers l'autre.

Aben-Hamet reparut la troisième année, comme ces oiseaux voyageurs que l'amour ramène au printemps dans nos climats. Il ne trouva point Blanca au rivage, mais une lettre de cette femme adorée apprit au fidèle Arabe le départ du duc de Santa-Fé pour Madrid, et l'arrivée de don Carlos à Grenade. Don Carlos étoit accompagné d'un prisonnier françois, ami du frère de Blanca. Le Maure sentit son cœur se serrer à la lecture de cette lettre. Il partit de Malaga pour Grenade avec les plus tristes pressentiments. Les montagnes lui parurent d'une solitude effrayante.

et il tourna plusieurs fois la tête pour regarder la mer qu'il venoit de traverser.

Blanca, pendant l'absence de son père, n'avoit pu quitter un frère qu'elle aimoit, un frère qui vouloit en sa faveur se dépouiller de tous ses biens, et qu'elle revoyoit après sept années d'absence. Don Carlos avoit tout le courage et toute la fierté de sa nation : terrible comme les conquérants du Nouveau-Monde, parmi lesquels il avoit fait ses premières armes ; religieux comme les chevaliers espagnols vainqueurs des Maures, il nourrissoit dans son cœur contre les infidèles la haine qu'il avoit héritée du sang du Cid.

Thomas de Lautrec, de l'illustre maison de Foix, où la beauté dans les femmes et la valeur dans les hommes passoit pour un don héréditaire, étoit frère cadet de la comtesse de Foix, et du brave et malheureux Odet de Foix, seigneur de Lautrec. A l'âge de dix-huit ans, Thomas avoit été armé chevalier par Bayard, dans cette retraite qui coûta la vie au Chevalier sans peur et sans reproche. Quelque temps après, Thomas fut percé de coups et fait prisonnier à Pavie, en défendant le roi chevalier qui perdit tout alors, *fors l'honneur.*

Don Carlos de Bivar, témoin de la vaillance de Lautrec, avoit fait prendre soin des blessures du jeune François, et bientôt il s'établit entre eux une de ces amitiés héroïques, dont l'estime et la vertu sont les fondements. François Iᵉʳ étoit retourné en France ; mais Charles-Quint retint les autres prisonniers. Lautrec avoit eu l'honneur de partager la captivité de son roi, et de coucher à ses pieds dans la prison. Resté en Espagne après le départ du monarque, il avoit été remis sur sa parole à don Carlos, qui venoit de l'amener à Grenade.

Lorsque Aben-Hamet se présenta au palais de don Rodrigue, et fut introduit dans la salle où se trouvoit la fille du duc de Santa-Fé, il sentit des tourments jusqu'alors inconnus pour lui. Aux pieds de dona Blanca étoit assis un jeune homme qui la regardoit en silence, dans une espèce de ravissement. Ce jeune homme portoit un haut-de-chausse de buffle, et un pourpoint de même couleur, serré par un ceinturon d'où pendoit une épée aux fleurs de lis. Un manteau de soie étoit jeté sur ses épaules, et sa tête étoit couverte d'un chapeau à petits bords, ombragé de plumes : une fraise de dentelle, rabattue sur sa poitrine, laissoit voir son cou découvert. Deux moustaches noires comme l'ébène donnoient à son visage naturellement doux un air mâle et guerrier. De larges bottes, qui tomboient et se replioient sur ses pieds, portoient l'éperon d'or, marque de la chevalerie.

A quelque distance, un autre chevalier se tenoit debout appuyé sur la croix de fer de sa longue épée : il étoit vêtu comme l'autre chevalier ; mais il paroissoit plus âgé. Son air austère, bien qu'ardent et passionné, inspiroit le respect et la crainte. La croix rouge de Calatrava étoit brodée sur son pourpoint, avec cette devise : *Pour elle et pour mon roi.*

Un cri involontaire s'échappa de la bouche de Blanca, lorsqu'elle aperçut Aben-Hamet. « Che-
« valiers, dit-elle aussitôt, voici l'infidèle dont
« je vous ai tant parlé, craignez qu'il ne rem-
« porte la victoire. Les Abencerages étoient faits
« comme lui, et nul ne les surpassoit en loyauté,
« courage et galanterie. »

Don Carlos s'avança au devant d'Aben-Hamet.
« Seigneur Maure, dit-il, mon père et ma sœur
« m'ont appris votre nom ; on vous croit d'une
« race noble et brave ; vous-même, vous êtes dis-
« tingué par votre courtoisie. Bientôt Charles-
« Quint, mon maître, doit porter la guerre à
« Tunis, et nous nous verrons, j'espère, au champ
« d'honneur. »

Aben-Hamet posa la main sur son sein, s'assit à terre sans répondre, et resta les yeux attachés sur Blanca et sur Lautrec. Celui-ci admiroit, avec la curiosité de son pays, la robe superbe, les armes brillantes, la beauté du Maure ; Blanca ne paroissoit point embarrassée ; toute son ame étoit dans ses yeux : la sincère Espagnole n'essayoit point de cacher le secret de son cœur. Après quelques moments de silence, Aben-Hamet se leva, s'inclina devant la fille de don Rodrigue, et se retira. Étonné du maintien du Maure et des regards de Blanca, Lautrec sortit avec un soupçon qui se changea bientôt en certitude.

Don Carlos resta seul avec sa sœur. « Blanca, « lui dit-il, expliquez-vous. D'où naît le trouble « que vous a causé la vue de cet étranger ? »

« Mon frère, répondit Blanca, j'aime Aben-« Hamet ! et, s'il veut se faire chrétien, ma main « est à lui. »

« Quoi ! s'écria don Carlos, vous aimez Aben-« Hamet ! la fille des Bivars aime un Maure, un « infidèle, un ennemi que nous avons chassé de « ces palais ! »

« Don Carlos, répliqua Blanca, j'aime Aben-« Hamet ; Aben-Hamet m'aime ; depuis trois ans « il renonce à moi plutôt que de renoncer à la « religion de ses pères. Noblesse, honneur, che-« valerie sont en lui ; jusqu'à mon dernier soupir « je l'adorerai. »

Don Carlos étoit digne de sentir ce que la résolution d'Aben-Hamet avoit de généreux, quoiqu'il déplorât l'aveuglement de cet infidèle. « Infortunée Blanca, dit-il, où te conduira cet « amour ? J'avois espéré que Lautrec, mon ami, « deviendroit mon frère. »

« Tu t'étois trompé, répondit Blanca : je ne « puis aimer cet étranger. Quant à mes sentiments « pour Aben-Hamet, je n'en dois compte à per- « sonne. Garde tes serments de chevalerie comme « je garderai mes serments d'amour. Sache seu- « lement, pour te consoler, que jamais Blanca « ne sera l'épouse d'un infidèle. »

« Notre famille disparoîtra donc de la terre ! » s'écria don Carlos.

« C'est à toi de la faire revivre, dit Blanca. « Qu'importe d'ailleurs des fils que tu ne verras « point, et qui dégénéreront de ta vertu ? Don « Carlos, je sens que nous sommes les derniers « de notre race ; nous sortons trop de l'ordre « commun pour que notre sang fleurisse après « nous : le Cid fut notre aïeul, il sera notre pos- « térité. » Blanca sortit.

Don Carlos vole chez l'Abencerage. « Maure, « lui dit-il, renonce à ma sœur ou accepte le « combat. »

« Es-tu chargé par ta sœur, répondit Aben-

« Hamet, de me redemander les serments qu'elle
« m'a faits ? »

« Non, répliqua don Carlos, elle t'aime plus
« que jamais. »

« Ah ! digne frère de Blanca ! s'écria Aben-
« Hamet en l'interrompant, je dois tenir tout
« mon bonheur de ton sang ! O fortuné Aben-
« Hamet ! O heureux jour ! je croyois Blanca in-
« fidèle pour ce chevalier françois... »

« Et c'est là ton malheur, s'écria à son tour
« don Carlos hors de lui ; Lautrec est mon ami ;
« sans toi il seroit mon frère. Rends-moi raison
« des larmes que tu fais verser à ma famille. »

« Je le veux bien, répondit Aben-Hamet ; mais
« né d'une race qui peut-être a combattu la tienne,
« je ne suis pourtant point chevalier. Je ne vois
« ici personne pour me conférer l'ordre qui te
« permettra de te mesurer avec moi sans des-
« cendre de ton rang. »

Don Carlos, frappé de la réflexion du Maure,
le regarda avec un mélange d'admiration et de
fureur. Puis tout à coup : « C'est moi qui t'arme-
« rai chevalier ! tu en es digne. »

Aben-Hamet fléchit le genou devant don Carlos, qui lui donne l'accolade, en lui frappant
trois fois l'épaule du plat de son épée ; ensuite
don Carlos lui ceint cette même épée que l'Aben-

cerage va peut-être lui plonger dans la poitrine: tel étoit l'antique honneur.

Tous deux s'élancent sur leurs coursiers, sortent des murs de Grenade, et volent à la fontaine du Pin. Les duels des Maures et des Chrétiens avoient depuis long-temps rendu cette source célèbre. C'étoit là que Malique Alabès s'étoit battu contre Ponce de Léon, et que le grand-maître de Calatrava avoit donné la mort au valeureux Abayados. On voyoit encore les débris des armes de ce chevalier maure suspendus aux branches du pin, et l'on apercevoit sur l'écorce de l'arbre quelques lettres d'une inscription funèbre. Don Carlos montra de la main la tombe d'Abayados à l'Abencerage : « Imite, lui cria-t-il, « ce brave infidèle; et reçois le baptême et la mort « de ma main. »

« La mort peut-être, répondit Aben-Hamet: « mais vive Allah et le prophète! »

Ils prirent aussitôt du champ, et coururent l'un sur l'autre avec furie. Ils n'avoient que leurs épées : Aben-Hamet étoit moins habile dans les combats que don Carlos, mais la bonté de ses armes, trempées à Damas, et la légèreté de son cheval arabe, lui donnoient encore l'avantage sur son ennemi. Il lança son coursier comme les Maures, et avec son large étrier tranchant, il coupa la jambe droite du cheval de don Carlos au dessous du genou. Le cheval blessé s'abattit, et don Carlos, démonté par ce coup heureux, marcha sur Aben-Hamet l'épée haute. Aben-Hamet saute à terre et reçoit don Carlos avec intrépidité. Il pare les premiers coups de l'Espagnol, qui brise son épée sur le fer de Damas. Trompé deux fois par la fortune, don Carlos verse des pleurs de rage, et crie à son ennemi : «Frappe, Maure, frappe; don Carlos désarmé te «défie, toi et toute ta race infidèle.»

«Tu pouvois me tuer, répond l'Abencerage, «mais je n'ai jamais songé à te faire la moindre «blessure : j'ai voulu seulement te prouver que «j'étois digne d'être ton frère, et t'empêcher de «me mépriser.»

Dans cet instant on aperçoit un nuage de poussière : Lautrec et Blanca pressoient deux cavales de Fez plus légères que les vents. Ils arrivent à la fontaine du Pin et voient le combat suspendu.

«Je suis vaincu, dit don Carlos, ce chevalier «m'a donné la vie. Lautrec, vous serez peut-être «plus heureux que moi.»

«Mes blessures, dit Lautrec d'une voix noble «et gracieuse, me permettent de refuser le com-«bat contre ce chevalier courtois. Je ne veux

« point, ajouta-t-il en rougissant, connoître le
« sujet de votre querelle, et pénétrer un secret
« qui porteroit peut-être la mort dans mon sein.
« Bientôt mon absence fera renaître la paix parmi
« vous, à moins que Blanca ne m'ordonne de
« rester à ses pieds. »

« Chevalier, dit Blanca, vous demeurerez au-
« près de mon frère; vous me regarderez comme
« votre sœur. Tous les cœurs qui sont ici éprou-
« vent des chagrins; vous apprendrez de nous à
« supporter les maux de la vie. »

Blanca voulut contraindre les trois chevaliers à
se donner la main; tous les trois s'y refusèrent:
« Je hais Aben-Hamet! » s'écria don Carlos. — « Je
« l'envie, » dit Lautrec. — « Et moi, dit l'Abence-
« rage, j'estime don Carlos, et je plains Lautrec;
« mais je ne saurois les aimer. »

« Voyons-nous toujours, dit Blanca, et tôt ou
« tard l'amitié suivra l'estime. Que l'événement
« fatal qui nous rassemble ici soit à jamais ignoré
« de Grenade. »

Aben-Hamet devint, dès ce moment, mille
fois plus cher à la fille du duc de Santa-Fé:
l'amour aime la vaillance; il ne manquoit plus
rien à l'Abencerage, puisqu'il étoit brave, et que
don Carlos lui devoit la vie. Aben-Hamet, par le
conseil de Blanca, s'abstint, pendant quelques

jours, de se présenter au palais, afin de laisser se calmer la colère de don Carlos. Un mélange de sentiments doux et amers remplissoit l'ame de l'Abencerage : si d'un côté l'assurance d'être aimé avec tant de fidélité et d'ardeur, étoit pour lui une source inépuisable de délices; d'un autre côté la certitude de n'être jamais heureux sans renoncer à la religion de ses pères, accabloit le courage d'Aben-Hamet. Déja plusieurs années s'étoient écoulées sans apporter de remède à ses maux : verroit-il ainsi s'écouler le reste de sa vie ?

Il étoit plongé dans un abîme de réflexions les plus sérieuses et les plus tendres, lorsqu'un soir il entendit sonner cette prière chrétienne qui annonce la fin du jour. Il lui vint en pensée d'entrer dans le temple du Dieu de Blanca, et de demander des conseils au Maître de la nature.

Il sort, il arrive à la porte d'une ancienne mosquée convertie en église par les fidèles. Le cœur saisi de tristesse et de religion, il pénètre dans le temple qui fut autrefois celui de son Dieu et de sa patrie. La prière venoit de finir : il n'y avoit plus personne dans l'église. Une sainte obscurité régnoit à travers une multitude de colonnes qui ressembloient aux troncs des arbres d'une forêt régulièrement plantée. L'architecture légère des Arabes s'étoit mariée à l'architecture gothique, et, sans rien perdre de son élégance, elle avoit pris une gravité plus convenable aux méditations. Quelques lampes éclairoient à peine les enfoncements des voûtes; mais à la clarté de plusieurs cierges allumés, on voyoit encore briller l'autel du sanctuaire : il étinceloit d'or et de pierreries. Les Espagnols mettent toute leur gloire à se dépouiller de leurs richesses pour en parer les objets de leur culte, et l'image du Dieu vivant placée au milieu des voiles de dentelles, des couronnes de perles et des gerbes de rubis, est adorée par un peuple à demi nu.

On ne remarquoit aucun siége au milieu de la vaste enceinte : un pavé de marbre qui recouvroit des cercueils servoit aux grands comme aux petits, pour se prosterner devant le Seigneur. Aben-Hamet s'avançoit lentement dans les nefs désertes qui retentissoient du seul bruit de ses pas. Son esprit étoit partagé entre les souvenirs que cet ancien édifice de la religion des Maures retraçoit à sa mémoire, et les sentiments que la religion des Chrétiens faisoit naître dans son cœur. Il entrevit au pied d'une colonne, une figure immobile, qu'il prit d'abord pour une statue sur un tombeau. Il s'en approche; il distingue un jeune chevalier à genoux, le front respectueusement incliné et les deux bras croisés sur sa

poitrine. Ce chevalier ne fit aucun mouvement au bruit des pas d'Aben-Hamet; aucune distraction, aucun signe extérieur de vie ne troubla sa profonde prière. Son épée étoit couchée à terre devant lui, et son chapeau, chargé de plumes, étoit posé sur le marbre à ses côtés : il avoit l'air d'être fixé dans cette attitude par l'effet d'un enchantement. C'étoit Lautrec : « Ah! dit l'Aben-
« cerage en lui-même, ce jeune et beau François
« demande au ciel quelque faveur signalée; ce
« guerrier, déja célèbre par son courage, répand
« ici son cœur devant le Souverain du ciel, comme
« le plus humble et le plus obscur des hommes.
« Prions donc aussi le Dieu des chevaliers et de
« la gloire. »

Aben-Hamet alloit se précipiter sur le marbre, lorsqu'il aperçut, à la lueur d'une lampe, des caractères arabes et un verset du Coran, qui paroissoient sous un plâtre à demi tombé. Les remords rentrent dans son cœur, et il se hâte de quitter l'édifice où il a pensé devenir infidèle à sa religion et à sa patrie.

Le cimetière qui environnoit cette ancienne mosquée étoit une espèce de jardin planté d'orangers, de cyprès, de palmiers, et arrosé par deux fontaines; un cloître régnoit à l'entour. Aben-Hamet, en passant sous un des portiques, aperçut une femme prête à entrer dans l'église. Quoiqu'elle fût enveloppée d'un voile, l'Abencerage reconnut la fille du duc de Santa-Fé; il l'arrête et lui dit : « Viens-tu chercher Lautrec « dans ce temple ? »

« Laisse là ces vulgaires jalousies, répondit « Blanca; si je ne t'aimois plus, je te le dirois; je « dédaignerois de te tromper. Je viens ici prier « pour toi; toi seul es maintenant l'objet de mes « vœux : j'oublie mon ame pour la tienne. Il ne « falloit pas m'enivrer du poison de ton amour, « ou il falloit consentir à servir le Dieu que je « sers. Tu troubles toute ma famille; mon frère « te hait; mon père est accablé de chagrin, parce « que je refuse de choisir un époux. Ne t'aper-« çois-tu pas que ma santé s'altère? Vois cet asile « de la mort; il est enchanté! Je m'y reposerai « bientôt, si tu ne te hâtes de recevoir ma foi au « pied de l'autel des chrétiens. Les combats que « j'éprouve minent peu à peu ma vie; la passion « que tu m'inspires ne soutiendra pas toujours « ma frêle existence : songe, ô Maure, pour te « parler ton langage, que le feu qui allume le « flambeau est aussi le feu qui le consume. »

Blanca entre dans l'église, et laisse Aben-Hamet accablé de ces dernières paroles.

C'en est fait : l'Abencerage est vaincu ; il va

renoncer aux erreurs de son culte; assez long-temps il a combattu. La crainte de voir Blanca mourir l'emporte sur tout autre sentiment dans le cœur d'Aben-Hamet. Après tout, se disoit-il, le Dieu des chrétiens est peut-être le Dieu véritable? Ce Dieu est toujours le Dieu des nobles ames, puisqu'il est celui de Blanca, de don Carlos et de Lautrec.

Dans cette pensée, Aben-Hamet attendit avec impatience le lendemain pour faire connoître sa résolution à Blanca, et changer une vie de tristesse et de larmes dans une vie de joie et de bonheur. Il ne put se rendre au palais du duc de Santa-Fé que le soir. Il apprit que Blanca étoit allée avec son frère au Généralife, où Lautrec donnoit une fête. Aben-Hamet, agité de nouveaux soupçons, vole sur les traces de Blanca. Lautrec rougit en voyant paroître l'Abencerage; quant à don Carlos, il reçut le Maure avec une froide politesse, mais à travers laquelle perçoit l'estime.

Lautrec avoit fait servir les plus beaux fruits de l'Espagne et de l'Afrique dans une des salles du Généralife, appelée la salle des Chevaliers. Tout autour de cette salle étoient suspendus les portraits des princes et des chevaliers vainqueurs des Maures, Pélasge, le Cid, Gonzalve de Cordoue. L'épée du dernier roi de Grenade étoit attachée au dessous de ces portraits. Aben-Hamet renferma sa douleur en lui-même, et dit seulement comme le lion, en regardant ces tableaux : « Nous ne savons pas peindre. »

Le généreux Lautrec, qui voyoit les yeux de l'Abencerage se tourner malgré lui vers l'épée de Boabdil, lui dit : » Chevalier Maure, si j'avois
« prévu que vous m'eussiez fait l'honneur de ve-
« nir à cette fête, je ne vous aurois pas reçu ici.
« On perd tous les jours une épée, et j'ai vu le
« plus vaillant des rois remettre la sienne à son
« heureux ennemi. »

« Ah ! s'écria le Maure en se couvrant le visage
« d'un pan de sa robe, on peut la perdre comme
« François Ier; mais comme Boabdil !... »

La nuit vint; on apporta des flambeaux; la conversation changea de cours. On pria don Carlos de raconter la découverte du Mexique. Il parla de ce monde inconnu avec l'éloquence pompeuse naturelle à la nation espagnole. Il dit les malheurs de Montézume, les mœurs des Américains, les prodiges de la valeur castillane, et même les cruautés de ses compatriotes, qui ne lui sembloient mériter ni blâme ni louange. Ces récits enchantoient Aben-Hamet, dont la passion pour les histoires merveilleuses trahissoit le sang arabe. Il fit à son tour le tableau de l'empire ottoman, nouvellement assis sur les ruines de Constantinople, non sans donner des regrets au premier empire de Mahomet ; temps heureux où le commandeur des croyants voyoit briller autour de lui Zobéide, Fleur de Beauté, Force des Cœurs, Tourmente, et ce généreux Ganem, esclave par amour. Quant à Lautrec, il peignit la cour galante de François Ier, les arts renaissant du sein de la barbarie, l'honneur, la loyauté, la chevalerie des anciens temps, unis à la politesse des siècles civilisés, les tourelles gothiques ornées des ordres de la Grèce, et les dames gauloises rehaussant la richesse de leurs atours par l'élégance athénienne.

Après ces discours, Lautrec, qui vouloit amuser la divinité de cette fête, prit une guitare, et chanta cette romance qu'il avoit composée sur un air des montagnes de son pays :

> Combien j'ai douce souvenance [1]
> Du joli lieu de ma naissance !
> Ma sœur, qu'ils étoient beaux les jours
>   De France !
> O mon pays, sois mes amours
>   Toujours !

---

[1] Cette romance est déja connue du public. J'en avois composé les paroles pour un air des montagnes d'Auvergne, remarquable par sa douceur et sa simplicité.

Te souvient-il que notre mère,
Au foyer de notre chaumière,
Nous pressoit sur son cœur joyeux,
 Ma chère ;
Et nous baisions ses blancs cheveux
 Tous deux.

Ma sœur, te souvient-il encore
Du château que baignoit la Dore ?
Et de cette tant vieille tour
 Du Maure,
Où l'airain sonnoit le retour
 Du jour ?

Te souvient-il du lac tranquille
Qu'effleuroit l'hirondelle agile,
Du vent qui courboit le roseau
 Mobile,
Et du soleil couchant sur l'eau,
 Si beau ?

Oh ! qui me rendra mon Hélène,
Et ma montagne, et le grand chêne ?
Leur souvenir fait tous les jours
 Ma peine :
Mon pays sera mes amours
 Toujours !

Lautrec, en achevant le dernier couplet, essuya avec son gant une larme que lui arrachoit le souvenir du gentil pays de France. Les regrets du beau prisonnier furent vivement sentis par Aben-Hamet, qui déploroit comme Lautrec la perte de sa patrie.

Sollicité de prendre à son tour la guitare, il s'en excusa, en disant qu'il ne savoit qu'une romance, et qu'elle seroit peu agréable à des chrétiens.

« Si ce sont des infidèles qui gémissent de nos « victoires, repartit dédaigneusement don Carlos, « vous pouvez chanter ; les larmes sont permises « aux vaincus. »

« Oui, dit Blanca, et c'est pour cela que nos « pères, soumis autrefois au joug des Maures, « nous ont laissé tant de complaintes. »

Aben-Hamet chanta donc cette ballade, qu'il avoit apprise d'un poëte de la tribu des Abencerages [1] :

> Le roi don Juan
> Un jour chevauchant,
> Vit sur la montagne,
> Grenade d'Espagne ;

[1] En traversant un pays montagneux entre Algésiras et Cadix, je m'arrêtai dans une VENTA située au milieu d'un bois. Je n'y trouvai qu'un petit garçon de quatorze à quinze ans, et une petite fille à peu près du même âge, frère et sœur, qui tressoient auprès du feu des nattes de jonc. Ils chantoient une romance dont je ne comprenois pas les paroles, mais dont l'air étoit simple et naïf. Il faisoit un temps affreux ; je restai deux heures à la VENTA. Mes jeunes hôtes répétèrent si long-temps les couplets de leur romance, qu'il me fut aisé d'en apprendre l'air par cœur. C'est sur cet air que j'ai composé la romance de l'Abencerage. Peut-être étoit-il question d'Aben-Hamet dans la chanson de mes deux petits Espagnols. Au reste, le dialogue de Grenade et du roi de Léon est imité d'une romance espagnole.

Il lui dit soudain :
 Cité mignonne,
 Mon cœur te donne
 Avec ma main.

Je t'épouserai,
Puis apporterai
En dons à ta ville,
Cordoue et Séville.
Superbes atours
 Et perle fine
 Je te destine
 Pour nos amours.

Grenade répond :
Grand roi de Léon,
Au Maure liée,
Je suis mariée.
Garde tes présents :
 J'ai pour parure,
 Riche ceinture
 Et beaux enfants.

Ainsi tu disois ;
Ainsi tu mentois ;
O mortelle injure !
Grenade est parjure !
Un chrétien maudit,
 D'Abencerage
 Tient l'héritage :
 C'étoit écrit !

Jamais le chameau
N'apporte au tombeau

Près de la Piscine,
L'Haggi de Médine.
Un chrétien maudit,
 D'Abencerage
 Tient l'héritage :
 C'étoit écrit!

O bel Alhambra!
O palais d'Allah!
Cité des fontaines!
Fleuve aux vertes plaines!
Un chrétien maudit,
 D'Abencerage
 Tient l'héritage :
 C'étoit écrit!

La naïveté de ces plaintes avoit touché jusqu'au superbe don Carlos, malgré les imprécations prononcées contre les chrétiens. Il auroit bien désiré qu'on le dispensât de chanter lui-même; mais par courtoisie pour Lautrec il crut devoir céder à ses prières. Aben-Hamet donna la guitare au frère de Blanca, qui célébra les exploits du Cid son illustre aïeul :

Prêt à partir pour la rive africaine [1],
Le Cid armé, tout brillant de valeur,
Sur sa guitare, au pied de sa Chimène,
Chantoit ces vers que lui dictoit l'honneur :

[1] Tout le monde connoit l'air des FOLIES D'ESPAGNE. Cet air étoit sans paroles, du moins il n'y avoit point de paroles qui en rendissent le caractère grave, religieux et chevaleresque. J'ai

Chimène a dit : Va combattre le Maure ;
De ce combat surtout reviens vainqueur.
Oui, je croirai que Rodrigue m'adore
S'il fait céder son amour à l'honneur.

Donnez, donnez et mon casque et ma lance !
Je veux montrer que Rodrigue a du cœur :
Dans les combats signalant sa vaillance,
Son cri sera pour sa dame et l'honneur.

Maure vanté par ta galanterie,
De tes accents mon noble chant vainqueur
D'Espagne un jour deviendra la folie,
Car il peindra l'amour avec l'honneur.

Dans le vallon de notre Andalousie,
Les vieux chrétiens conteront ma valeur :
Il préféra, diront-ils, à la vie,
Son Dieu, son roi, sa Chimène et l'honneur.

Don Carlos avoit paru si fier en chantant ces paroles d'une voix mâle et sonore, qu'on l'auroit essayé d'exprimer ce caractère dans la romance du Cid. Cette romance s'étant répandue dans le public sans mon aveu, des maîtres célèbres m'ont fait l'honneur de l'embellir de leur musique. Mais comme je l'avois expressément composée pour l'air des Folies d'Espagne, il y a un couplet qui devient un vrai galimatias, s'il ne se rapporte à mon intention primitive :

.... Mon noble chant vainqueur
D'Espagne un jour deviendra *la folie*, etc.

Enfin ces trois romances n'ont quelque mérite qu'autant qu'elles sont chantées sur trois vieux airs véritablement nationaux ; elles amènent d'ailleurs le dénoûment.

pris pour le Cid lui-même. Lautrec partageoit
l'enthousiasme guerrier de son ami; mais l'Abencerage avoit pâli au nom du Cid.

« Ce chevalier, dit-il, que les chrétiens appel-
« lent la Fleur des batailles, porte parmi nous le
« nom de cruel. Si sa générosité avoit égalé sa
« valeur!... »

« Sa générosité, repartit vivement don Carlos
« interrompant Aben-Hamet, surpassoit encore
« son courage, et il n'y a que des Maures qui
« puissent calomnier le héros à qui ma famille
« doit le jour. »

« Que dis-tu ? s'écria Aben-Hamet s'élançant
« du siége où il étoit à demi couché : tu comptes
« le Cid parmi tes aïeux ? »

« Son sang coule dans mes veines, répliqua
« don Carlos, et je me reconnois de ce noble
« sang à la haine qui brûle dans mon cœur contre
« les ennemis de mon Dieu. »

« Ainsi, dit Aben-Hamet, regardant Blanca,
« vous êtes de la maison de ces Bivars qui, après
« la conquête de Grenade, envahirent les foyers
« des malheureux Abencerages et donnèrent la
« mort à un vieux chevalier de ce nom qui voulut
« défendre le tombeau de ses aïeux! »

« Maure! s'écria don Carlos enflammé de co-
« lère, sache que je ne me laisse point interroger.

« Si je possède aujourd'hui la dépouille des Aben-
« cerages, mes ancêtres l'ont acquise au prix de
« leur sang, et ils ne la doivent qu'à leur épée. »

« Encore un mot, dit Aben-Hamet toujours
« plus ému : nous avons ignoré dans notre exil
« que les Bivars eussent porté le titre de Santa-
« Fé, c'est ce qui a causé mon erreur. »

« Ce fut, répondit don Carlos, à ce même
« Bivar, vainqueur des Abencerages, que ce titre
« fut conféré par Ferdinand-le-Catholique. »

La tête d'Aben-Hamet se pencha dans son
sein : il resta debout au milieu de don Carlos,
de Lautrec et de Blanca étonnés. Deux torrents
de larmes coulèrent de ses yeux sur le poignard
attaché à sa ceinture. « Pardonnez, dit-il ; les
« hommes, je le sais, ne doivent pas répandre
« des larmes : désormais les miennes ne couleront
« plus au dehors, quoiqu'il me reste beaucoup à
« pleurer : écoutez-moi :

« Blanca, mon amour pour toi égale l'ardeur
« des vents brûlants de l'Arabie. J'étois vaincu ;
« je ne pouvois plus vivre sans toi. Hier, la vue
« de ce chevalier françois en prières, tes pa-
« roles dans le cimetière du temple, m'avoient
« fait prendre la résolution de connoître ton
« Dieu, et de t'offrir ma foi. »

Un mouvement de joie de Blanca, et de surprise de don Carlos, interrompit Aben-Hamet; Lautrec cacha son visage dans ses deux mains. Le Maure devina sa pensée, et secouant la tête avec un sourire déchirant : « Chevalier, dit-il, « ne perds pas toute espérance ; et toi, Blanca, « pleure à jamais sur le dernier Abencerage ! »

Blanca, don Carlos, Lautrec, lèvent tous trois les mains au ciel, et s'écrient : « Le dernier Aben-« cerage ! »

Le silence règne ; la crainte, l'espoir, la haine, l'amour, l'étonnement, la jalousie, agitent tous les cœurs ; Blanca tombe bientôt à genoux. « Dieu « de bonté ! dit-elle, tu justifies mon choix, je ne « pouvois aimer que le descendant des héros. »

« Ma sœur, s'écria don Carlos irrité, songez « donc que vous êtes ici devant Lautrec ! »

« Don Carlos, dit Aben-Hamet, suspends ta « colère ; c'est à moi à vous rendre le repos. » Alors s'adressant à Blanca qui s'étoit assise de nouveau :

« Houri du ciel, Génie de l'amour et de la « beauté, Aben-Hamet sera ton esclave jusqu'à « son dernier soupir ; mais connois toute l'éten-« due de son malheur. Le vieillard immolé par « ton aïeul en défendant ses foyers étoit le père

« de mon père ; apprends encore un secret que je
« t'ai caché, ou plutôt que tu m'avois fait oublier.
« Lorsque je vins la première fois visiter cette
« triste patrie, j'avois surtout pour dessein de
« chercher quelque fils des Bivars, qui pût me
« rendre compte du sang que ses pères avoient
« versé. »

« Eh bien ! dit Blanca d'une voix douloureuse,
« mais soutenue par l'accent d'une grande ame,
« quelle est ta résolution ? »

« La seule qui soit digne de toi, répondit Aben-
« Hamet : te rendre tes serments, satisfaire par
« mon éternelle absence et par ma mort, à ce
« que nous devons l'un et l'autre à l'inimitié de
« nos dieux, de nos patries et de nos familles. Si
« jamais mon image s'effaçoit de ton cœur, si le
« temps, qui détruit tout, emportoit de ta mé-
« moire le souvenir d'Abencerage... ce chevalier
« françois... Tu dois ce sacrifice à ton frère. »

Lautrec se lève avec impétuosité, se jette dans
les bras du Maure. « Aben-Hamet ! s'écrie-t-il,
« ne crois pas me vaincre en générosité : je suis
« François ; Bayard m'arma chevalier ; j'ai versé
« mon sang pour mon roi ; je serai, comme mon
« parrain et comme mon prince, sans peur et
« sans reproche. Si tu restes parmi nous, je sup-

« plie don Carlos de t'accorder la main de sa sœur ;
« si tu quittes Grenade, jamais un mot de mon
« amour ne troublera ton amante. Tu n'empor-
« teras point dans ton exil la funeste idée que
« Lautrec, insensible à ta vertu, cherche à profi-
« ter de ton malheur. »

Et le jeune chevalier pressoit le Maure sur son
sein avec la chaleur et la vivacité d'un François.

« Chevaliers, dit don Carlos à son tour, je n'at-
« tendois pas moins de vos illustres races. Aben-
« Hamet, à quelle marque puis-je vous recon-
« noître pour le dernier Abencerage ? »

« A ma conduite, » répondit Aben-Hamet.

« Je l'admire, dit l'Espagnol ; mais, avant de
« m'expliquer, montrez-moi quelque signe de
« votre naissance. »

Aben-Hamet tira de son sein l'anneau héréditaire des Abencerages qu'il portoit suspendu à
une chaîne d'or.

A ce signe, don Carlos tendit la main au malheureux Aben-Hamet. « Sire chevalier, dit-il, je
« vous tiens pour prud'homme et véritable fils
« de rois. Vous m'honorez par vos projets sur
« ma famille : j'accepte le combat que vous étiez
« venu secrètement chercher. Si je suis vaincu,
« tous mes biens, autrefois tous les vôtres, vous
« seront fidèlement remis. Si vous renoncez au

« projet de combattre, acceptez à votre tour ce
« que je vous offre : soyez chrétien et recevez la
« main de ma sœur, que Lautrec a demandée
« pour vous. »

La tentation étoit grande ; mais elle n'étoit pas au dessus des forces d'Aben-Hamet. Si l'amour dans toute sa puissance parloit au cœur de l'Abencerage, d'une autre part il ne pensoit qu'avec épouvante à l'idée d'unir le sang des persécuteurs au sang des persécutés. Il croyoit voir l'ombre de son aïeul sortir du tombeau et lui reprocher cette alliance sacrilége. Transpercé de douleur, Aben-Hamet s'écrie : « Ah ! faut-il que je rencontre ici
« tant d'ames sublimes, tant de caractères géné-
« reux, pour mieux sentir ce que je perds ! Que
« Blanca prononce ; qu'elle dise ce qu'il faut que
« je fasse pour être plus digne de son amour ! »

Blanca s'écrie : « Retourne au désert ! » et elle s'évanouit.

Aben-Hamet se prosterna, adora Blanca encore plus que le ciel, et sortit sans prononcer une seule parole. Dès la nuit même il partit pour Malaga, et s'embarqua sur un vaisseau qui devoit toucher à Oran. Il trouva campée près de cette ville la caravane qui tous les trois ans sort de Maroc, traverse l'Afrique, se rend en Égypte, et rejoint dans l'Yémen la caravane de la Mecque. Aben-Hamet se mit au nombre des pélerins.

Blanca, dont les jours furent d'abord menacés, revint à la vie. Lautrec, fidèle à la parole qu'il avoit donnée à l'Abencerage, s'éloigna, et jamais un mot de son amour ou de sa douleur ne troubla la mélancolie de la fille du duc de Santa-Fé. Chaque année Blanca alloit errer sur les montagnes de Malaga, à l'époque où son amant avoit coutume de revenir d'Afrique; elle s'asseyoit sur les rochers, regardoit la mer, les vaisseaux lointains, et retournoit ensuite à Grenade : elle passoit le reste de ses jours parmi les ruines de l'Alhambra. Elle ne se plaignoit point; elle ne pleuroit point; elle ne parloit jamais d'Aben-Hamet : un étranger l'auroit crue heureuse. Elle resta seule de sa famille. Son père mourut de chagrin, et don Carlos fut tué dans un duel où Lautrec lui servit de second. On n'a jamais su quelle fut la destinée d'Aben-Hamet.

Lorsqu'on sort de Tunis, par la porte qui conduit aux ruines de Carthage, on trouve un cimetière : sous un palmier, dans un coin de ce cimetière, on m'a montré un tombeau qu'on appelle *le tombeau du dernier Abencerage*. Il n'a rien de remarquable; la pierre sépulcrale en est tout unie : seulement, d'après une coutume des Maures, on a creusé au milieu de cette pierre un léger enfoncement avec le ciseau. L'eau de la pluie se rassemble au fond de cette coupe funèbre, et sert, dans un climat brûlant, à désaltérer l'oiseau du ciel.

FIN.

POËMES

TRADUITS DU GALLIQUE EN ANGLOIS,

PAR JOHN SMITH.

PRÉFACE.

Le succès des poëmes d'Ossian en Angleterre fit naître une foule d'imitateurs de Macpherson. De toutes parts on prétendit découvrir des poésies erses ou galliques ; trésors enfouis que l'on déterroit, comme ceux de quelques mines de la Cornouaille, oubliées depuis le temps des Carthaginois. Le pays de Galles et d'Irlande rivalisèrent de patriotisme avec l'Écosse ; toute la littérature se divisa : les uns soutenoient avec Blair que les poëmes d'Ossian étoient originaux ; les autres prétendoient avec Johnson qu'Ossian n'étoit autre que Macpherson. On se porta des défis ; on demanda des preuves matérielles : il fut impossible de les donner, car les textes imprimés des chants du fils de Fingal ne sont que des traductions galliques des prétendues traductions angloises d'Ossian.

Lorsqu'en 1793 la révolution me jeta en Angleterre, j'étois grand partisan du Barde écossois : j'aurois, la lance au poing, soutenu son existence envers et contre tous, comme celle du vieil Homère.

Je lus avec avidité une foule de poëmes inconnus en France, lesquels, mis en lumière par divers auteurs, étoient indubitablement, à mes yeux, du père d'Oscar, tout aussi bien que les manuscrits runiques de Macpherson. Dans l'ardeur de mon admiration et de mon zèle, tout malade et tout occupé que j'étois [1], je traduisis quelques productions *ossianiques* de John Smith. Smith n'est pas l'inventeur du genre; il n'a pas la noblesse et la verve épique de Macpherson; mais peut-être son talent a-t-il quelque chose de plus élégant et de plus tendre. Au reste, ce pseudonyme, en voulant peindre des hommes barbares et des mœurs sauvages, trahit à tout moment, dans ses images et dans ses pensées, les mœurs et la civilisation des temps modernes.

J'avois traduit Smith presque en entier : je ne donne que les trois poëmes de *Dargo*, de *Duthona* et de *Gaul*. C'est pour l'art une bonne étude que celle de ces auteurs, ou de ces langues, qui commencent la phrase par tous les bouts, par tous les mots, depuis le verbe jusqu'à la conjonction, et qui vous obligent à conserver la clarté du sens, au milieu des inversions les plus audacieuses. J'ai fait disparoître les redites et les obscurités du texte anglois : ces chants qui sortent les uns des autres, ces histoires

---

[1] *Voyez* la préface de l'*Essai historique*, OEuvres complètes.

qui se placent comme des parenthèses dans des histoires, ces lacunes supposées d'un manuscrit inventé peuvent avoir leur mérite chez nos voisins ; mais nous voulons en France des choses *qui se conçoivent bien et qui s'énoncent clairement.* Notre langue a horreur de ce qui est confus, notre esprit repousse ce qu'il ne comprend pas tout d'abord. Quant à moi, je l'avoue, le vague et le ténébreux me sont antipathiques : un nominatif qui se perd, des relatifs qui s'embarrassent, des amphibologies qui se forment, me désolent. Je suis persuadé qu'on peut toujours dégager une pensée des mots qui la voilent, à moins que cette pensée ne soit un lieu commun guindé dans des nuages : l'auteur qui a la conscience de ce lieu commun n'ose le faire descendre du milieu des vapeurs, de crainte qu'il ne s'évanouisse.

Je répète ici ce que j'ai dit ailleurs : je ne crois plus à l'authenticité des ouvrages d'Ossian, je n'ai plus aussi pour eux le même enthousiasme : j'écoute cependant encore la harpe du Barde, comme on écouteroit une voix, monotone il est vrai, mais douce et plaintive. Macpherson a ajouté aux *chants des Muses* une note jusqu'à lui inconnue ; c'est assez pour le faire vivre. *OEdipe et Antigone* sont les types d'Ossian et de Malvina, déjà reproduits dans *le Roi Lear.* Les débris des tours de Morven, frappés des rayons de l'astre de la nuit, ont leur charme ;

mais combien est plus touchante dans ses ruines la Grèce éclairée, pour ainsi dire, de sa gloire passée!

DARGO.

POËME.

CHANT PREMIER.

Dargo est appuyé contre un arbre solitaire; il écoute le vent qui murmure tristement dans le feuillage : l'ombre de Crimoïna se lève sur les flots azurés du lac. Les chevreuils l'aperçoivent sans en être effrayés, et passent avec lenteur sur la colline; aucun chasseur ne trouble leur paix, car Dargo est triste, et les ardents compagnons de ses chasses aboient inutilement à ses côtés. Et moi aussi, ô Dargo, je sens tes infortunes. Les larmes tremblent dans mes yeux comme la rosée sur l'herbe des prairies, quand je me souviens de tes malheurs.

Comhal étoit assis au lieu où les daims paissent maintenant sur sa tombe : un chêne sans feuillage et trois pierres grisâtres rongées par la mousse des ans marquent les cendres du héros. Les guerriers de Comhal étoient rangés autour de lui : penchés sur leurs boucliers, ils écoutoient la chanson du barde. Tout à coup ils tournent les yeux vers la mer : un nuage paroît parmi les vagues lointaines ; nous reconnoissons le vaisseau d'Inisfail; au haut de ses mâts est suspendu le signal de détresse. « Déployez mes voiles! s'é-« crie Comhal; volons pour secourir nos amis! »

La nuit nous surprit sur l'abîme. Les vagues enfloient leur sein écumant, et les vents mugissoient dans nos voiles : la nuit de la tempête est sombre, mais une île déserte est voisine, et ses bras se courbent comme mon arc lorsque j'envoie la mort à l'ennemi. Nous abordons à cette île; là nous attendons le retour de la lumière; là les matelots rêvent aux dangers qui ne sont plus.

Nous sommes dans la baie de Botha. L'oiseau des morts crie; une voix triste sort du fond d'une caverne. « C'est l'ombre de Dargo qui gémit, dit « Comhal; de Dargo que nous avons perdu en « revenant des guerres de Lochlin. »

« Les vagues confondoient leurs sommets blan-« chis parmi les nuages, et leurs flancs bleuâtres « s'élevoient entre nous et la terre. Dargo monte « au haut du mât pour découvrir Morven ; mais « il ne voit point Morven. Les cuirs humides glis-« sent dans ses mains; il tombe et s'ensevelit dans « les flots; un tourbillon chasse au loin nos na-« vires ; notre chef échappe à nos yeux. Nous

« chantâmes un chant à sa gloire ; nous invitâmes
« les ombres de ses pères à le recevoir dans
« leur palais de nuages ; ils n'écoutèrent point nos
« vœux. L'ombre de Dargo habite encore les ro-
« chers : elle n'est point errante sur les blondes
« collines, dans les détours verdoyants des val-
« lées. Chante, ô Ullin! les louanges du héros;
« il reconnoîtra ta voix, et se réjouira au bruit
« de sa renommée. »

Ainsi parle Comhal, et le barde saisit sa harpe:
« Paix à ton ombre, toi qui as soutenu quelque-
« fois seul les efforts de toute une armée! paix
« à ton ombre, ô Dargo! Que ton sommeil soit
« profond, enfant de la caverne, sur un rivage
« étranger! »

A peine Ullin a-t-il cessé ses chants, qu'une
voix se fait entendre : « M'ordonnes-tu de de-
« meurer sur ces roches désertes, ô barde de
« Comhal? les guerriers de Morven abandonnent-
« ils leurs amis dans l'infortune? » Ainsi disoit
Dargo lui-même en descendant de la colline.

Galchos, ancien ami de Dargo, reconnoît sa
voix; il y répond par les cris joyeux dont jadis
il appeloit son ami à la poursuite des hôtes des
forêts : il est déjà dans les bras de Dargo; les
étoiles virent entre les nuages brisés le bonheur
des deux guerriers. Dargo se présente à Comhal.

« Tu vis! s'écria Comhal; comment échappas-tu
« à l'Océan lorsqu'il roula ses flots sur ta tête? »

—« La vague, répondit Dargo, me jeta sur ces
« bords. Depuis ce temps, la lune a vu sept fois
« s'éteindre et sept fois se rallumer sa lumière;
« mais sept années ne sont pas plus longues sur
« la cime rembrunie de Morven. Toujours assis
« sur le rocher, en murmurant les chants de nos
« bardes, je prêtois l'oreille ou au bruit des
« vagues, ou au cri de l'oiseau qui planoit sur
« leurs déserts, en jetant des voix plaintives. Ce
« temps marcha peu, car lents sont les pas du
« soleil, et paresseuse la lumière de la lune sur
« cette rive solitaire. »

Dargo s'interrompit tout à coup. « Pourquoi,
« reprit-il en regardant Comhal, pourquoi tes
« larmes silencieuses, pourquoi ces regards at-
« tendris? Ah! ils ne sont pas pour le récit de
« mes peines, ils sont pour la mort d'Évella! oui,
« je le sais, Évella n'est plus; j'ai vu son ombre
« glisser dans la vapeur abaissée, lorsque l'astre
« des nuits brilloit à travers le voile d'une légère
« ondée sur la surface unie de la mer. J'ai vu
« mon amour, mais son visage étoit pâle; des
« gouttes humides tomboient de ses beaux che-
« veux, comme si elle eût sorti du sein de l'Océan;
« le cours de ses larmes étoit tracé sur ses joues,

CHANT I.

« J'ai reconnu Évella, j'ai pressenti son malheur.
« En vain j'ai appelé mon amante ; les ombres des
« vierges de Morven me l'ont ravie, elles chan-
« toient autour d'elle : leurs voix ressembloient
« aux derniers soupirs du vent dans un soir d'au-
« tomne, lorsque la nuit descend par degrés dans
« la vallée de Cona, et que de foibles murmures
« se font entendre parmi les roseaux qui bordent
« les ondes. Évella suivit les gracieux fantômes ;
« mais elle me jeta un regard douloureux sur
« mon rocher. La suave musique cessa, la belle
« vision s'évanouit. Depuis ce temps, je n'ai cessé
« de pleurer au lever du soleil, de pleurer au
« coucher du soleil. Quand te reverrai-je, Évella ?
« Dis-moi, Comhal, quelle fut la destinée de la
« fille de Morven ? »

— « Évella apprit ton malheur, répondit Com-
« hal. Durant trois soleils, elle reposa sa tête in-
« clinée sur son bras d'albâtre ; au quatrième so-
« leil elle descendit sur le rivage de la mer et
« chercha le corps de Dargo. Les filles de Morven
« la virent du sommet de la colline ; elles essuyè-
« rent leurs larmes avec les boucles de leur che-
« velure. Elles s'avancèrent en silence pour con-
« soler Évella ; mais elles la trouvèrent affaissée
« comme un monceau de neige, et belle encore
« comme un cygne du rivage. Les filles de Morven

« pleurèrent, et les bardes firent entendre des
« chants. Puisses-tu, ô Dargo! vivre comme Évella
« dans la renommée! puisse ainsi durer notre mé-
« moire, quand nous nous enfoncerons dans la
« tombe! »

Ainsi dit Comhal. Mais nous apercevons une grande lumière dans Inisfail; nous découvrons le signal qui annonce le danger du roi. Aussitôt nous nous précipitons dans nos vaisseaux; Dargo est avec nous, nous quittons l'île déserte; nous nous hâtons pour disperser les ennemis d'Inisfail.

Les vents de Morven viennent à notre aide, ils remplissent le sein de nos voiles; les mariniers se courbent et se redressent sur la rame qui brise, en écumant, la tête sombre et mobile des flots. Chaque héros a les yeux fixés sur le rivage : toutes les ames sont déja dans le champ du carnage; mais l'on est encore à quelque distance d'Inisfail. Dargo seul ne ressent point la joie du péril; ses yeux sont baissés, son front est appuyé sur son bras qui repose sur le bord d'un bouclier. Comhal observe la tristesse de ce chef; il fait un signe à Ullin, afin que le chant du barde réveille le cœur de Dargo. Ullin chante au bruit des vaisseaux qui sillonnent les vagues.

« Colda vivoit aux jours de Trenmor. Il pour-
« suivoit les admis autour de la baie d'Étha : les

« rochers couverts de forêts répondoient à ses
« cris, et les fils légers de la montagne tombè-
« rent. Mélina l'aperçut d'un autre rivage : elle
« veut traverser la baie sur un esquif bondissant.
« Un tourbillon descend du ciel et renverse la
« nef; Mélina s'attache à la carène. « Je meurs!
« s'écrie-t-elle : Colda, mon guerrier, viens à mon
« secours! »

— « La nuit déploya ses ombres, plus foible-
« ment alors la voix murmura des plaintes ; plus
« foiblement encore elle fut répétée par les
« échos du rivage ; elle s'évanouit enfin dans les
« ténèbres. Colda trouva Mélina à demi ensevelie
« dans le sable; il éleva pour elle la pierre du
« tombeau sous un chêne auprès d'un torrent : le
« chasseur aime ce lieu solitaire, il s'y repose à
« l'ombre quand le soleil brûle la plaine. Colda
« fut long-temps triste ; il s'égaroit seul à travers
« les bois des coteaux d'Étha; chaque nuit les
« oiseaux des mers écoutoient ses soupirs; mais
« l'ennemi vint, et le bouclier de Trenmor reten-
« tit; Colda saisit sa lance et fut vainqueur. La
« joie reparut peu à peu sur son visage comme
« le soleil sur la bruyère quand la tempête est
« passée.

— « Le souvenir de ce chef, dit Dargo, revit
« dans ma mémoire, mais comme les foibles

« traces d'un songe depuis long-temps évanoui.
« Colda conduisit souvent les pas de mon en-
« fance au chêne d'Étha; les larmes tomboient
« de ses yeux, en s'avançant sur les grèves aban-
« données. Je lui demandois pourquoi il pleu-
« roit; il me répondoit : C'est ici que dort Mélina.
« O Colda! je me suis reposé sur sa tombe et sur
« la tienne! Puisse ma renommée me survivre, de
« même que ta gloire est restée après toi, lorsque
« je serai errant dans les nuages avec la belle
« Évella! »

— « Oui, ton nom demeurera parmi les
« hommes, dit Comhal; mais nous touchons au
« rivage. Vois-tu ces boucliers roulant comme la
« lune à travers le brouillard? Leurs bosses re-
« luisent aux rayons du matin. Les guerriers
« d'Inisfail sont là; le roi regarde par la fenêtre
« de son palais; il aperçoit un nuage grisâtre. Des
« larmes tombent sur la pierre de la fenêtre. Nos
« voiles sont le nuage grisâtre; le roi les a recon-
« nus; la joie éclate dans ses yeux; il s'écrie : Voici
« Comhal! »

Les chefs de Lochlin ont aussi reconnu les
guerriers de Morven, qui viennent au secours
d'Inisfail. Leur armée se courbe et s'avance à
la rencontre de ces guerriers. Armor la conduit;
il s'élève au dessus des héros comme le chef rou-

geâtre au dessus des troupeaux de biches dans les bois de Morven. Comhal s'écrie : « Ceignez vos « épées ; rappelez les jours de votre gloire, et les « anciennes batailles de Morven. Dargo, présente « ton large bouclier ; Carril, que ton glaive rapide « jette encore des ondes de lumière ; lève cette « lance, ô Connal ! qui si souvent joncha la terre « de morts ; et toi, Ullin, que ta voix nous anime « aux combats sanglants. »

Nous fondons sur l'ennemi : il étoit immobile comme le chêne de Malaor que ne peut ébranler la tempête. Inisfail nous vit et se précipita dans la vallée pour se joindre à nous. Lochlin plie sous les coups de l'orage ; ses branches arrachées couvrent les champs. Armor combattit le chef d'Inisfail, mais la lance du roi cloua le bouclier d'Armor à sa poitrine. Lochlin, Morven et Inisfail pleurèrent la mort du jeune chef sitôt abattu. Son barde entonna le chant de la tombe :

« Ta taille, ô Armor ! étoit celle du pin. L'aile « de l'aigle marin n'égaloit pas la rapidité de ta « course ; ton bras descendoit sur les guerriers « comme le tourbillon de Loda, et mortelle étoit « ton épée comme les brouillards du Légo.

« Pourquoi, ô mon héros ! es-tu tombé dans ta « jeunesse ? comment apprendre à ton père qu'il

« n'a plus de fils ? comment dire à Crimoïna
« qu'elle n'a plus d'amant ? Je vois ton père
« courbé sous le poids des années : sa main est
« incertaine sur le bâton qui l'appuie ; sa tête
« qu'ombragent encore quelques cheveux gris,
« vacille comme la feuille du tremble. Chaque
« nuage éloigné trompe ses débiles regards, lors-
« qu'ils cherchent ton navire sur les flots.

« Comme un rayon de soleil sur la fougère
« desséchée, l'espérance brille sur le front du
« vieillard. Quand le vénérable guerrier, s'adres-
« sant aux enfants qui jouent autour de lui, leur
« dit : « Ne vois-je pas le vaisseau de mon fils ? »
« Les enfants regardent aussitôt la mer bleuâtre,
« et ils répondent au vieillard : « Nous n'aperce-
« vons qu'une vapeur passagère. »

— « Crimoïna, tu souris dans le songe du ma-
« tin, tu crois recevoir ton amant dans toute sa
« beauté ; tes lèvres l'appellent par des mots à
« demi formés ; tes bras s'entr'ouvrent et s'a-
« vancent pour le presser contre ton sein : ah !
« Crimoïna, ce n'est qu'un songe !

« Armor est tombé, il ne reverra plus sa terre
« natale ; il dort dans la poussière d'Inisfail.

« Crimoïna, tu sortiras de ton sommeil, mais
« quand Armor se réveillera-t-il ?

« Quand le son du cor fera-t-il tressaillir le

« jeune chasseur ? quand le choc des boucliers
« l'appellera-t-il au combat ? Enfants des forêts,
« Armor est couché ; n'attendez pas qu'il se lève.
« Fils de la lance, la bataille rugira sans Armor. »

« Ta taille étoit comme celle du chêne, ô chef
« de Lochlin ! l'aile de l'aigle marin étoit moins
« rapide que ta course ; ton bras descendoit sur
« les guerriers comme le tourbillon de Loda, et
« mortelle étoit ton épée comme les brouillards
« du Légo. »

Ainsi chantoit le barde. La tombe d'Armor s'élève ; les guerriers de Lochlin fuient ; leurs vaisseaux, repassant les mers, pèsent sur l'abîme : par intervalles on entendoit la chanson des bardes étrangers ; leurs accents étoient tristes.

CHANT II.

L'histoire des temps qui ne sont plus est pour le barde un trait de lumière ; c'est le rayon de soleil qui court légèrement sur les bruyères, mais rayon bientôt effacé, car les pas de l'ombre le poursuivent ; ils le joignent sur la montagne : le consolant rayon a disparu. Ainsi le souvenir de Dargo brille rapidement dans mon ame, de nouveau bientôt obscurcie.

Après la bataille où tomba le vaillant Armor, Morven passa la nuit dans les tours grisâtres d'Inisfail ; par intervalles une plainte lointaine frappoit nos oreilles. « Bardes, dit Comhal, Ullin, « et vous, Salma, cherchez l'enfant des hommes « qui gémit. » Nous sortons, nous trouvons Crimoïna assise sur le tombeau d'Armor ; elle avoit suivi en secret son amant aux champs d'Inisfail. Après la bataille, elle se fit un lit de douleur de la dernière couche de son héros : nous l'enlevâmes de ce lieu funeste. Nos larmes descendoient en silence : l'infortune de cette femme étoit grande, et nous n'avions que des soupirs. Nous transportâmes Crimoïna dans la salle des fêtes. La tristesse comme une obscure vapeur se répandit sur tous les visages. Ullin saisit sa harpe; il en tira des sons mélodieux : ses doigts erroient sur l'instrument; une douce et religieuse mélancolie sembloit s'échapper des cordes tremblantes. La musique attendrit les ames : elle endort le chagrin dans les cœurs agités. Il chantoit:

« Quelle ombre se penche ainsi sur sa nue va-
« poreuse ? La profonde blessure est encore dans
« sa poitrine; le chevreuil aérien est à ses côtés.
« Qui peut-elle être, cette ombre, si ce n'est celle
« du beau Morglan ?

« Morglan vint avec l'ennemi de Morven. Son
« amante l'accompagnoit, la fille de Sora, Mi-
« nona à la main blanche, à la longue chevelure.
« Morglan poursuivit les daims sur la colline;
« Minona demeure sous le chêne. L'épais brouil-
« lard descend; la nuit arrive avec tous ses
« nuages; le torrent rugit, les ombres crient le
« long de ses rives profondes. Minona regarde
« autour d'elle : elle croit entrevoir un chevreuil
« à travers le brouillard, et pose sur l'arc sa main
« de neige. La corde est tendue, la flèche vole.
« Ah! que n'a-t-elle erré loin du but! La flèche
« s'est enfoncée dans le jeune sein de Morglan.

« Nous élevâmes la tombe du héros sur la col-

« line ; nous plaçâmes la flèche et le bois d'un
« chevreuil dans l'étroite demeure. Là fut aussi
« couché le dogue de Morglan, pour poursuivre
« devant l'ombre du chasseur les cerfs dans les
« nuages. Minona vouloit dormir auprès de son
« amant ; nous la transportâmes au palais de ses
« pères ; long-temps elle y parut triste. Les ra-
« pides années emportent la douleur : à présent
« Minona se réjouit avec les filles de Sora, bien
« qu'elle soupire quelquefois encore. »

Ainsi chantoit le barde. L'aube peignit de sa
lumière d'albâtre les rochers d'Inisfail : « Ullin,
« dit Comhal, conduis sur ton vaisseau Crimoïna
« à sa patrie ; qu'au milieu de ses compagnes elle
« puisse encore se lever comme la lune, lors-
« qu'elle montre sa tête au dessus des nuages,
« et qu'elle sourit aux vallées silencieuses. »

— « Béni soit, dit Crimoïna, le chef de Morven,
« l'ami du foible dans les jours du danger. Mais
« que feroit Crimoïna aux champs de ses pères,
« où chaque rocher, chaque arbre, chaque ruis-
« seau réveilleroit ses chagrins assoupis ? Les
« jeunes filles me diroient : « Où est ton Armor ? »
« Vous pourrez le dire, ô jeunes filles ! mais je
« ne vous entendrai pas. J'irai vivre dans une
« terre éloignée ; j'achèverai mes jours avec les

« vierges de Morven : leur cœur, comme celui de
« leur roi, s'ouvre aux pleurs des infortunés. »

Nous emmenâmes Crimoïna avec nous dans notre patrie. Nous joignîmes sa main à celle de Dargo ; mais la fille étrangère ne sourioit plus : elle confioit souvent des soupirs au cours d'une onde ignorée. Crimoïna, tes heures furent rapides : les cordes de ta harpe sont humides quand le barde soupire ton histoire.

Un jour, comme nous poursuivions les daims sur les bruyères de Morven, les vaisseaux de Lochlin apparurent avec leurs voiles blanches et leurs mâts élevés. Nous crûmes qu'ils venoient réclamer Crimoïna. « Je ne combattrai pas pour « elle, dit Connas, un de nos chefs, avant que « je ne sache si cette étrangère aime notre race. « Perçons le sanglier ; teignons avec son sang « la robe de Dargo ; nous porterons Dargo au « palais : Crimoïna déplorera-t-elle sa perte ? »

O malheur ! nous écoutons l'avis de Connas ! Nous terrassons le sanglier écumant ; Connas le frappe de son épée. Nous enveloppons Dargo dans une robe ensanglantée ; nous le portons sur nos épaules à Crimoïna. Connas marchoit devant nous avec la dépouille du sanglier : « J'ai tué le « monstre, disoit-il, mais auparavant sa dent « mortelle a percé ton amant, ô Crimoïna ! »

Crimoïna écouta ces paroles de mort : silencieuse et pâle, elle reste immobile comme les colonnes de glace que l'hiver fixe au sommet du Mora. Elle demande sa harpe; elle la fait résonner à la louange du héros qu'elle croyoit expiré. Dargo vouloit se lever; nous l'en empêchâmes jusqu'à la fin de la chanson, car la voix de Crimoïna étoit douce comme la voix du cygne blessé, lorsque ses compagnons nagent tristement autour de lui.

« Penchez-vous, disoit Crimoïna, sur le bord
« de vos nuages, ô vous, ancêtres de Dargo! et
« transportez votre fils au palais de votre re-
« pos. Et vous filles des champs aériens de Tren-
« mor, préparez la robe de vapeur transparente
« et colorée. Dargo, pourquoi m'avois-tu fait
« oublier Armor? Pourquoi t'aimois-je tant? Pour-
« quoi étois-je tant aimée? Nous étions deux
« fleurs qui croissoient ensemble dans les fentes
« du rocher; nos têtes humides de rosée sou-
« rioient aux rayons du soleil. Ces fleurs avoient
« pris racine dans le roc aride. Les vierges de
« Morven disoient : « Elles sont solitaires, mais
« elles sont charmantes. » Le daim dans sa course
« s'élançoit par dessus ces fleurs, et le chevreuil
« épargnoit leurs tiges délicates.

« Le soleil de Morven est couché pour moi. Il

« brilla pour moi, ce soleil, dans la nuit de mes
« premiers malheurs, au défaut du soleil de ma
« patrie; mais il vient de disparoître à son tour;
« il me laisse dans une ombre éternelle.

« Dargo, pourquoi t'es-tu retiré si vite? Pour-
« quoi ce cœur brûlant s'est-il glacé? Ta voix mé-
« lodieuse est-elle muette? Ta main, qui naguère
« manioit la lance à la tête des guerriers, ne peut
« plus rien tenir; tes pieds légers qui ce matin
« encore devançoient ceux de tes compagnons,
« sont à présent immobiles comme la terre qu'ils
« effleuroient.

« Partout sur les mers, au sommet des col-
« lines, dans les profondes vallées, j'ai suivi ta
« course. En vain mon père espéra mon retour;
« en vain ma mère pleura mon absence; leurs
« yeux mesurèrent souvent l'étendue des flots;
« souvent les rochers répétèrent leurs cris. Pa-
« rents, amis, je fus sourde à votre voix! toutes
« mes pensées étoient pour Dargo; je l'aimois de
« toute la force de mes souvenirs pour Armor.

« Dargo, l'autre nuit j'ai goûté le sommeil à tes
« côtés sur la bruyère. N'est-il pas de place cette
« nuit dans ta nouvelle couche? Ta Crimoïna veut
« reposer auprès de toi, dormir pour toujours à
« tes côtés. »

Le chant de Crimoïna alloit en s'affoiblissant

à mesure qu'il approchoit de sa fin ; par degrés s'éteignoit la voix de l'étrangère : l'instrument échappa aux bras d'albâtre de la fille de Lochlin ; Dargo se lève : il étoit trop tard ! l'ame de Crimoïna avoit fui sur les sons de la harpe. Dargo creusa la tombe de son épouse auprès de celle d'Évella, et prépara pour lui-même la pierre du sommeil.

Dix étés ont brûlé la plaine, dix hivers ont dépouillé les bois ; durant ces longues années, l'enfant du malheur, Dargo, a vécu dans la caverne ; il n'aime que les accents de la tristesse. Souvent je chante au chef infortuné des airs mélancoliques dans le calme du midi, lorsque Crimoïna se penche sur le bord de sa nue pour écouter les soupirs du barde.

FIN DU POËME DE DARGO.

DUTHONA.

DUTHONA.

POËME.

« Pourquoi, ô mers ! élevez-vous votre voix
« parmi les rochers de Morven ? Vent du midi,
« pourquoi épuises-tu ta rage sur mes collines ?
« Est-ce pour retenir ma voile loin des rivages
« de l'ennemi, pour arrêter le cours de ma gloire ?
« Mais, ô mers ! vos flots mugissent en vain; vent
« du midi, tu peux souffler, mais tu n'empê-
« cheras point les vaisseaux de Fingal de voler
« à la contrée lontaine de Dorla : ta fureur se
« calmera, et la surface azurée de l'Océan de-
« viendra tranquille et brillante. Oui, le bruit
« de la tempête cessera, mais la mémoire de Fingal
« ne périra point. »

Ainsi parla le roi, et ses guerriers se rangè-
rent autour de lui. Le vent siffle dans les cheveux touffus de Dumolach; Leth se penche sur
son bouclier d'airain, tout ridé de mille cicatrices; Molo agite dans les airs sa lance étince-
lante; la joie de la bataille est dans les yeux de
Gormalon.

Nous cinglons à travers l'écume houleuse de

l'Océan : les baleines effrayées plongent au fond de l'abîme, les îles fuient; elles s'abaissent tour à tour derrière nous sous l'onde, et Duthona sort peu à peu devant nous du sein des flots. Les vagues roulantes et élevées nous en dérobent de temps en temps la vue. « C'est la terre « de Connar, dit Fingal; le pays de l'ami de mon « peuple. »

La nuit descend; le ciel est ténébreux; le pilote cherche en vain de ses regards l'étoile qui nous guide; il l'entrevoit quelquefois à travers le voile déchiré d'un nuage : mais l'ouverture se referme, et le flambeau de notre route se cache. « Les pas de la nuit sur l'abîme, dit Fingal, « sont menaçants; que notre vaisseau se repose « au rivage jusqu'au retour de la lumière. »

Nous entrons dans la baie de Duthona. Quelle Ombre terrible se tient sur le rocher, en s'appuyant sur un pin? Son bouclier est un nuage derrière ce bouclier passe la lune errante. L'Ombre a pour lance une colonne de brouillard d'un bleu sombre, surmontée d'une étoile sanglante; un météore lui sert d'épée; les vents, dans leurs jeux, élèvent la chevelure du Fantôme comme une fumée; deux flammes qui sortent de deux cavernes creusées dans les nuages sont les yeux menaçants de cet enfant de la nuit. Souvent

Fingal a vu se manifester ainsi le signe de la bataille ; mais qui pourroit y croire dans la patrie de Connar, ami du peuple de Fingal ?

Le roi monte sur le rocher ; le glaive de Luno jette dans sa main des ondes de lumière ; Carrill marche derrière le roi. Le Fantôme aperçoit Fingal, et sur l'aile d'un tourbillon s'envole ; le héros le poursuit du geste et de la voix. Cette voix est entendue sur les collines de Duthona, qui s'agitent avec tous leurs rochers et tous leurs arbres ; le peuple tressaille, se réveille en rêvant le péril, et les feux d'alarme sont allumés de toute part.

« Levez-vous, dit le roi revenant parmi ses « guerriers, levez-vous : que chacun endosse son « armure et place devant lui son bouclier. Il « nous faut combattre. Nos amis nous vont at-« taquer au milieu de la nuit ; Fingal ne leur « dira pas son nom, car nos ennemis s'écrieroient « ensuite : « Les guerriers de Morven furent « effrayés ! ils dirent leur nom pour éviter le « combat ! » Que chacun endosse son armure et « place devant lui son bouclier ; mais que nos « lances errent loin du but, que nos flèches « soient emportées par les vents. A la lumière « du matin, nos amis nous reconnoîtront, et la « joie sera grande dans Duthona. »

Nous rencontrâmes la colonne mouvante et sombre des guerriers de Duthona. Comme la grêle échappée des flancs de l'orage, leurs flèches tombent sur nos boucliers; ils nous environnent comme un rocher entouré par les flots. Fingal vit que son peuple alloit périr ou qu'il seroit forcé de combattre : il descendit de la colline ainsi qu'une ombre qui se plaît à rouler avec les tempêtes. La lune, dans ce moment, leva sa tête au dessus de la montagne, et réfléchit sa lumière sur l'épée de Luno; l'épée étincelle dans la main du roi, comme un pilier de glace pendant l'hiver, à la chute devenue muette du Lora. Duthona vit la flamme et n'en put supporter la splendeur; ses guerriers se retirèrent comme les ténèbres devant le jour; ils s'enfoncèrent dans un bois.

Avançant à leur suite, nous nous arrêtâmes au bord d'un profond ruisseau qui couloit devant nous à travers la bruyère. Son lit se creusoit entre deux rivages semés de fougères et ombragés de quelques bouleaux vieillis. Là, nous nous entretînmes du récit des combats et des actions des premiers héros. Carrill redit les faits du temps passé, Ossian célébra la gloire de Connar; sa harpe ne put oublier la tendre beauté de Minla.

Les chants cessèrent, une brise murmura le

long du ruisseau, elle nous apporta les soupirs de l'infortune; ils étoient doux comme la voix des ombres au milieu d'un bois solitaire, quand elles passent sur la tombe des morts.

« Allez, Ossian, dit le roi; quelque guerrier « languit sur son bouclier; qu'il soit apporté à « Fingal : s'il est blessé; qu'on applique les herbes « de la montagne sur sa plaie. Aucun nuage ne « doit obscurcir notre joie dans la terre de « Duthona. »

Je marchai guidé par la chanson du malheur.

« Triste et abandonnée est ma demeure, disoit « la chanson; aucune voix ne s'y fait entendre, « si ce n'est celle de la chouette. Nul barde ne « charme la longueur de mes nuits; les ténèbres « et la lumière sont égales pour moi. Le soleil « ne luit point dans ma caverne; je ne vois « point flotter la chevelure dorée du matin, ni « couler les flots de pourpre que verse l'astre « du jour à son couchant. Mes yeux ne suivent « point la lune à travers les pâles nuages; je ne « vois point ses rayons trembler à travers les « arbres dans les ondes du ruisseau; ils ne visi-« tent point la caverne de Connar.

« Ah! que ne suis-je tombé dans la tempête « de Dorla! ma renommée ne se seroit pas éva-« nouie comme le silencieux rayon de l'automne

« qui court sur les champs jaunis, entre les
« ombres et les brouillards. Les enfants sous le
« chêne ont senti un moment la chaleur du rayon
« et l'ont bénie; mais il passe : les enfants pour-
« suivent leurs jeux, et le rayon est oublié.

« Oubliez-moi aussi, enfants de mon peuple,
« si vous n'êtes pas tombés comme moi, si Dorla
« qui a envahi Duthona n'a point soufflé sur vous
« dans votre jeunesse, comme l'haleine d'une
« gelée tardive sur les bourgeons du printemps.
« Que n'ai-je autrefois trouvé la mort à vos
« yeux, quand je marchai avec Fingal au devant
« des forces de Swaran ! Le roi eût élevé ma
« tombe, Ossian eût chanté ma gloire, les bardes
« des futures années, en s'asseyant autour du
« foyer, eussent dit à l'ouverture de la fête :
« Écoutez la chanson de Connar. »

« A présent, enchaîné dans cette caverne, je
« mourrai tout entier : ma tombe ne sera point
« connue; le voyageur écartera sous ses pas, avec
« la pointe de sa lance, une herbe longue et flé-
« trie; il découvrira une pierre poudreuse : « Qui
« dort dans cette étroite demeure ? demandera-t-il
« à l'enfant de la vallée; » et l'enfant de la vallée
« lui répondra : « Son nom n'est point dans la
« chanson. »

— « Ton nom sera dans la chanson, m'écriai-je,

« tu ne seras point oublié par Ossian. Sors de la
« caverne où t'a caché la destinée, et viens lever
« encore la lance dans la bataille. Viens, Fingal
« sera auprès de toi, il te vengera. Viens, les
« oppresseurs de Duthona sècheront à ton aspect
« comme la fougère atteinte par la bise : ton nom
« refleurira comme le chêne qui ombrage les
« salles de tes fêtes, quand, après les rigueurs de
« l'hiver, il se rajeunit au printemps. »

Connar prit la voix d'Ossian pour celle d'une
ombre : « Ta voix m'est agréable, enfant de la
« nuit, dit-il, car les fantômes n'effraient point
« mon ame; ta voix est douce à Connar aban-
« donné. Converse avec moi dans la caverne;
« notre entretien sera de la tombe et de la de-
« meure aérienne des héros. Nous ne parlerons
« point de Duthona; nous serons silencieux sur
« ma gloire, elle s'est évanouie. Mes amis aussi
« sont loin : ils dorment sur leurs boucliers ; mon
« souvenir ne trouble point leur repos. Ah! qu'ils
« continuent de sommeiller en paix.

« Ombre amie, ma demeure sera bientôt avec
« la tienne. Nous visiterons ensemble les enfants
« du malheur dans leur caverne; nous leur fe-
« rons oublier leurs chagrins dans les illusions
« des songes ; nous les conduirons en pensée dans
« les champs de leur renommée : ils croiront

« briller dans les combats ; leur tunique d'es-
« clave s'allongera en robe ondoyante ; leurs pri-
« sons souterraines deviendront les nobles salles
« de Fingal ; le murmure du vent sera pour eux
« et pour nous la mélodie des harpes, le fris-
« sonnement des gazons deviendra le soupir des
« vierges. Ombre amie, en attendant que je m'u-
« nisse à toi dans les nuages, descends souvent à
« la caverne de Connar ! Fantôme de la nuit, ta
« voix est charmante à mon cœur ! »

Je me plonge dans la caverne de Connar ; je coupe les liens dont les guerriers de Dorla avoient entouré les mains du chef ; je conduis le roi délivré à Fingal ; leurs visages brillèrent de joie au milieu de leurs cheveux gris, car Fingal et Connar se souviennent de leurs jeunes années, de ces premiers jours de la vie où ils tendoient ensemble leurs arcs au bord du torrent. « Connar, dit Fin-
« gal, qui a pu confiner l'ami de Morven dans la
« caverne ? Puissant devoit être son bras ; inévi-
« table son épée ! »

— « Dorla, répondit Connar, apprit que la force
« de mon bras s'étoit évanouie dans la vieillesse.
« Il attaqua mes salles pendant la nuit, lorsque
« j'étois seul avec ma fille Niala, et que mes guer-
« riers étoient absents. Je combattis : le nombre
« prévalut. Dorla est resté dans Duthona, et

« mes peuples sont dispersés dans leurs vallons
« ignorés. »

Fingal entendit les paroles de Connar, il fronce le sourcil; les rides de son front sont comme les nuages qui couvent la tempête. Il agite dans sa main sa lance mortelle et regarde l'épée de Luno.

« Il n'est pas temps de reposer, s'écrie-t-il,
« quand celui qui dépouilla mon ami est si près.
« Les guerriers de Dorla sont nombreux; ils nous
« ont attaqués cette nuit, et nous avons cru, en
« les respectant, que c'étoient les bataillons de
« Connar. Ossian et Gormalon, avancez le long
« du rivage. Dumolach et Leth, volez aux salles
« de Connar, et si vous y trouvez Niala, étendez
« devant elle vos boucliers protecteurs. Molo,
« observe l'ennemi, afin qu'il ne puisse livrer ses
« voiles au vent sans combattre. Et toi, Carrill,
« où es-tu? Barde aux douces chansons, reste
« auprès du chef de Duthona avec ta harpe : sa
« mélodie est un rayon de lumière qui se glisse
« au milieu de l'orage. »

— Carrill vint avec sa harpe : les sons de cette harpe étoient légers comme le mouvement des ombres glissant dans un air pur sur les rivages de Lora. Coulez en silence, ruisseaux de la nuit, que nous entendions la chanson du barde.

« Au bord des torrents de Lara se penche
« un chêne qui laisse tomber de ses feuilles, sur
« le courant d'eau, les pleurs de la rosée. Là, on
« voit errer deux ombres lorsque le soleil illu-
« mine la plaine et que le silence est dans Mor-
« ven : l'une est ton ombre, vénérable Uval;
« l'autre est celle de ta fille, la belle chasseresse.
« Les jeunes guerriers de Lara poursuivoient les
« chevreuils; ils célébroient la fête dans la ca-
« bane lointaine du désert. Colgar les découvrit,
« et parut subitement à Lara comme le torrent
« qui fond du haut d'une montagne, quand l'on-
« dée est encore sur les hauts sommets, et n'a
« point descendu dans la vallée. — Fille d'Uval,
« dit Colgar, il te faut me suivre; j'enchaînerai ici
« ton père, car il frapperoit sur le bouclier, et les
« jeunes guerriers pourroient entendre le son
« dans la solitude. »

— « Colgar, je ne t'aime pas, dit la fille d'Uval;
« laisse-moi avec mon père : ses yeux sont tristes,
« ses cheveux blanchis. »

« Colgar est sourd à la prière; la fille d'Uval est
« obligée de le suivre, mais ses pas sont tardifs.
« Un chevreuil bondit auprès de Colgar; ses flancs
« bruns se montrent à travers les vertes bruyères.
« — Colgar, dit la fille d'Uval, prête-moi ton arc,
« j'ai appris à percer le chevreuil. » Colgar crut

« la beauté déja consolée, et, plein d'amour, il
« donne son arc. La fille d'Uval tend la corde, la
« flèche part, Colgar tombe. La fille d'Uval re-
« tourne à Lara : l'ame de son père fut réjouie. Le
« soir de la vie d'Uval se prolongea; il fut comme
« le coucher du soleil sur la montagne des sources
« limpides; les derniers jours d'Uval tombèrent
« comme les feuilles d'automne dans la vallée si-
« lencieuse. Les années de la fille d'Uval furent
« nombreuses; quand elle s'éteignit, elle dormit
« en paix avec son père. »

Ainsi chantoit Carril, et moi Ossian je m'a-
vançois avec Gormalon sur le rivage, selon les
ordres de Fingal. Au pied d'un rocher nous
trouvons un jeune homme : son bras, sortant
d'une brillante armure, reposoit sur une harpe
brisée; le bois d'une lance étoit à ses côtés. A
travers les herbes chevelues du rocher, la lune
éclairoit la tête du jeune homme : cette tête étoit
penchée; elle s'agitoit lentement dans la douleur, comme la cime d'un pin qui se balance aux
soupirs du vent.

« Quel est celui, dit Gormalon, qui demeure
« ici solitaire? Es-tu un des compagnons de Dorla,
« ou l'un des guerriers de Connar? »

— « Je suis, répondit le jeune homme, trem-
« blant comme l'herbe dans le courant d'un ruis-

« seau ; je suis un des bardes qui chantoient dans
« les salles de Connar. Dorla écouta mes chan-
« sons, et épargna ma vie après avoir livré ba-
« taille sur les champs de Duthona. »

—« Souviens-toi de Dorla, si tu le veux, ré-
« pliqua Gormalon ; mais que peux-tu dire à sa
« louange ? Il attaqua Connar lorsque les amis
« du roi étoient absents ; son bras est foible dans
« le danger, fort quand personne ne le repousse.
« Dorla est un nuage qui se montre seulement
« dans le calme, un brouillard qui ne se lève
« jamais du marais que quand les vents de la val-
« lée se sont retirés. Mais la tempête de Fingal
« joindra ce nuage et le déchirera dans les airs. »

— « Je me souviens de Fingal, dit le jeune
« homme, je le vis jadis dans les salles de Du-
« thona ; je me souviens de la voix d'Ossian et
« des fiers héros de Morven ; mais Morven est loin
« de Duthona. »

Les soupirs étouffèrent la voix du jeune homme ;
ses sanglots éclatèrent comme la glace qui se fend
sur le lac du Lego, ou comme les vents de la
montagne dans la grotte d'Arven.

« Foible est ton ame, dit Gormalon indigné :
« non, tu n'es pas l'enfant des salles de Connar ;
« tu n'es pas des bardes de la race du roi. Ceux-
« ci chantoient les actions de la bataille, la joie

« du danger enfloit leurs ames, de même que
« s'enflent les voiles blanches de Fingal dans les
« tourbillons de la mer de Morven. Tu es des
« amis de Dorla, va donc le rejoindre, enfant
« du foible, et dis-lui que Morven le poursuit :
« jamais il ne reverra les collines de sa patrie. »

— « Gormalon, dis-je alors, n'outrage pas la
« jeunesse : l'ame du brave peut quelquefois fail-
« lir, mais elle se relève. Le soleil sourit du haut
« de sa carrière lorsque la tempête est passée ;
« le pin cesse alors de secouer dans les airs sa
« pyramide de verdure, la mer calme sa surface
« azurée, et les vallées se réjouissent aux rayons
« de l'astre éclatant. »

Je pris le jeune homme par la main, et le
conduisis vers Carrill, roi des chansons. La lumière commençoit alors à briller sur l'armée de
Dorla ; ses guerriers pâles et muets regardoient
la lance de Morven et l'épée de Connar ; ils de-
meuroient immobiles : lorsque le chasseur est
surpris par la nuit sur la colline de Cromla, la
terreur des fantômes l'environne ; une sueur
froide perce son front, ses pas tremblants se re-
fusent à sa fuite, ses genoux fléchissent au milieu de sa course.

Dorla vit les yeux égarés de son peuple ; une
grosse larme roule dans les siens. « Pourquoi,

« dit-il à ses guerriers, demeurez-vous dans ce
« silence, comme les arbres qui s'élèvent autour
« de nous? Votre nombre ne surpasse-t-il pas
« celui des fils de Morven? Ils peuvent avoir leur
« renommée; mais n'avons-nous pas aussi com-
« battu avec les héros? Si vous songez à la fuite,
« où est le chemin de nos vaisseaux, si ce n'est
« à travers l'ennemi? Fondons sur eux dans notre
« colère; que nos bras soient courageux, et la
« joie de mes amis sera grande quand nous re-
« tournerons chez nos pères. »

Connar, au milieu des héros de Morven, frappa sur le bouclier de Duthona. Ses guerriers dispersés entendirent le signal du roi; ils levèrent la tête dans leurs vallons ignorés, comme les ruisseaux de Selma : dans les jours de sécheresse, ces ruisseaux se cachent sous les cailloux de leur lit; mais quand les tièdes ondées descendent, ils sortent tout à coup de leur retraite, rugissent, inondent et surmontent de leurs eaux les collines.

On combat : Dorla est abattu par la lance de Connar. Fingal le vit tomber; il s'avance alors dans sa clémence, et parle aux guerriers de Dorla qui n'est plus.

« Fingal, leur dit-il, ne se plaît point dans la
« chute de ses ennemis, quoiqu'ils l'aient forcé

«de tirer l'épée. Ne venez jamais à Morven, ne
«vous présentez plus aux rivages de Duthona.
«Rapide est le jour du peuple qui ose lever la
«lance contre Fingal ; une colonne de fumée
«chassée par la tempête est la vie de ceux qui
«combattent contre les héros de Morven. Retirez-
«vous : emportez le corps de Dorla.

« Pourquoi es-tu si matinale, épouse de Dorla?
«continua Fingal. Que fais-tu, immobile sur le
«rocher? Tes cheveux sont trempés de la rosée
«du matin; tes regards sont errants sur les vagues
«lointaines : ce que tu vois n'est pas l'écume du
«vaisseau de Dorla, c'est la mer qui se brise au-
«tour du flanc des baleines. Les deux enfants de
«l'épouse de Dorla sont assis sur les genoux de
«leur mère; ils voient une larme descendre le
«long de la joue de la femme; ils lèvent leur
«petite main pour saisir la perle brillante : Mère,
«diront-ils, pourquoi pleures-tu ? Où notre père
«a-t-il dormi cette nuit? »

« Ainsi peut-être, ô Ossian! ton Everalline
«est maintenant inquiète pour toi. Elle conduit
«peut-être ton Oscar au sommet de Morven,
«afin de découvrir la pleine mer. Ossian, sou-
«viens-toi d'Oscar et d'Éveralline ; ô mon fils!
«épargne le guerrier qui, comme Dorla, peut
«laisser derrière lui une épouse dans les larmes.

« Hélas! Dorla, pourquoi es-tu déja tombé? »

Ainsi me parloit Fingal, aux jours du passé, dans la terre de Duthona; ainsi, pour m'enseigner la pitié, il mettoit devant mes yeux l'image d'Éveralline mon épouse, d'Oscar mon jeune fils. Éveralline! Oscar! rayons de joie maintenant éteints! comment m'avez-vous précédé dans l'étroite demeure? Comment Ossian peut-il faire retentir la harpe et chanter encore les guerriers, lorsque votre souvenir, comme l'étoile qui tombe du ciel, traverse tout à coup son ame? Oh! que ne suis-je le compagnon de votre course azurée, brillants voyageurs des nuages! Quand nos ombres se rejoindront-elles dans les airs? Quand glisseront-elles avec les brises sur la cime ondoyante des pins? Quand élèverons-nous nos têtes ornées d'une chevelure brillante, comme les astres de la nuit dans le désert? Puisse ce moment bientôt arriver! Ce qu'est le lit de bruyère au chasseur fatigué, sera la tombe au barde appesanti par les ans: je dormirai! la pierre de ma dernière couche gardera ma mémoire.

Mais, ô pierre du tombeau! la saison de ta vieillesse arrivera aussi; tu t'enfonceras toi-même dans le lieu où les guerriers reposent pour jamais. L'étranger demandera où étoit ta place; les fils du foible ne la connoîtront point.

Peut-être la Chanson aura gardé le souvenir de cette pierre. La Chanson se perdra à son tour dans la nuit des temps ; le brouillard des années enveloppera sa lumière. Notre mémoire passera comme l'histoire de Duthona, qui déja s'éclipse dans l'ame d'Ossian.

Le peuple de Dorla fend la mer en silence ; les sons d'aucune chanson ne roulent devant lui sur les flots ; les bardes penchent la tête sur leur harpe, et leurs cheveux argentés errent avec leurs armes le long des cordes humides. Les marins sont enfoncés dans leurs sombres pensées ; le rameur distrait suspend soudain la rame qu'il alloit plonger dans les flots.

Nous montâmes au palais de Connar, mais le chef est triste malgré sa victoire ; son sein oppressé soulève son armure comme la vague qui renferme la tempête ; son œil éteint ne lance plus son regard brillant à travers la salle des fêtes. Personne n'ose demander au héros pourquoi il est triste, car absente est l'étoile de la nuit, la fille de Connar, la charmante Niala. Fingal voyoit la douleur du chef et cachoit la sienne sous le panache de son casque. « Carrill, « dit-il à voix basse, qu'as-tu fait de tes chants ? « viens avec ta harpe soulager l'ame du roi. »

Carrill s'avance au milieu des salles de la fête,

appuyé d'une main sur son bâton blanc, de l'autre portant sa harpe; derrière lui marche le jeune barde de Duthona qu'Ossian et Gormalon avoient trouvé sur le rivage pendant la nuit. Tout à coup son armure tombe à terre; il lève une main pour cacher son trouble. Quelle est cette main si blanche? Ce visage sourit si gracieusement à travers les boucles de ses beaux cheveux! « Niala! s'écria Connar, est-ce toi?» Elle jette ses bras charmants autour de son père; la joie revient au banquet des guerriers. Connar donna la beauté à Gormalon, et nous déployâmes nos voiles et nos chants pour Morven. Ossian est seul aujourd'hui dans les ruines des tours de Fingal, et l'épouse de mon Oscar, Malvina, la douce Malvina, ne sourira plus à son père.

Vallée de Cona, les sons de la harpe ne se font plus entendre le long de tes ruisseaux, dont la voix s'élève à peine sur les collines silencieuses. La biche dort sans frayeur dans la hutte abandonnée du chasseur; le faon bondit sur la tombe guerrière dont il creuse la mousse avec ses pieds. Je suis resté seul de ma race : je n'ai plus qu'un jour à passer dans un monde qui ne me connoît plus.

FIN DU POËME DE DUTHONA.

GAUL.

GAUL.

POËME.

Le silence de la nuit est auguste. Le chasseur repose sur la bruyère : à ses côtés sommeille son chien fidèle, la tête allongée sur ses pieds légers; dans ses rêves, il poursuit les chevreuils; dans la joie confuse de ses songes, il aboie et s'éveille à moitié.

Dors en paix, fils bondissant de la montagne, Ossian ne troublera point ton repos : il aime à errer seul; l'obscurité de la nuit convient à la tristesse de son ame; l'aurore ne peut apporter la lumière à ses yeux depuis long-temps fermés. Retire tes rayons, ô soleil! comme le roi de Morven a retiré les siens; éteins ces millions de lampes que tu allumes dans les salles azurées de ton palais lorsque tu reposes derrière les portes de l'occident. Ces lampes se consumeront d'elles-mêmes : elles te laisseront seul, ô soleil! de même que les amis d'Ossian l'ont abandonné. Roi des cieux, pourquoi cette illumination magnifique sur les collines de Fingal, lorsque les héros ont disparu, et qu'il n'est plus d'yeux pour contempler ces flambeaux éblouissants?

Morven, le jour de ta gloire a passé; comme la lueur du chêne embrasé de tes fêtes, l'éclat de tes guerriers s'est évanoui : les palais ont croulé; Témora a perdu ses hauts murs; Tura n'est plus qu'un monceau de ruines, et Selma est muette. La coupe bruyante des festins est brisée. Le chant des bardes a cessé; le son des harpes ne se fait plus entendre. Un tertre couvert de ronces, quelques pierres cachées sous la mousse, c'est tout ce qui rappelle la demeure de Fingal. Le marin du milieu des flots n'aperçoit plus les tours qui sembloient marquer les bornes de l'Océan, et le voyageur qui vient du désert ne les aperçoit plus.

Je cherche les murailles de Selma; mes pas heurtent leurs débris : l'herbe croît entre les pierres, et la brise frémit dans la tête du chardon. La chouette voltige autour de mes cheveux blancs; je sens le vent de ses ailes : elle éveille par ses cris la biche sur son lit de fougère; mais la biche est sans frayeur; elle a reconnu le vieil Ossian.

Biche des ruines de Selma, ta mort n'est point dans la pensée du barde : tu te lèves de la même couche où dormirent Fingal et Oscar! Non, ta mort n'est point le désir du barde! J'étends seulement la main dans l'obscurité vers le lieu où étoit suspendu au dôme du palais le bouclier de mon père, vers ces voûtes que remplace aujourd'hui la voûte du ciel. La lance qui sert d'appui à mes pas rencontre à terre ce bouclier; il retentit : ce bruit de l'airain plaît encore à mon oreille; il réveille en moi la mémoire des anciens jours, ainsi que le souffle du soir ranime dans la ramée des bergers la flamme expirante. Je sens revivre mon génie; mon sein se soulève comme la vague battue de la tempête, mais le poids des ans le fait retomber.

Retirez-vous, pensées guerrières! souvenirs des temps évanouis, retirez-vous! Pourquoi nourrirois-je encore l'amour des combats, quand ma main a oublié l'épée? La lance de Témora n'est plus qu'un bâton dans la main du vieillard.

Je frappe un autre bouclier dans la poussière. Touchons-le de mes doigts tremblants. Il ressemble au croissant de la lune : c'étoit ton bouclier, ô Gaul! le bouclier du compagnon de mon Oscar! Fils de Morni, tu as déja reçu toute ta gloire, mais je te veux chanter encore : je veux pour la dernière fois confier le nom de Gaul à la harpe de Selma. Malvina, où es-tu? Oh, qu'avec joie tu m'entendrois parler de l'ami de ton Oscar!

« La nuit étoit sombre et orageuse, les ombres

crioient sur la bruyère, les torrents se précipitoient du rocher; les tonnerres à travers les nuages rouloient comme des monts qui s'écroulent, et l'éclair traversoit rapidement les airs. Cette nuit même nos héros s'assemblèrent dans les salles de Selma, dans ces salles maintenant abattues : le chêne flamboyoit au milieu; à sa lueur on voyoit briller le visage riant des guerriers à demi cachés dans leur noire chevelure. La coquille des fêtes circuloit à la ronde; les bardes chantoient, et la main des vierges glissoit sur les cordes de la harpe.

« La nuit s'envola sur les ailes de la joie : nous croyions les étoiles à peine au milieu de leur course, et déja le rayon du matin entr'ouvroit l'orient nébuleux. Fingal frappa sur son bouclier : ah! qu'il rendoit alors un son différent de celui qu'il a parmi ces débris! Les guerriers l'entendirent; ils descendirent du bord de tous leurs ruisseaux. Gaul reconnut aussi la voix de la guerre ; mais le Strumon rouloit ses flots entre lui et nous : et qui pouvoit traverser ses ondes terribles?

« Nos vaisseaux abordent à Ifrona ; nous combattons; nous arrachons des mains de l'ennemi les dépouilles de notre patrie. Pourquoi ne restois-tu pas au bord de ton torrent, toi qui levois le bouclier d'azur? Pourquoi, fils de Morni, ton ame respiroit-elle les combats? Sur quelque champ que ce fût, Gaul vouloit moissonner. Il prépare son vaisseau dompteur des vagues, et déploie ses voiles au premier souffle du matin, pour suivre à Ifrona les pas du roi.

« Quelle est celle que j'aperçois au bord de la mer, sur le rocher battu des flots? Elle est triste comme le pâle brouillard de l'aube; ses cheveux noirs flottent en désordre; des larmes roulent dans ses yeux fixés sur le vaisseau fugitif de Gaul. De ses bras aussi blancs que l'écume de l'onde, elle presse sur son sein un jeune enfant qui lui sourit; elle murmure à l'oreille du nouveau-né un chant de son âge, mais un soupir entrecoupe la voix maternelle, et la femme ne sait plus quelle étoit la chanson.

« Tes pensées, Évircoma, n'étoient point pour des airs folâtres : elles voloient sur les flots avec ton amour. On n'aperçoit plus qu'à peine le vaisseau diminué: des nues abaissées étendent maintenant entre lui et le rivage leurs fumées onduleuses; elles le cachent comme un écueil lointain sous une vapeur passagère. « Que ta course soit « heureuse, dompteur des vagues écumantes ! « Quand te reverrai-je, ô mon amant ? »

« Évircoma retourne aux salles de Strumon;

mais ses pas sont tardifs, son visage est triste: on diroit d'une ombre solitaire qui traverse la brume du lac. Souvent elle se retourne pour regarder le vaste Océan. « Que ta course soit heu-« reuse, dompteur des vagues écumantes! Quand « te reverrai-je, ô mon amant? »

« La nuit surprit le fils de Morni au milieu de la mer; la lune n'étoit point au ciel; pas une étoile ne brilloit dans la profondeur des nuages. La barque du chef glissoit sur les flots en silence, et nous passons sans la voir, en retournant à Morven.

« Gaul aborde au rivage d'Ifrona. Ses pas étoient sans inquiétude: il erre çà et là; il écoute; il n'entend point rugir la bataille; il frappe avec sa lance sur son bouclier, afin que ses amis se réjouissent de son arrivée: il s'étonne du silence. « Fingal dort-il? s'écrie Gaul en élevant la voix; « le combat n'est-il pas commencé? Héros de « Morven, êtes-vous ici? »

Que n'y étions-nous, fils de Morni! cette lance t'auroit défendu, ou Ossian seroit tombé avec toi. Lance, aujourd'hui sans force dans ma main, innocent appui de ma vieillesse, jadis ferme soutien de ceux qui versoient des larmes, tu étois la lance de Témora, tu étois le météore briseur du chêne orgueilleux. Ossian n'étoit pas comme aujourd'hui un roseau desséché qui tremble dans un étang solitaire ; je m'élevois comme le pin, avec tous mes rameaux verdoyants autour de moi. Que n'étois-je auprès du chef de Strumon, quand l'orage d'Ifrona descendit !

Ombres de Morven, dormiez-vous dans vos grottes aériennes, ou vous amusiez-vous à faire voler les feuilles flétries, quand vous nous laissâtes ignorer le danger de Gaul ? Mais non ; ombres amies de nos pères, vous prîtes soin de nous avertir ; deux fois vous repoussâtes nos vaisseaux au rivage d'Ifrona, nous ne comprîmes pas ce présage ; nous crûmes que des esprits jaloux s'opposoient à notre retour. Fingal tira son épée, et sépara les pans de leur robe de vapeur ; à l'instant les ombres passèrent sur nos têtes. « Allez, impuissants fantômes, leur dit le « chef ; allez chasser le duvet du chardon dans « une terre lointaine, vous jouerez avec les fils « du foible. »

Les ombres amies méconnues s'envolèrent avec le vent : leur voix ressembloit aux soupirs de la montagne quand l'oiseau de mer prédit la tempête. Quelques uns de nos guerriers crurent entendre le nom de Gaul à demi formé dans le murmure des ombres. . . . .
. . . .

(*Le traducteur, ou plutôt l'auteur anglois, suppose qu'il y a ici une lacune dans le texte.*)

« Je suis seul au milieu de mille guerriers;
« n'est-il point quelque épée pour briller avec la
« mienne ? Le vent souffle vers Morven en bri-
« sant le sommet des vagues. Gaul remontera-
« t-il sur son vaisseau ? ses amis ne sont point
« auprès de lui. Mais que diroit Fingal, mais que
« diroient les bardes, si un nuage enveloppoit
« la réputation du fils de Morni ? Mon père, ne
« rougirois-tu pas, si je me retirois sans com-
« battre ? En présence des héros de notre âge tu
« cacherois ton visage avec tes cheveux blancs,
« et tu abandonnerois tes soupirs au vent soli-
« taire de la vallée; les ombres des foibles te ver-
« roient et diroient : « Voilà le père de celui qui
« a fui dans Ifrona. »

« Non, ton fils ne fuira point, ô Morni! son
« ame est un rayon de feu qui dévore. O mon
« Évircoma ! ô mon Ogal !... Éloignons ces sou-
« venirs : le calme rayon du jour ne se mêle
« point à la tempête; il attend que les cieux
« soient rasserénés. Gaul ne doit respirer que
« la bataille. Ossian, que n'es-tu avec moi comme
« dans le combat de Lathmor! Je suis le torrent
« qui précipite ses ondes dans les milles vagues

« de l'Océan, et qui, vainqueur, s'ouvre un pas-
« sage à travers l'abîme. »

Gaul frappe sur son bouclier alors non rongé par la rouille des âges. Ifrona tremble ; ses nombreux guerriers entourent le héros de Strumon : la lance de Morni est dans la main de Gaul, elle fait reculer les rangs ennemis.

Tu as vu, Malvina, la mer troublée par les bonds d'une immense baleine, qui, blessée et furieuse, se débat à la surface écumante des flots ; tu as vu une troupe de mouettes affamées nager autour de la terrible fille de l'Océan dont elles n'osent encore approcher, bien qu'elle soit expirante ; ainsi s'agitent et se serrent les guerriers épouvantés d'Ifrona, hors de la portée du bras du héros.

Mais la force du chef de Strumon commence à s'épuiser ; il s'appuie contre un arbre ; des ruisseaux de sang errent sur son bouclier ; cent flèches ont déchiré sa poitrine ; sa main tient sa redoutable épée, et les ennemis frémissent.

Enfants d'Ifrona, quelle roche essayez-vous de soulever ? est-ce pour marquer aux siècles à venir votre renommée ou votre honte ? La gloire des braves n'est pas à vous ; vous êtes barbares et vos cœurs sont inflexibles comme le fer. A peine sept guerriers peuvent détacher la roche du haut de la colline; elle roule avec fracas, et vient heurter les pieds affoiblis de Gaul : il tombe sur ses genoux; mais au dessus de son bouclier roulent encore ses yeux terribles. Les ennemis n'ont pas l'audace de se jeter sur lui; ils le laissent languir dans la mort, comme un aigle resté seul sur un rocher quand la foudre a brisé ses ailes. Que ne savions-nous dans Selma ta destinée! que nous auroient fait alors les chansons des vierges et le son de la harpe des bardes! La lance de Fingal n'eût pas reposé si tranquillement contre les murs du palais; nous n'eussions pas été surpris dans cette nuit funeste de voir le roi se lever à moitié du banquet, en disant : « J'ai cru que la lance d'une ombre avoit touché « mon bouclier; ce n'est qu'une brise passagère. » O Morni! que ne vins-tu réveiller Ossian, que ne vins-tu lui dire : « Hâte-toi de traverser la mer. » Malheureux père, tu avois volé dans Ifrona pour pleurer sur ton fils.

Le matin sourit dans la vallée de Strumon; Évircoma sort du trouble d'un songe; elle entend le bruit de la chasse sur les coteaux de Morven. Surprise de ne point distinguer la voix de Gaul au milieu des cris des guerriers, elle prête, le cœur palpitant, une oreille encore plus attentive; mais les rochers ne renvoient point

le son d'une voix connue; les échos de Strumon
ne répètent que les plaintes d'Évircoma.

Le soir attrista la vallée de Strumon : aucun
vaisseau ne parut sur la mer. L'ame d'Évircoma
étoit abattue : « Qui retient mon héros dans
« l'île d'Ifrona? Quoi, mon amour, n'es-tu point
« revenu avec les chefs de Morven? Ton Évir-
« coma sera-t-elle long-temps assise seule sur le
« rivage? les larmes descendront-elles long-temps
« de ses yeux? Gaul, as-tu oublié l'enfant de
« notre tendresse? il demande le sourire accou-
« tumé de son père. Ses pleurs coulent avec les
« miens, ses soupirs répondent à mes soupirs. Si
« Gaul entendoit son fils balbutier son nom, il
« précipiteroit son retour pour protéger son
« Ogal. Je me souviens de mon songe; je crains
« que le jour du retour ne soit passé.

« Il me sembla voir les fils de Morven pour-
« suivant les chevreuils. Le chef de Strumon
« n'étoit point avec eux. Je l'aperçus à quelque
« distance, appuyé sur son bouclier. Un pied
« seulement soutenoit le héros; l'autre parois-
« soit être formé d'une vapeur grisâtre. Cette
« image varioit au souffle de chaque brise : je
« m'en approchai; une bouffée de vent vint du
« désert, le fantôme s'évanouit. Les songes sont

« enfants de la crainte : Chef de Strumon, je te
« reverrai encore, tu élèveras encore devant
« moi ta belle tête, comme le sommet de la col-
« line religieuse de Cromla éclairée des premiers
« rayons de l'aurore. Le voyageur égaré la nuit
« sur la bruyère tremble au milieu des fantômes;
« mais au doux éclat du jour les esprits de té-
« nèbres se retirent; le pélerin rassuré reprend
« son bâton et poursuit sa route. »

Évircoma crut voir un vaisseau sur les vagues lointaines; elle crut voir un mât blanchi semblable à l'arbre qui, pendant l'hiver, balance sa cime couverte d'une neige nouvellement tombée. Ses yeux humides n'aperçoivent que des objets confus, bien qu'elle essayât de tarir ses larmes. La nuit descendit; Évircoma se confia à un léger esquif pour trouver son amant dans les replis des ombres. Elle vole sur les vagues, mais elle ne rencontre point de vaisseau : elle avoit été trompée ou par un nuage, ou par la barque aérienne de l'ombre d'un nautonier décédé qui poursuivoit encore les plaisirs des jours de sa vie.

La nacelle d'Évircoma fuit devant la brise; elle entre dans la baie d'Ifrona où la mer s'étend à l'ombre d'une épaisse forêt. Errant de nuage en nuage, la lune se montroit entre les arbres de la rive. Par intervalles, les étoiles jetoient un regard à travers le voile déchiré qui couvroit le ciel, et se cachoient de nouveau sous ce voile : à leur foible lumière, Évircoma contemploit la beauté d'Ogal. Elle donne un baiser à son enfant, le laisse couché dans la nacelle, et va chercher Gaul dans les bois.

Trois fois elle s'éloigne avec lenteur de son fils, trois fois elle revient en courant à lui. La colombe qui a caché ses petits dans la fente du rocher d'Oulla veut cueillir la baie mûrie qu'elle découvre dans la bruyère au dessous d'elle; mais le souvenir de l'épervier la trouble; vingt fois elle revole vers ses petits pour les voir encore, et s'assurer de leur repos. L'ame d'Évircoma est partagée entre son époux et son enfant comme la vague que brisent tour à tour et les vents et les rochers.

Mais quelle est cette voix que l'on entend parmi le murmure des flots ? Vient-elle de l'arbre solitaire du rivage ?

« Je péris seul. A qui la force de mon bras fut-
« elle utile dans la bataille ? Pourquoi Fingal,
« pourquoi Ossian ! ignorent-ils mon destin ?
« Étoiles qui me voyez, annoncez-le dans Selma

« par votre lumière sanglante, lorsque les héros
« sortent de la salle des fêtes pour admirer votre
« beauté. Ombres qui glissez sur les rayons de la
« lune, si votre course se dirige à travers les bois
« de Morven, murmurez en passant mon histoire.
« Dites au roi que j'expire aussi; dites-lui que
« dans Ifrona est ma froide demeure; que depuis
« deux jours je languis blessé sans nourriture,
« qu'au lieu de la douce eau du ruisseau, je n'ai
« pour éteindre ma soif que les flots amers.

« Mais, ombres compatissantes, gardez-vous
« d'apprendre mon sort aux murs de Strumon;
« éloignez la vérité de l'oreille d'Évircoma. Que
« vos tourbillons passent loin de la couche de
« mon amour; ne battez point violemment des
« ailes en rasant les tours de mon père : Évir-
« coma vous entendroit, et quelque pressenti-
« ment s'élèveroit dans son ame. Volez loin d'elle,
« ombres de la nuit; que son sommeil soit pai-
« sible; le matin est encore éloigné. Dors avec
« ton enfant, ô mon amour! Puisse mon souvenir
« ne point troubler ton repos! Toutes les peines
« de Gaul sont légères, quand les songes d'Évir-
« coma sont légers. »

—« Et penses-tu, s'écrie l'épouse du fils de
« Morni, qu'elle puisse reposer en paix, quand

« son guerrier est en péril ? Penses-tu que les
« songes d'Évircoma puissent être doux lorsque
« son héros est absent? Mon cœur n'est pas in-
« sensible; je n'ai point reçu la naissance dans
« la terre d'Ifrona. Mais comment te pourrai-je
« soulager, ô Gaul ! Évircoma trouvera-t-elle
« quelque nourriture dans la terre de l'ennemi ? »

Évircoma soutenoit Gaul dans ses bras; elle rappela l'histoire de Conglas son père.

Lorsque Évircoma, jeune encore, étoit portée dans les bras maternels, Conglas s'embarqua une nuit avec Crisollis, doux rayon de l'amour. La tempête jeta le père, la mère et l'enfant sur un rocher : là s'élevoient seulement trois arbres qui secouoient dans les airs leur cime sans feuillage. A leurs racines rampoient quelques baies empourprées; Conglas les arracha et les donna à Crisollis; il espéroit saisir le lendemain le daim de la montagne : la montagne étoit stérile, et rien n'en animoit le sommet. Le matin vint et le soir suivit, et les trois infortunés étoient encore sur le rocher. Conglas voulut tresser une nacelle avec les branches des arbres, mais il étoit foible, faute de nourriture.

« Crisollis, dit-il, je m'endors; quand la tempête
« s'apaisera, retourne avec ton enfant à Idronlo :
« l'heure où je pourrai marcher est éloignée. »

— « Jamais les collines ne me reverront sans
« mon amour, répliqua Crisollis. Pourquoi ne
« m'as-tu pas dit que ton ame étoit défaillante?
« nous aurions partagé les baies de la bruyère;
« mais le sein de Crisollis nourrira son amant.
« Penche-toi sur moi : non, tu ne dormiras point
« ici. »

Conglas reprit ses forces au sein de Crisollis;
le calme revint sur les flots; Conglas, Crisollis
et la jeune Évircoma atteignirent les rivages d'Idronlo. Souvent le père conduisit la fille au
tombeau de Crisollis, en lui racontant la charmante histoire. « Évircoma, disoit Conglas, aime
« de même ton époux, quand le jour de ta beauté
« sera venu. »

— « Oui, je l'aime ainsi, dit à Gaul Évircoma;
« presse cette nuit pour te ranimer ce sein gonflé
« du lait qui nourrit ton fils : demain nous se-
« rons heureux dans les salles de Strumon. »

— « Fille, la plus aimable de ta race, dit Gaul,
« retire-toi; que les rayons du soleil ne te trou-
« vent point dans Ifrona. Rentre dans ta nacelle
« avec Ogal. Pourquoi tomberoit-il comme une
« fleur dont le guerrier indifférent enlève la tête
« avec son épée? Laisse-moi ici. Ma force, telle
« que la chaleur de l'été, s'est évanouie; je me
« fane comme le gazon sous la main de l'hiver,

« et je ne renaîtrai point au printemps. Dis aux
« guerriers de Morven de me transporter dans
« leur vallée. Mais non, car l'éclat de ma gloire
« est couvert d'un nuage : qu'ils élèvent seule-
« ment ma tombe sous cet arbre. L'étranger la
« découvrira en passant sur la mer, et il dira :
« Voilà tout ce qui reste du héros. »

— « Et tout ce qui reste de la fille de Strumon,
« répondit Évircoma, car je reposerai auprès de
« mon amant. Notre lit sera encore le même ;
« nos ombres voleront unies sur le même nuage.
« Voyageurs des ondes, vous verserez la double
« larme, car avec son bien-aimé dormira la mère
« d'Ogal. »

Les cris de l'enfant se firent entendre. Le cœur
d'Évircoma bat à coups redoublés dans sa poitrine, et semble vouloir s'ouvrir un passage dans
son étroite prison. Un soupir échappe aussi
du sein de Gaul. Il a reconnu la voix de son fils :
« Guerrier, dit Évircoma, laisse-moi essayer de
« te porter à la barque, où j'ai déposé notre en-
« fant ; ton poids sera léger pour moi ; donne-moi
« cette lance, elle soutiendra mes pas. »

La fille de Crisollis parvint à conduire son
époux dans la nacelle. Le reste de la nuit elle
lutta contre les vagues. Les dernières étoiles virent ses forces s'éteindre ; elles s'évanouirent au

lever de l'aurore, comme la vapeur des prairies se dissipe au lever du soleil.

Cette nuit même, il m'en souvient, Ossian dormoit sur la bruyère du chasseur; Morni, le père de Gaul, paroît tout à coup dans mes songes; il s'arrête devant moi, appuyé sur son bâton tremblant : le vieillard étoit triste; les rides profondes que le temps avoit creusées dans ses joues étoient remplies des larmes qui descendoient de ses yeux; il regarda la mer, et, avec un profond soupir : « Est-ce là, murmura-t-il « foiblement, le temps du sommeil pour l'ami « de Gaul? » Une bouffée de vent agite les arbres; le coq de bruyère se réveille sous la racine du buisson, relève précipitamment la tête qu'il tenoit cachée sous son aile, et pousse un cri plaintif. Ce cri m'arrache à mes songes, j'ouvre les yeux; je vois Morni emporté par le tourbillon. Je suis la route qu'il me trace; je fends la mer avec mon vaisseau, je rencontre la nacelle d'Évircoma; elle étoit arrêtée au rivage d'une île déserte : sur l'un des bords de la nacelle la tête de Gaul étoit inclinée. Je déliai le casque du héros; ses blonds cheveux, trempés de la sueur des combats, flottèrent sur son front pâli. Aux accents de ma douleur, il essaya de soulever ses paupières; mais ses paupières étoient trop pesantes; la mort vint sur le visage de Gaul comme la nuit sur la face du soleil. O Gaul, tu ne reverras jamais le père de ton ami Oscar.

Près du fils de Morni repose la beauté expirante, Évircoma; son enfant étoit dans ses bras, et l'innocente créature promenoit en se jouant sa foible main sur le fer de la lance de Gaul. Les paroles d'Évircoma furent courtes : elle se pencha sur la tête d'Ogal, et son dernier regard perça mon cœur. « Adieu, pauvre orphe-« lin; Ogal, Ossian te servira de père. » Elle expire.

— O mes amis, qu'êtes-vous devenus ? Votre souvenir est plein de douceur, et pourtant il fait couler mes larmes.

J'aborde au pied des tours de Strumon; le silence régnoit sur le rivage; aucune fumée ne s'élevoit en colonne d'azur du faîte du palais; aucun chant ne se faisoit entendre. Le vent siffloit à travers les portes ouvertes et jonchoit le seuil de feuilles séchées; l'aigle déja perché sur le comble des tours sembloit dire : « Ici je « bâtirai mon aire. » Le faon de la biche se cache sous les boucliers sans maîtres; le compagnon des chasses de Gaul, le rapide Codula, croit reconnoître les pas du fils de Morni : dans sa joie il se lève d'un seul bond; mais lorsqu'il a reconnu son erreur, il retourne se coucher sur la froide pierre, en poussant de longs hurlements.

Qui racontera la douleur des héros de Morven? Ils vinrent silencieux de leurs ondoyantes vallées; ils s'avancèrent lentement comme un sombre brouillard. Gaul, Évircoma et Ogal lui-même n'étoient plus. Fingal se place sous un pin; les guerriers l'environnent. Penché sur le front de Gaul, les cheveux gris de Fingal nous dérobent ses larmes; mais le vent les décèle, en les chassant de sa barbe argentée.

« Es-tu tombé, dit-il enfin, es-tu tombé, ò
« le premier de mes héros? N'entendrai-je plus
« ta voix dans mes fêtes, le son de ton bouclier
« dans mes combats? ton épée n'éclairera-t-elle
« plus les sombres replis de la bataille? ta lance
« ne renversera-t-elle plus les rangs entiers de
« mes ennemis? Ton noir vaisseau surmontoit
« hardiment la tempête, tandis que tes joyeux
« rameurs répétoient leurs chansons entre les
« montagnes humides. Les enfants de Morven
« m'arrachoient à mes pensées en criant: Voyez
« le vaisseau de Gaul. La harpe des vierges et
« la voix des bardes annonçoient ton arrivée;

« tes bannières flottoient sur la bruyère. Je re-
« connoissois le sifflement de ta flèche et le bruit
« de tes pas.

« Force des guerriers, qu'es-tu ? Aujourd'hui
« tu chasses les vaillants devant toi, comme des
« nuages de poussière; la mort marque ton pas-
« sage, comme la feuille séchée indique la course
« des fantômes : demain le court songe de la va-
« leur est dissipé; la terreur des armées s'est éva-
« nouie; l'insecte ailé bourdonne sa victoire sur
« le corps du héros.

« Fils du foible, pourquoi désirois-tu la force
« du chef de Strumon, quand tu le voyois res-
« plendissant sous ses armes ? Ne savois-tu pas
« que la force du guerrier s'évanouit ? Quand le
« chasseur regagne sa demeure, il contemple
« un nuage brillant que traversent les couleurs
« de l'arc-en-ciel; mais les moments fuient sur
« leurs ailes d'aigle, le soleil ferme ses yeux de
« lumière, un tourbillon brouille les nues : une
« noire vapeur est tout ce qui reste de l'arc étin-
« celant. O Gaul ! les ténèbres ont succédé à ta
« clarté; mais ta mémoire vivra; il ne soufflera
« pas un seul vent sur Morven qui ne parle de ta
« renommée.

« Bardes, élevez la tombe du père, de la mère
« et du fils. La pierre moussue apprendra à

« l'étranger le lieu de leur repos ; le chêne leur
« prêtera son ombre. Les brises visiteront cet
« arbre de la mort ; sous les fraîches ondées du
« printemps, il se couvrira de feuilles, long-temps
« avant que les autres arbres aient repris leur
« parure, long-temps avant que la bruyère se
« soit ranimée à ses pieds. Les oiseaux de pas-
« sage s'arrêteront sur la cime du chêne soli-
« taire : ils y chanteront la gloire de Gaul, tandis
« que les vierges des temps à venir rediront la
« beauté d'Évircoma, et que les mères pleure-
« ront Ogal.

« Mais, ô pierre ! quand tu seras réduite en
« poudre ; ô chêne ! quand les vers t'auront
« rongé ; ô torrent ! lorsque tu cesseras de cou-
« ler, et que la source de la montagne ne four-
« nira plus son onde à ta course ; lorsque vos
« chansons, ô bardes ! seront oubliées, lorsque
« votre mémoire et celle des héros par vous
« célébrés auront disparu dans le gouffre des
« âges, alors, et seulement alors, la gloire de
« Gaul périra, l'étranger pourra demander quel
« étoit le fils de Morni, quel étoit le chef de
« Strumon. »

FIN DU POËME DE GAUL.

POÉSIES.

PRÉFACE.

Dans l'Avertissement placé à la tête du premier volume des OEuvres complètes (édition de 1829) j'ai dit : « J'ai long-temps fait des vers avant de descendre à la prose. Ce n'étoit qu'avec regret que M. de Fontanes m'avoit vu renoncer aux Muses : moi-même je ne les ai quittées que pour exprimer plus rapidement des vérités que je croyois utiles. »

Dans la Préface des ouvrages politiques j'ai dit : « Les Muses furent l'objet du culte de ma jeunesse; ensuite je continuai d'écrire en prose avec un penchant égal sur des sujets d'imagination, d'histoire, de politique, et même de finances. Mon premier ouvrage, l'*Essai historique,* est un long traité d'histoire et de politique. Dans le *Génie du Christianisme,* la politique se retrouve partout, et je n'ai pu me défendre de l'introduire jusque dans l'*Itinéraire* et dans *les Martyrs*. Mais par l'impossibilité où sont les hommes d'accorder deux aptitudes à un même esprit, on ne voulut sortir pour moi du préjugé commun qu'à l'apparition de *la Monarchie selon la Charte.* »

Vous avez fait beaucoup de vers, me dira-t-on : soit; mais sont-ils bons? voilà toute la question pour le public.

Je sais fort bien que ce n'est pas à moi, mais au public à trancher cette question. Je ne pourrois appuyer mes espérances que sur une autorité grave à la vérité, mais peut-être fascinée par les illusions de l'amitié. Je vais présenter quelques observations dont je ne prétends faire aucune application à ma personne : je le dis avec sincérité, et j'espère qu'on le croira.

Les grands poëtes ont été souvent de grands écrivains en prose; qui peut le plus peut le moins : mais les bons écrivains en prose ont été presque toujours de méchants poëtes. La difficulté est de déterminer, lorsqu'on écrit aussi facilement en prose qu'en vers et en vers qu'en prose, si la nature vous avoit fait poëte d'abord et prosateur ensuite, ou prosateur en premier lieu et poëte après.

Si vous avez écrit plus de vers que de prose, ou plus de prose que de vers, on vous range dans la catégorie des écrivains en vers ou en prose, d'après le nombre et le succès de vos ouvrages.

Si l'un des deux talents domine chez vous, vous êtes vite classé.

Si les deux talents sont à peu près sur la même ligne, à l'instant on vous en refuse un, par *cette impossibilité où sont les hommes d'accorder deux aptitudes à un même esprit*, comme je l'ai déjà remarqué. On vous loue même excessivement de ce que vous avez, pour déprécier ce que vous avez encore, mais ce qu'on ne veut pas reconnoître; on vous élève aux nues, pour vous rabaisser au dessous de tout. L'envie est fort embarrassée, car elle se voit obligée d'accroître votre gloire pour la détruire; et si le résultat lui fait plaisir, le moyen lui fait peine.

Répétez, par exemple, jusqu'à satiété que presque tous les grands talents politiques et militaires de la Grèce, de l'Italie ancienne, de l'Italie moderne, de l'Allemagne, de l'Angleterre, ont été aussi de grands talents littéraires, vous ne parviendrez jamais à convaincre de cette vérité de fait la partie médiocre et envieuse de notre société. Ce préjugé barbare qui sépare les talents n'existe qu'en France, où l'amour-propre est inquiet, où chacun croit perdre ce que son voisin possède, où enfin on avoit divisé les facultés de l'esprit comme les classes des citoyens. Nous avions nos trois ordres intellectuels, le génie politique, le génie militaire, le génie littéraire, comme nous avions nos trois ordres politiques, le clergé, la noblesse et le tiers-état : mais dans la constitution des trois ordres intellectuels, *il étoit de principe* qu'ils ne pouvoient jamais se trouver réunis dans la même chambre, c'est-à-dire dans la même tête.

Le gouvernement public dont nous jouissons maintenant fera disparoître peu à peu ces notions dignes des Velches. Il étoit tout simple que dans une monarchie militaire où l'on n'avoit besoin ni de l'étude politique, ni de l'éloquence de la tribune, les lettres parussent un amusement de cabinet ou une occupation de collége. Force sera aujourd'hui de reconnoître que le consul Cicéron étoit non seulement un grand orateur, mais encore un grand écrivain, comme César étoit un grand historien et un grand poëte.

De ces considérations (que, pour le dire encore une fois, je présente dans un intérêt général, nullement dans celui de ma vanité), je passe à l'*historique* de mes poésies.

Si j'avois voulu tout imprimer, le public n'en auroit pas été quitte à moins de deux ou trois gros volumes. Je faisois des vers au collége, et j'ai continué d'en faire jusqu'à ce jour : *je me suis gardé de les montrer aux gens.* Les Muses ont été pour moi des divinités de famille, des Lares que je n'adorois qu'à mes foyers.

Les poésies, en très petit nombre, que je me suis déterminé à conserver, sont divisées en deux classes, savoir : les poésies échappées à ma première jeunesse, et celles que j'ai composées aux différentes époques de ma vie. J'en ai marqué les dates autant que possible, afin qu'on pût suivre dans mes vers, comme on a suivi dans ma prose, l'ordre chronologique des idées, et le développement graduel de l'art.

Tous mes premiers vers, sans exception, sont inspirés par l'amour des champs; ils forment une suite de petites idylles sans *moutons*, et où l'on trouve à peine un *berger*. J'ai compris les vers de 1784 à 1790 sous ce titre : *Tableaux de la Nature.* Je n'ai rien ou presque rien changé à ces vers : composés à une époque où Dorat avoit gâté le goût des jeunes poëtes, ils n'ont rien de maniéré, quoique la langue y soit quelquefois fortement invertie ; ils sont d'ailleurs coupés avec une liberté de césure que l'on ne se permettoit guère alors. Les rimes sont soignées, les mètres variés, quoique disposés à se former en dix syllabes. On retrouve dans ces essais de ma muse, des descriptions que j'ai transportées depuis dans ma prose.

C'est dans ces idylles d'une espèce nouvelle que le lecteur rencontrera les premières lignes qui aient jamais été imprimées de moi. Le neuvième tableau fut inséré dans l'*Almanach des Muses* de 1790 ; il y figure à la page 205 sous ce titre que je lui ai conservé : l'*Amour de la campagne*, par le chevalier de C***. On en parla dans la société de Ginguené, de Lebrun, de Chamfort, de Parny, de Flins, de La Harpe et de Fontanes, avec lesquels j'avois des liaisons plus ou moins étroites. Je prenois mal mon temps pour faire *ma veille des armes* dans l'*Almanach des Muses ;* on étoit déjà en pleine révolution, et ce n'étoit plus avec des quatrains qu'on pouvoit aller à la renommée.

Voici ce que je lis dans les Mémoires inédits de ma vie, au sujet de mon début dans la carrière littéraire. Après avoir fait le tableau des diverses sociétés de Paris à cette époque et le portrait des principaux acteurs, je dis :

« On me demandera : Et l'histoire de votre présen-
« tation que devint-elle? — Elle resta là. — Vous ne
« chassâtes donc plus avec le roi après avoir monté
« dans les carrosses? — Pas plus qu'avec l'empereur
« de la Chine. — Vous ne retournâtes donc plus à la
« cour? — J'allai deux fois jusqu'à Sèvres et revins
« à Paris. — Vous ne tirâtes donc aucun parti de
« votre position et de celle de votre frère? — Aucun.
« — Que faisiez-vous donc? — Je m'ennuyois. —
« Ainsi vous ne vous sentiez aucune ambition? — Si
« fait : à force d'intrigues et de soucis, je parvins,
« par la protection de Delisle de Sales, à la gloire
« de faire insérer dans l'*Almanach des Muses* une
« idylle (l'*Amour de la campagne*) dont l'apparition
« me pensa faire mourir de crainte et d'espérance. »

Au retour de l'émigration, mon ami M. de Fontanes, qui connoissoit mes secrets poétiques, m'engagea à laisser insérer dans le *Mercure* les vers intitulés *la Forêt*. Tandis que j'étois à Londres, M. Peltier avoit publié dans son journal mon imitation de l'élégie de Gray sur un *Cimetière de Campagne*. Cette imitation a été réimprimée en 1828 dans les *Annales romantiques*. Les autres pièces ont été publiées pour la première fois, en 1828, dans l'édition de mes OEuvres complètes.

TABLEAUX DE LA NATURE.

(DE 1784 A 1789.)

PREMIER TABLEAU.

INVOCATION.

Je voudrois célébrer dans des vers ingénus
Les plantes, leurs amours, leurs penchants inconnus,
L'humble mousse attachée aux voûtes des fontaines,
L'herbe qui d'un tapis couvre les vertes plaines,
Sur ces monts exaltés le cèdre précieux
Qui parfume les airs, et s'approche des cieux
Pour offrir son encens au Dieu de la nature,
Le roseau qui frémit au bord d'une onde pure,
Le tremble au doux parler, dont le feuillage frais
Remplit de bruits légers les antiques forêts,
Et le pin qui, croissant sur des grèves sauvages,
Semble l'écho plaintif des mers et des orages :
L'innocente nature et ses tableaux touchants,
Ainsi qu'à mon amour auront part à mes chants.

SECOND TABLEAU.

LA FORÊT.

Forêt silencieuse, aimable solitude,
Que j'aime à parcourir votre ombrage ignoré!
Dans vos sombres détours, en rêvant égaré,
J'éprouve un sentiment libre d'inquiétude!
Prestige de mon cœur! je crois voir s'exhaler
Des arbres, des gazons, une douce tristesse:
Cette onde que j'entends murmure avec mollesse,
Et dans le fond des bois semble encor m'appeler.
Oh! que ne puis-je, heureux, passer ma vie entière
Ici, loin des humains! — Au bruit de ces ruisseaux,
Sur un tapis de fleurs, sur l'herbe printanière,
Qu'ignoré je sommeille à l'ombre des ormeaux!
Tout parle, tout me plaît sous ces voûtes tranquilles:
Ces genêts, ornements d'un sauvage réduit,
Ce chèvrefeuille atteint d'un vent léger qui fuit,
Balancent tour à tour leurs guirlandes mobiles.
Forêts, dans vos abris gardez mes vœux offerts!
A quel amant jamais serez-vous aussi chères?
D'autres vous rediront des amours étrangères;
Moi, de vos charmes seuls j'entretiens vos déserts [1].

---

[1] Vers imprimés dans *le Mercure*. Voyez la préface.

TROISIÈME TABLEAU.

LE SOIR, AU BORD DE LA MER.

Les bois épais, les sirtes mornes, nues,
Mêlent leurs bords dans les ombres chenues.
En scintillant dans le zénith d'azur,
On voit percer l'étoile solitaire ;
A l'occident, séparé de la terre,
L'écueil blanchit sous un horizon pur,
Tandis qu'au nord, sur les mers cristallines,
Flotte la nue en vapeurs purpurines.
D'un carmin vif les monts sont dessinés ;
Du vent du soir se meurt la voix plaintive ;
Et, mollement l'un à l'autre enchaînés,
Les flots calmés expirent sur la rive.

Tout est grandeur, pompe, mystère, amour :
Et la nature, aux derniers feux du jour,
Avec ses monts, ses forêts magnifiques,
Son plan sublime et son ordre éternel,
S'élève ainsi qu'un temple solennel,
Resplendissant de ses beautés antiques.
Le sanctuaire où le Dieu s'introduit
Semble voilé par une sainte nuit ;
Mais dans les airs la coupole hardie,
Des arts divins gracieuse harmonie,
Offre un contour peint des fraîches couleurs
De l'arc-en-ciel, de l'aurore et des fleurs.

QUATRIÈME TABLEAU.

LE SOIR DANS UNE VALLÉE.

Déja le soir de sa vapeur bleuâtre
Enveloppoit les champs silencieux ;
Par le nuage étoient voilés les cieux :
Je m'avançois vers la pierre grisâtre.

Du haut d'un mont une onde, rugissant,
S'élançoit : sous de larges sycomores,
Dans ce désert d'un calme menaçant,
Rouloient les flots agités et sonores.
Le noir torrent, redoublant de vigueur,
Entroit fougueux dans la forêt obscure
De ces sapins, au port plein de langueur,
Qui, négligés comme dans la douleur,
Laissent tomber leur longue chevelure,
De branche en branche errant à l'aventure.
Se regardant dans un silence affreux,
Des rochers nus s'élevoient, ténébreux.
Leur front aride et leurs cimes sauvages
Voyoient glisser et fumer les nuages :
Leurs longs sommets, en prisme partagés,
Étoient des eaux et des mousses rongés.
Des liserons, d'humides capillaires,
Couvroient les flancs de ces monts solitaires ;
Plus tristement des lierres encor

Se suspendoient aux rocs inaccessibles;
Et contrasté, teint de couleurs paisibles,
Le jonc couvert de ses papillons d'or,
Rioit au vent sur des sites terribles.

Mais tout s'efface; et, surpris de la nuit,
Couché parmi des bruyères laineuses,
Sur le courant des ondes orageuses
Je vais pencher mon front chargé d'ennui.

CINQUIÈME TABLEAU.

NUIT DE PRINTEMPS.

Le ciel est pur, la lune est sans nuage :
Déja la nuit au calice des fleurs
Verse la perle et l'ambre de ses pleurs ;
Aucun zéphyr n'agite le feuillage.
Sous un berceau, tranquillement assis,
Où le lilas flotte et pend sur ma tête,
Je sens couler mes pensers rafraîchis
Dans les parfums que la nature apprête.
Des bois dont l'ombre, en ces prés blanchissants,
Avec lenteur se dessine et repose,
Deux rossignols, jaloux de leurs accents,
Vont tour à tour réveiller le printemps
Qui sommeilloit sous ces touffes de rose.
Mélodieux, solitaire Ségrais,
Jusqu'à mon cœur vous portez votre paix !
Des prés aussi traversant le silence,
J'entends au loin, vers ce riant séjour,
La voix du chien qui gronde et veille autour
De l'humble toit qu'habite l'innocence.
Mais quoi, déja, belle nuit, je te perds !
Parmi les cieux à l'aurore entr'ouverts,
Phébé n'a plus que des clartés mourantes,
Et le zéphyr, en rasant le verger,
De l'orient, avec un bruit léger,
Se vient poser sur ces tiges tremblantes.

SIXIÈME TABLEAU.

NUIT D'AUTOMNE.

Mais des nuits d'automne
Goûtons les douceurs ;
Qu'aux aimables fleurs
Succède Pomone.
Le pâle couchant
Brille encore à peine ;
De Vénus, qu'il mène,
L'astre va penchant ;
La lune emportée
Vers d'autres climats
Ne montrera pas
Sa face argentée.
De ces peupliers,
Au bord des sentiers,
Les zéphyrs descendent,
Dans les airs s'étendent,
Effleurent les eaux,
Et de ces ormeaux
Raniment la sève :
Comme une vapeur,
La douce fraîcheur
De ces bois s'élève.
Sous ces arbres verts,
Qu'un vent frais balance,

J'entends en silence
Leurs légers concerts :
Mollement bercée,
La voûte pressée
En dôme orgueilleux
Serre son ombrage,
Et puis s'entr'ouvrant,
Du ciel lentement
Découvre l'image.
Là, des nuits d'azur
Dans un cristal pur
Déroule ses voiles,
Et le flot brillant
Coule en sommeillant
Sur un lit d'étoiles.

O charme nouveau!
Le son du pipeau
Dans l'air se déploie,
Et du fond des bois
M'apporte à la fois
L'amour et la joie.
Près des ruisseaux clairs,
Au chaume d'Adèle
Le pasteur fidèle
Module ses airs.
Tantôt il soupire;
Tantôt il désire;
Se tait : tour à tour
Sa simple cadence
Me peint son amour

Et son innocence.
Dans son lit heureux
La pauvre attentive
Écoute, pensive,
Ces sons dangereux :
Le drap qui la couvre
Loin d'elle a roulé,
Et son œil troublé
Mollement s'entr'ouvre.
Tout entière au bruit
Qui, pendant la nuit,
La charme et l'accuse,
Adèle au vainqueur
Son aveu refuse,
Et donne son cœur.

SEPTIÈME TABLEAU.

LE PRINTEMPS, L'ÉTÉ ET L'HIVER.

Vallée au nord, onduleuse prairie,
Déserts charmants, mon cœur formé pour vous,
Toujours vous cherche en sa mélancolie.
A ton aspect, solitude chérie,
Je ne sais quoi de profond et de doux
Vient s'emparer de mon ame attendrie.
Si l'on savoit le calme qu'un ruisseau
En tous mes sens porte avec son murmure,
Ce calme heureux que j'ai, sur la verdure,
Goûté cent fois seul au pied d'un coteau,
Les froids amants du froid séjour des villes
Rechercheroient ces voluptés faciles.

Si le printemps les champs vient émailler,
Dans un coin frais de ce vallon paisible,
Je lis assis sous le rameux noyer,
Au rude tronc, au feuillage flexible.
Du rossignol le suave soupir
Enchaîne alors mon oreille captive,
Et dans un songe au dessus du plaisir,
Laisse flotter mon ame fugitive.
Au fond d'un bois quand l'été va durant,
Est-il une onde aimable et sinueuse
Qui dans son cours, lente et voluptueuse,

A chaque fleur s'arrête en soupirant?
Cent fois au bord de cette onde infidèle
J'irai dormir sous le coudre odorant,
Et disputer de paresse avec elle.

Sous le saule nourri de ta fraîcheur amie,
  Fleuve témoin de mes soupirs,
Dans ces prés émaillés, au doux bruit des zéphyrs,
Ton passage offre ici l'image de la vie.
En des vallons déserts, au sortir de ces fleurs,
  Tu conduis tes ondes errantes;
  Ainsi nos heures inconstantes
  Passent des plaisirs aux douleurs.

Mais si voluptueux, du moins dans notre course,
  Du printemps nous savons jouir,
Nos jours plus doucement s'éloignent de leur source,
Emportant avec eux un tendre souvenir :
Ainsi tu vas moins triste au rocher solitaire,
  Vers ces bois où tu fuis toujours,
  Si de ces prés ton heureux cours
  Entraîne quelque fleur légère.

De mon esprit ainsi l'enchantement
Naît et s'accroît pendant tout un feuillage.
L'aquilon vient, et l'on voit tristement
L'arbre isolé sur le coteau sauvage,
Se balancer au milieu de l'orage.
De blancs oiseaux en troupes partagés
Quittent les bords de l'Océan antique :
Tous, en silence à la file rangés,

Fendent l'azur d'un ciel mélancolique.
J'erre aux forêts où pendent les frimas :
Interrompu par le bruit de la feuille
Que lentement je traîne sous mes pas,
Dans ses pensers mon esprit se recueille.

Qui le croiroit? plaisirs solacieux,
Je vous retrouve en ce grand deuil des cieux :
L'habit de veuve embellit la nature.
Il est un charme à des bois sans parure :
Ces prés riants entourés d'aulnes verts,
Où l'onde molle énerve la pensée,
Où sur les fleurs l'ame rêve bercée
Aux doux accords du feuillage et des airs ;
Ces prés riants que l'aquilon moissonne,
Plaisent aux cœurs. Vers la terre courbés
Nous imitons, ou flétris ou tombés,
L'herbe en hiver et la feuille en automne.

HUITIÈME TABLEAU.

LA MER.

Des vastes mers tableau philosophique,
Tu plais au cœur de chagrins agité :
Quand de ton sein par les vents tourmenté,
Quand des écueils et des grèves antiques
Sortent des bruits, des voix mélancoliques,
L'ame attendrie en ses rêves se perd,
Et, s'égarant de penser en penser,
Comme les flots de murmure en murmure,
Elle se mêle à toute la nature :
Avec les vents, dans le fond des déserts,
Elle gémit le long des bois sauvages,
Sur l'Océan vole avec les orages,
Gronde en la foudre, et tonne dans les mers.

Mais quand le jour sur les vagues tremblantes
S'en va mourir; quand, souriant encor,
Le vieux soleil glace de pourpre et d'or
Le vert changeant des mers étincelantes,
Dans des lointains fuyants et veloutés,
En enfonçant ma pensée et ma vue,
J'aime à créer des mondes enchantés,
Baignés des eaux d'une mer inconnue.
L'ardent désir, des obstacles vainqueur,

Trouve, embellit des rives bocagères,
Des lieux de paix, des îles de bonheur,
Où, transporté par les douces chimères,
Je m'abandonne aux songes de mon cœur.

NEUVIÈME TABLEAU.

L'AMOUR DE LA CAMPAGNE.

Que de ces prés l'émail plaît à mon cœur !
Que de ces bois l'ombrage m'intéresse !
Quand je quittai cette onde enchanteresse,
L'hiver régnoit dans toute sa fureur.
Et cependant mes yeux demandoient ce rivage ;
Et cependant d'ennuis, de chagrins dévoré,
Au milieu des palais, d'hommes froids entouré,
Je regrettois partout mes amis du village.
Mais le printemps me rend mes champs et mes beaux jours.
Vous m'allez voir encore, ô verdoyantes plaines !
Assis nonchalamment auprès de vos fontaines,
Un Tibulle à la main, me nourrissant d'amours.
Fleuve de ces vallons, là, suivant tes détours,
J'irai seul et content gravir ce mont paisible ;
Souvent tu me verras, inquiet et sensible,
Arrêté sur tes bords en regardant ton cours.
  J'y veux terminer ma carrière ;
  Rentré dans la nuit des tombeaux,
  Mon ombre, encor tranquille et solitaire,
  Dans les forêts cherchera le repos.
Au séjour des grandeurs mon nom mourra sans gloire,
Mais il vivra long-temps sous les toits de roseaux ;
Mais d'âge en âge, en gardant leurs troupeaux,
Des bergers attendris feront ma courte histoire :

« Notre ami, diront-ils, naquit sous ce berceau ;
« Il commença sa vie à l'ombre de ces chênes ;
    « Il la passa couché près de cette eau,
    « Et sous les fleurs sa tombe est dans ces plaines[1]. »

[1] Vers imprimés dans l'*Almanach des Muses*, année 1790, page 205 : voyez la préface.

DIXIÈME ET DERNIER TABLEAU.

LES ADIEUX.

Le temps m'appelle : il faut finir ces vers.
A ce penser défaillit mon courage.
Je vous salue, ô vallons que je perds!
Écoutez-moi : c'est mon dernier hommage.
Loin, loin d'ici, sur la terre égaré,
Je vais traîner une importune vie;
Mais quelque part que j'habite ignoré,
Ne craignez point qu'un ami vous oublie.
Oui, j'aimerai ce rivage enchanteur,
Ces monts déserts qui remplissoient mon cœur
Et de silence et de mélancolie;
Surtout ces bois chers à ma rêverie,
Où je voyois, de buisson en buisson,
Voler sans bruit un couple solitaire,
Dont j'entendois, sous l'orme héréditaire,
Seul, attendri, la dernière chanson.
Simples oiseaux, retiendrez-vous la mienne?
Parmi ces bois, ah! qu'il vous en souvienne.
En te quittant je chante tes attraits,
Bord adoré! De ton maître fidèle
Si les talents égaloient les regrets,
Ces derniers vers n'auroient point de modèle.
Mais aux pinceaux de la nature épris,
La gloire échappe et n'en est point le prix.

Ma muse est simple, et rougissante et nue;
Je dois mourir ainsi que l'humble fleur
Qui passe à l'ombre, et seulement connue
De ces ruisseaux qui faisoient son bonheur.

FIN DES TABLEAUX DE LA NATURE.

POËMES DIVERS.

POËMES DIVERS.

LES TOMBEAUX CHAMPÊTRES.

ÉLÉGIE IMITÉE DE GRAY [1].

Londres, 1796.

Dans les airs frémissants j'entends le long murmure
De la cloche du soir qui tinte avec lenteur.
Les troupeaux en bêlant errent sur la verdure;
Le berger se retire et livre la nature
A la nuit solitaire, à mon penser rêveur.

Dans l'orient d'azur l'astre des nuits s'avance,
Et tout l'air se remplit d'un calme solennel.
Du vieux temple verdi sous ce lierre immortel,
L'oiseau de la nuit seul trouble le grand silence.
On n'entend que le bruit de l'insecte incertain,
Et quelquefois encore, au travers de ces hêtres,
Les sons interrompus des sonnettes champêtres
Du troupeau qui s'endort sur le coteau lointain.

Dans ce champ où l'on voit l'herbe mélancolique
Flotter sur les sillons que forment ces tombeaux,

---

[1] Cette imitation a été imprimée à Londres, dans le journal de Peltier. *Voyez* la préface.

Les rustiques aïeux de nos humbles hameaux
Au bruit du vent des nuits, dorment sous l'if antique.
De la jeune Progné le ramage confus,
Du zéphyr, au matin, la voix fraîche et céleste,
Les chants perçants du coq ne réveilleront plus
Ces bergers endormis sous cette couche agreste.
Près de l'âtre brûlant une épouse modeste
N'apprête plus pour eux le champêtre repas;
Jamais à leur retour ils ne verront, hélas !
D'enfants au doux parler une troupe légère,
Entourant leurs genoux et retardant leurs pas,
Se disputer l'amour et les baisers d'un père.

Souvent, ô laboureurs ! Cérès mûrit pour vous
Les flottantes moissons dans les champs qu'elle dore;
Souvent avec fracas tombèrent sous vos coups
Les pins retentissants dans la forêt sonore.
En vain l'ambition, qu'enivrent ses désirs,
Méprise et vos travaux et vos simples loisirs :
Eh ! que sont les honneurs ? l'enfant de la victoire,
Le paisible mortel qui conduit un troupeau,
Meurent également; et les pas de la gloire,
Comme ceux du plaisir, ne mènent qu'au tombeau.
Qu'importe que pour nous de vains panégyriques,
D'une voix infidèle aient enflé les accents ?
Les bustes animés, les pompeux monuments
Font-ils parler des morts les muettes reliques ?

Jetés loin des hasards qui forment la vertu,
Glacés par l'indigence aux jours qu'ils ont vécu,
Peut-être ici la mort enchaîne en son empire

De rustiques Newtons de la terre ignorés,
D'illustres inconnus dont les talents sacrés
Eussent charmé les dieux sur le luth qui respire :
Ainsi brille la perle au fond des vastes mers ;
Ainsi meurent aux champs des roses passagères
Qu'on ne voit point rougir, et qui, loin des bergères,
D'inutiles parfums embaument les déserts.

Là, dorment dans l'oubli des poëtes sans gloire,
Des orateurs sans voix, des héros sans victoire :
Que dis-je ! des Titus faits pour être adorés.
Mais si le sort voila tant de vertus sublimes,
Sous ces arbres en deuil combien aussi de crimes
Le silence et la mort n'ont-ils point dévorés !
Loin d'un monde trompeur, ces bergers sans envie,
Emportant avec eux leurs tranquilles vertus,
Sur le fleuve du temps passagers inconnus,
Traversèrent sans bruit les déserts de la vie.
Une pierre, aux passants demandant un soupir,
Du naufrage des ans a sauvé leur mémoire ;
Une muse ignorante y grava leur histoire
Et le texte sacré qui nous aide à mourir.
En fuyant pour toujours les champs de la lumière,
Qui ne tourne la tête au bout de la carrière?
L'homme qui va passer cherche un secours nouveau :
Que la main d'un ami, que ses soins chers et tendres
Entr'ouvrent doucement la pierre du tombeau !
Le feu de l'amitié vit encor dans nos cendres.

Pour moi qui célébrai ces tombes sans honneurs,
Si quelque voyageur, attiré sur ces rives

Par l'amour du rêver et le charme des pleurs,
S'informe de mon sort dans ses courses pensives,
Peut-être un vieux pasteur, en gardant ses troupeaux,
Lui fera simplement mon histoire en ces mots :

«Souvent nous l'avons vu dans sa marche posée,
«Au souris du matin, dans l'orient vermeil,
«Gravir les frais coteaux à travers la rosée,
«Pour admirer au loin le lever du soleil.
«Là-bas, près du ruisseau, sur la mousse légère,
«A l'ombre du tilleul que baigne le courant,
«Immobile il rêvoit, tout le jour demeurant
«Les regards attachés sur l'onde passagère.
«Quelquefois dans les bois il méditoit ses vers
«Au murmure plaintif du feuillage et des airs.
«Un matin nos regards, sous l'arbre centenaire,
«Le cherchèrent en vain au repli du ruisseau;
«L'aurore reparut; et l'arbre et le coteau,
«Et la bruyère encor, tout étoit solitaire.
«Le jour suivant, hélas! à la file allongé,
«Un convoi s'avança par le chemin du temple.
«Approche, voyageur : lis ces vers, et contemple
«Ce triste monument que la mousse a rongé.»

ÉPITAPHE.

Ici dort, à l'abri des orages du monde,
Celui qui fut long-temps jouet de leur fureur.
Des forêts il chercha la retraite profonde,
Et la mélancolie habita dans son cœur.
De l'amitié divine il adora les charmes;

Aux malheureux donna tout ce qu'il eut, des larmes.
Passant, ne porte point un indiscret flambeau
Dans l'abîme où la mort le dérobe à ta vue :
Laisse-le reposer sur la rive inconnue,
    De l'autre côté du tombeau.

A LYDIE.

IMITATION D'ALCÉE, POÈTE GREC.

Londres, 1797.

Lydie, es-tu sincère? excuse mes alarmes :
    Tu t'embellis en accroissant mes feux;
Et le même moment qui t'apporte des charmes
    Ride mon front et blanchit mes cheveux.

Au matin de tes ans, de la foule chérie,
    Tout est pour toi joie, espérance, amour :
Et moi, vieux voyageur, sur ta route fleurie
    Je marche seul et vois finir le jour.

Ainsi qu'un doux rayon quand ton regard humide
    Pénètre au fond de mon cœur ranimé,
J'ose à peine effleurer d'une lèvre timide
    De ton beau front le voile parfumé.

Tout à la fois honteux et fier de ton caprice,
    Sans croire en toi je m'en laisse enivrer.
J'adore tes attraits, mais je me rends justice :
    Je sens l'amour, et ne puis l'inspirer.

Par quel enchantement ai-je pu te séduire?
    N'aurois-tu point dans mon dernier soleil
Cherché l'astre de feu qui sur moi sembloit luire,
    Quand de Sapho je chantois le réveil?

Je n'ai point le talent qu'on encense au Parnasse :
  Eussé-je un temple au sommet d'Hélicon,
Le talent ne rend point ce que le temps efface;
  La gloire, hélas! ne rajeunit qu'un nom.

Le *Guerrier de Samos*, le *Berger d'Alphélie* [1],
  Mes fils ingrats m'ont-ils ravi ta foi?
Ton admiration me blesse et m'humilie :
  Le croirois-tu? je suis jaloux de moi.

Que m'importe de vivre au delà de ma vie?
  Qu'importe un nom par la mort publié?
Pour moi-même un moment aime-moi, ma Lydie,
  Et que je sois à jamais oublié!

[1] Deux ouvrages d'Alcée.

MILTON ET DAVENANT.

Londres, 1797.

Charles avoit péri : des bourreaux-commissaires,
Des lois qu'on appeloit révolutionnaires,
L'exil et l'échafaud, la confiscation...
C'étoit la France enfin sous la Convention.
　　Dans les nombreux suivants de l'étendard du crime,
L'Angleterre voyoit un homme magnanime :
Milton, le grand Milton (pleurons sur les humains)
Prodiguoit son génie à de sots puritains ;
Il détestoit surtout, dans son indépendance,
Ce parti malheureux qu'une noble constance
Attachoit à son roi. Par ce zèle cruel
Milton s'étoit flétri des honneurs de Cromwell.
　　Un matin que du sang il avoit appétence,
Des prédicants-soldats traînent en sa présence
Un homme jeune encor, mais dont le front pâli
Est prématurément par le chagrin vieilli,
Un royaliste enfin. Dans le feu qui l'anime,
Milton d'un œil brûlant mesure sa victime,
Qui, loin d'être sensible à ses propres malheurs,
Semble admirer son juge et plaindre ses erreurs.
«Dis-nous quel est ton nom, sycophante d'un maître,
«Vassal au double cœur d'un esclave et d'un traître.
«Réponds-moi.» — «Mon nom est Davenant.» A ce nom
Vous eussiez vu soudain le terrible Milton

Tressaillir, se lever, et, renversant son siége,
Courir au prisonnier que la cohorte assiége.
  « Ton nom est Davenant, dis-tu ? ce nom chéri !
« Serois-tu ce mortel par les Muses nourri,
« Qui, dans les bois sacrés égarant sa jeunesse,
« Enchanta de ses vers les rives du Permesse ? »
  Davenant repartit : « Il est vrai qu'autrefois
« La lyre d'Aonie a frémi sous mes doigts. »
  A ces mots, répandant une larme pieuse,
Oubliant des témoins la présence envieuse,
Milton serre la main du poëte admiré.
Et puis de cette voix, de ce ton inspiré
Qui d'Ève raconta les amours ineffables :
« Tu vivras, peintre heureux des élégantes fables ;
« J'en jure par les arts qui nous avoient unis,
« Avant que d'Albion le sort les eût bannis.
« A des cœurs embrasés d'une flamme si belle,
« Eh ! qu'importe d'un Pym la vulgaire querelle ?
« La mort frappe au hasard les princes, les sujets ;
« Mais les beaux vers, voilà ce qui ne meurt jamais,
« Soit qu'on chante le peuple ou le tyran injuste :
« Virgile est immortel en célébrant Auguste !
« Quoi ! la loi frapperoit de son glaive irrité
« Un enfant d'Apollon ?... Non, non, postérité !
« Soldats, retirez-vous ; merci de votre zèle.
« Cet homme est sûrement un citoyen fidèle,
« Un grand républicain : je sais de bonne part
« Qu'il s'est fort réjoui de la mort de Stuart. »
  — « Non, » crioit Davenant que ce reproche touche.
Mais Milton, de sa main en lui couvrant la bouche,
Au fond d'un cabinet le pousse tout d'abord,

L'enferme à double tour, puis avec un peu d'or
Éconduit poliment la horde jacobine.

Vers son hôte captif ensuite il s'achemine,
Fait apporter du vin qu'il lui verse à grands flots,
Sème le déjeuner d'agréables propos :
De politique point, mais beaucoup de critiques
Sur l'esprit des Latins et les graces attiques.
Davenant récita l'idylle du *Ruisseau ;*
Milton lui repartit par le vif *Allegro,*
Du doux *Penseroso* redit le chant si triste,
Et déclama les chœurs du *Samson agoniste.*
Les poëtes, charmés de leurs talents divers,
Se quittèrent enfin, en murmurant leurs vers.

Cependant, fatigué de ses longues misères,
Le peuple soupiroit pour les lois de ses pères :
Il rappela son roi; les crimes refrénés
Furent par un édit sagement pardonnés.
On excepta pourtant quelques hommes perfides,
Complices et fauteurs des sanglants régicides :
Milton, au premier rang, s'étoit placé parmi.

Dénoncé par sa gloire, au toit d'un vieil ami,
Il avoit espéré trouver ombre et silence.
De son sort une nuit il pesoit l'inconstance :
D'une lampe empruntée à la tombe des morts,
La lueur pâlissante éclairoit ses remords.
Il entend tout à coup vers la douzième heure
Heurter de son logis la porte extérieure;
Les verrous sont brisés par de nombreux soldats.
La fille de Milton accourt; on suit ses pas.
Dans l'asile secret un chef se précipite :
Un chapeau de ses yeux venant toucher l'orbite

Voile à demi ses traits; il a les yeux remplis
De larmes qu'un manteau reçoit dans ses replis.
 Milton ne le voit point : privé de la lumière,
La nuit règne à jamais sous sa triste paupière.
 « Eh bien, que me veut-on? dit le chantre d'Adam.
« Parlez : faut-il mourir? » — « C'est encor Davenant, »
Répond l'homme au manteau. Milton soudain s'écrie :
« O noire trahison! moi qui sauvai ta vie! »
 — « Oui, repart le poëte interdit, rougissant,
« Mais vous êtes coupable, et j'étois innocent.
« Ferme stoïcien, montrez votre courage!
« Mon vieil ami, la mort est le commun partage :
« Ou plus tôt, ou plus tard, le trajet est égal
« Pour tous les voyageurs. Voici l'ordre fatal. »
 La fille de Milton, objet rempli de charmes,
Ouvre l'affreux papier qu'elle baigne de larmes :
C'est elle qui souvent dans un docte entretien
Relit le vieil Homère à l'Homère chrétien;
Et des textes sacrés, interprète modeste,
A son père elle rend la lumière céleste,
En échange du jour qu'elle reçut de lui.
Au chevet paternel empruntant un appui,
D'une voix altérée elle lit la sentence :
« *Voulant à la justice égaler la clémence,*
« *Il nous plaît d'octroyer, de pleine autorité,*
« *A Davenant, pour prix de sa fidélité,*
« *La grace de Milton.* CHARLES. »

       Qu'on se figure
Les transports que causa la touchante aventure,
Combien furent de pleurs dans Londres répandus
Pour les talents sauvés et les bienfaits rendus.

CLARISSE,

IMITATION D'UN POÈTE ÉCOSSOIS.

Londres, 1797.

Oui, je me plais, Clarisse, à la saison tardive,
Image de cet âge où le temps m'a conduit ;
Du vent à tes foyers j'aime la voix plaintive
    Durant la longue nuit.

Philomèle a cherché des climats plus propices ;
Progné fuit à son tour : sans en être attristé,
Des beaux jours près de toi retrouvant les délices,
    Ton vieux cygne est resté.

Viens dans ces champs déserts où la bise murmure,
Admirer le soleil qui s'éloigne de nous ;
Viens goûter de ces bois qui perdent leur parure
    Le charme triste et doux.

Des feuilles que le vent détache avec ses ailes,
Voltige dans les airs le défaillant essaim :
Ah! puissé-je en mourant me reposer comme elles
    Un moment sur ton sein !

Pâle et dernière fleur qui survit à Pomone,
La Veilleuse[1] en ces prés peint mon sort et ma foi :
De mes ans écoulés tu fais fleurir l'automne,
      Et je veille pour toi.

Ce ruisseau sous tes pas cache au sein de la terre
Son cours silencieux et ses flots oubliés :
Que ma vie inconnue, obscure et solitaire,
      Ainsi passe à tes pieds !

Aux portes du couchant le ciel se décolore ;
Le jour n'éclaire plus notre aimable entretien :
Mais est-il un sourire aux lèvres de l'Aurore
      Plus charmant que le tien ?

L'astre des nuits s'avance en chassant les orages :
Clarisse, sois pour moi l'astre calme et vainqueur
Qui de mon front troublé dissipe les nuages,
      Et fait rêver mon cœur.

[1] Nom populaire du Colchique.

L'ESCLAVE.

Tunis, 1807.

Le vigilant derviche à la prière appelle
Du haut des minarets teints des feux du couchant.
Voici l'heure au lion qui poursuit la gazelle :
Une rose au jardin moi je m'en vais cherchant.
Musulmane aux longs yeux, d'un maître que je brave
Fille délicieuse, amante des concerts,
Est-il un sort plus doux que d'être ton esclave,
  Toi que je sers, toi que je sers ?

Jadis, lorsque mon bras faisoit voler la prame
Sur le fluide azur de l'abîme calmé,
Du sombre désespoir les pleurs mouilloient ma rame;
Un charme m'a guéri : j'aime et je suis aimé.
Le noir rocher me plaît; la tour que le flot lave
Me sourit maintenant aux grèves de ces mers :
Le flambeau du signal y luit pour ton esclave,
  Toi que je sers, toi que je sers !

Belle et divine es-tu, dans toute ta parure,
Quand la nuit au harem je glisse un pied furtif !
Les tapis, l'aloës, les fleurs et l'onde pure
Sont par toi prodigués à ton jeune captif.

Quel bonheur! au milieu du péril que j'aggrave,
T'entourer de mes bras, te parer de mes fers,
Mêler à tes colliers l'anneau de ton esclave,
    Toi que je sers, toi que je sers!

Dans les sables mouvants, de ton blanc dromadaire
Je reconnois de loin le pas sûr et léger;
Tu m'apparois soudain : un astre solitaire
Est moins doux sur la vague au pauvre passager;
Du matin parfumé le souffle est moins suave,
Le palmier moins charmant au milieu des déserts.
Quel sultan glorieux égale ton esclave,
    Toi que je sers, toi que je sers?

Mon pays, que j'aimois jusqu'à l'idolâtrie,
N'est plus dans les soupirs de ma simple chanson;
Je ne regrette plus ma mère et ma patrie;
Je crains qu'un prêtre saint n'apporte ma rançon.
Ne m'affranchis jamais! laisse-moi mon entrave!
Oui, sois ma liberté, mon Dieu, mon univers!
Viens, sous tes beaux pieds nus, viens fouler ton esclave,
    Toi que je sers, toi que je sers!

NOUS VERRONS.

Paris, 1810.

Le passé n'est rien dans la vie,
Et le présent est moins encor :
C'est à l'avenir qu'on se fie
Pour nous donner joie et trésor.
Tout mortel dans ses vœux devance
Cet avenir où nous courons ;
Le bonheur est en espérance ;
On vit, en disant : Nous verrons.

Mais cet avenir plein de charmes,
Qu'est-il lorsqu'il est arrivé ?
C'est le présent qui, de nos larmes,
Matin et soir est abreuvé !
Aussitôt que s'ouvre la scène
Qu'avec ardeur nous désirons,
On bâille, on la regarde à peine ;
On voit, en disant : Nous verrons.

Ce vieillard penche vers la terre ;
Il touche à ses derniers instants :
Y pense-t-il ? Non ; il espère
Vivre encor soixante et dix ans.

Un docteur, fort d'expérience,
Veut lui prouver que nous mourrons;
Le vieillard rit de la sentence
Et meurt, en disant : Nous verrons.

Valère et Damis n'ont qu'une ame;
C'est le modèle des amis.
Valère en un malheur réclame
La bourse et les soins de Damis :
«Je viens à vous, ami si tendre,
«Ou ce soir au fond des prisons...
«— Quoi! ce soir même? — Oui! — Cher Valère,
«Revenez demain : Nous verrons.»

Gare! faites place aux carrosses
Où s'enfle l'orgueilleux manant
Qui jadis conduisoit deux rosses
A trente sous pour le passant.
Le peuple écrasé par la roue
Maudit l'enfant des Porcherons.
Moi, du prince évitant la boue,
Je me range et dis : Nous verrons.

Nous verrons est un mot magique
Qui sert dans tous les cas fâcheux :
Nous verrons, dit le politique;
Nous verrons, dit le malheureux.
Les grands hommes de nos gazettes,
Les rois du jour, les fanfarons,
Les faux amis et les coquettes,
Tout cela vous dit : Nous verrons.

PEINTURE DE DIEU.

TIRÉE DE L'ÉCRITURE.

Paris, 1810.

Savez-vous, ô pécheur! quel est ce Dieu jaloux
Quand l'œuvre de l'impie allume son courroux?
Sur un char foudroyant il roule dans l'espace;
La Mort et le Démon volent devant sa face;
Les trois cieux dont il fait trembler l'immensité
S'abaissent sous les pas de son éternité;
Le soleil pâlissant et la lune sanglante
Marchent à la lueur de sa lance brûlante;
Des gouffres de l'enfer il fait sortir la nuit;
Il parle, et tout se tait; la mer le voit et fuit,
Et l'Abîme du fond des vagues tourmentées,
Lève en criant vers lui ses mains épouvantées.
Au crime couronné ce Dieu redit : « Malheur! »
Et c'est le même Dieu qui bénit la douleur!

POUR LE MARIAGE DE MON NEVEU.

Au Ménil, 1812.

L'autel est prêt ; la foule l'environne :
Belle Zélie, il réclame ta foi.
Viens ; de ton front est la blanche couronne
Moins virginale et moins pure que toi.

J'ai quelquefois peint la grace ingénue
Et la pudeur sous ses voiles nouveaux :
Ah ! si mes yeux plutôt t'avoient connue,
On auroit moins critiqué mes tableaux.

Mon cher Louis, chez la race étrangère
Tu n'iras point t'égarer comme moi :
A qui la suit la fortune est légère ;
Il faut l'attendre et l'enfermer chez soi.

Cher orphelin, image de ta mère,
Au ciel pour toi je demande ici-bas
Les jours heureux retranchés à ton père,
Et les enfants que ton oncle n'a pas.

Fais de l'honneur l'idole de ta vie ;
Rends tes aïeux fiers de leur rejeton,
Et ne permets qu'à la seule Zélie
Pour un moment de rougir à ton nom.

POUR LA FÊTE DE MADAME DE ***.

Verneuil, 1812.

De tes amis vois la troupe fidèle
Pour te fêter s'unir à tes enfants :
Tu nous parois toujours fraîche et nouvelle
Comme la fleur qu'ils t'offrent tous les ans.

Par la vertu quand la grace est produite,
Son charme au temps ne peut être soumis ;
Des jours pour toi nous seuls marquons la fuite :
Tu restes jeune avec de vieux amis.

VERS

TROUVÉS SUR LE PONT DU RHÔNE.

1812.

Il est minuit, et tu sommeilles;
Tu dors, et moi je vais mourir.
Que dis-je, hélas! peut-être que tu veilles!
Pour qui?... l'enfer me fera moins souffrir.
Demain quand, appuyée au bras de ta conquête,
Lasse de trop d'amour et cherchant le repos,
Tu passeras ce fleuve, avance un peu la tête
Et regarde couler ces flots.

ODE.

LES MALHEURS DE LA RÉVOLUTION.

Paris, 1813.

Sors des demeures souterraines,
Néron, des humains le fléau !
Que le triste bruit de nos chaînes
Te réveille au fond du tombeau.
Tout est plein de trouble et d'alarmes ;
Notre sang coule avec nos larmes ;
Ramper est la première loi :
Nous traînons d'ignobles entraves ;
On ne voit plus que des esclaves :
Viens ; le monde est digne de toi.

Ils sont dévastés dans nos temples
Les monuments sacrés des rois :
Mon œil effrayé les contemple ;
Je tremble et je pleure à la fois.
Tandis qu'une fosse commune,
Des grandeurs et de la fortune
Reçoit les funèbres lambeaux,
Un spectre, à la voix menaçante,
A percé la tombe récente
Qui dévora les vieux tombeaux.

Sa main d'une pique est armée ;
Un bonnet cache son orgueil ;
Par la mort sa vue est charmée :
Il cherche un tyran [1] au cercueil.
Courbé sur la poudre insensible,
Il saisit un sceptre terrible
Qui du lis a flétri la fleur ;
Et d'une couronne gothique
Chargeant son bonnet anarchique,
Il se fait roi de la douleur.

Voilà le fantôme suprême,
François, qui va régner sur vous.
Du républicain diadème
Portez le poids léger et doux.
L'anarchie et le despotisme,
Au vil autel de l'athéisme,
Serrent un nœud ensanglanté ;
Et s'embrassant dans l'ombre impure,
Ils jouissent de la torture
De leur double stérilité.

L'échafaud, la torche fumante,
Couvrent nos campagnes de deuil.
La Révolution béante
Engloutit le fils et l'aïeul.
L'adolescent qu'atteint sa rage
Va mourir au champ du carnage

---

[1] Louis XI. Ce roi ne fut point enterré à Saint-Denis : peu importe au poëte.

Ou dans un hospice exilé;
Avant qu'en la tombe il s'endorme,
Sur un appui de chêne ou d'orme,
Il traîne un buste mutilé :

Ainsi quand l'affreuse Chimère [1]
Apparut non loin d'Ascalon,
En vain la tendre et foible mère
Cacha ses enfants au vallon.
Du Jourdain les roseaux frémirent;
Au Liban les cèdres gémirent,
Les palmiers à Jézeraël,
Et le chameau, laissé sans guides,
Pleura dans les sables arides
Avec les femmes d'Ismaël.

Napoléon de son génie
Enfin écrase les pervers;
L'ordre renaît : la France unie
Reprend son rang dans l'univers.
Mais, Géant, fils aîné de l'homme,
Faut-il d'un trône qu'on te nomme
Usurpateur? Mal fécondé,
L'illustre champ de ta victoire
Devoit-il renier la gloire
Du vieux Cid et du grand Condé?

Racontez, nymphes de Vincenne,
Racontez des faits inouïs [2],

[1] Prise ici pour le monstre marin d'Andromède.
[2] Mort du duc d'Enghien.

Vous qui présidiez sous un chêne
A la justice de Louis!
Oh! de la mort chantre sublime[1],
Toi qui d'un héros magnanime
Rends plus grand le grand souvenir,
Quels cris aurois-tu fait entendre,
Si, quand tu pleurois sur sa cendre,
Ton œil eût sondé l'avenir?

Le vieillard-roi dont la Clef sainte
De Rome garde les débris,
N'a pu, dans l'éternelle enceinte,
A son front trouver des abris.
On peut charger ses mains débiles
De fers ingrats[2], mais inutiles,
Car il reste au Juste nouveau
La force de sa croix divine,
Et de sa couronne d'épine,
Et de son sceptre de roseau.

Triomphateur, notre souffrance
Se fatigue de tes lauriers;
Loin du doux soleil de la France
Devois-tu laisser nos guerriers[3]?
La Duna, que tourmente Éole,
Au Neptune inconnu du pôle,
Roule leurs ossements blanchis,
Tandis que le noir Borysthène

---

[1] Bossuet.
[2] Le pape à Fontainebleau.
[3] Campagne de Moscou.

Va conter le deuil de la Seine
Aux mers brillantes de Colchis.

A l'avenir ton ame aspire ;
Avide encore du passé,
Tu veux Memphis ; du temps l'empire
Par l'aigle sera traversé.
Mais, Napoléon, ta mémoire
Ne se montrera dans l'histoire
Que sous le voile de nos pleurs :
Lorsqu'à t'admirer tu m'entraînes,
La liberté me dit ses chaînes,
La vertu m'apprend ses douleurs.

VERS

ÉCRITS SUR UN SOUVENIR[1] DONNÉ PAR MADAME LA MARQUISE DE GROLLIER A M. LE BARON DE HUMBOLDT.

Paris, 1818.

Vous qui vivrez toujours, comment pourrez-vous croire
Qu'on vous offre des fleurs si promptes à mourir?
« Présentez, direz-vous, ces filles du zéphyr
 « A la beauté, mais non pas à la gloire. »
Des dons de l'amitié connoissez mieux le prix;
 Dédaignez moins ces fleurs nouvelles :
 En les peignant sur vos écrits,
J'ai trouvé le secret de les rendre immortelles.

---

[1] Ce *Souvenir* renfermoit des pensées de l'illustre voyageur, et étoit orné de fleurs peintes par madame de Grollier.

CHARLOTTEMBOURG,

OU

LE TOMBEAU DE LA REINE DE PRUSSE.

Berlin, 1821.

LE VOYAGEUR.
Sous les hauts pins qui protégent ces sources,
Gardien, dis-moi quel est ce monument nouveau?
LE GARDIEN.
Un jour il deviendra le terme de tes courses :
O voyageur! c'est un tombeau.
LE VOYAGEUR.
Qui repose en ces lieux?
LE GARDIEN.
Un objet plein de charmes.
LE VOYAGEUR.
Qu'on aima?
LE GARDIEN.
Qui fut adoré.
LE VOYAGEUR.
Ouvre-moi.
LE GARDIEN.
Si tu crains les larmes,
N'entre pas.

LE VOYAGEUR.
J'ai souvent pleuré.

(Le voyageur et le gardien entrent.)

LE VOYAGEUR.
De la Grèce ou de l'Italie
On a ravi ce marbre à la pompe des morts.
Quel tombeau l'a cédé pour enchanter ces bords?
Est-ce Antigone ou Cornélie?

LE GARDIEN.
La beauté dont l'image excite tes transports,
Parmi nos bois passa sa vie.

LE VOYAGEUR.
Qui pour elle, à ces murs de marbre revêtus,
A suspendu ces couronnes fanées?

LE GARDIEN.
Les beaux enfants dont ses vertus
Ici-bas furent couronnées.

LE VOYAGEUR.
On vient.

LE GARDIEN.
C'est un époux : il porte ici ses pas,
Pour nourrir en secret un souvenir funeste.

LE VOYAGEUR.
Il a donc tout perdu?

LE GARDIEN.
Non : un trône lui reste.

LE VOYAGEUR.
Un trône ne console pas.

LES ALPES OU L'ITALIE.

1822.

Donc reconnoissez-vous au fond de vos abîmes
  Ce voyageur pensif,
Au cœur triste, aux cheveux blanchis comme vos cimes,
  Au pas lent et tardif?

Jadis de ce vieux bois où fuit une eau limpide,
  Je sondois l'épaisseur,
Hardi comme un aiglon, comme un chevreuil rapide,
  Et gai comme un chasseur.

Alpes, vous n'avez point subi mes destinées!
  Le temps ne vous peut rien;
Vos fronts légèrement ont porté les années
  Qui pèsent sur le mien.

Pour la première fois, quand, rempli d'espérance,
  Je franchis vos remparts,
Ainsi que l'horizon, un avenir immense
  S'ouvroit à mes regards.

L'Italie à mes pieds et devant moi le monde,
  Quel champ pour mes désirs!
Je volai, j'évoquai cette Rome féconde
  En puissants souvenirs.

Du Tasse une autre fois je revis la patrie :
  Imitant Godefroi,
Chrétien et chevalier, j'allois vers la Syrie
  Plein d'ardeur et de foi.

Ils ne sont plus ces jours que point mon cœur n'oublie,
  Et ce cœur aujourd'hui,
Sous le brillant soleil de la belle Italie,
  Ne sent plus que l'ennui.

Pompeux ambassadeurs que la faveur caresse,
  Ministres, valez-vous
Les obscurs compagnons de ma vive jeunesse
  Et mes plaisirs si doux ?

Vos noms aux bords riants que l'Adige décore
  Du temps seront vaincus,
Que Catulle et Lesbie enchanteront encore
  Les flots du Bénacus.

Politiques, guerriers, vous qui prétendez vivre
  Dans la postérité,
J'y consens : mais on peut arriver, sans vous suivre,
  A l'immortalité.

J'ai vu ces fiers sentiers tracés par la victoire,
  Au milieu des frimas,
Ces rochers du Simplon que le bras de la gloire
  Fendit pour nos soldats :

Ouvrage d'un géant, monument du génie,
   Serez-vous plus connus
Que la roche où Saint-Preux contoit à Meillerie
   Les tourments de Vénus?

Je vous peignis aussi, chimère enchanteresse,
   Fictions des amours!
Aux tristes vérités le temps qui fuit sans cesse
   Livre à présent mes jours.

L'histoire et le roman font deux parts de la vie
   Qui sitôt se ternit :
Le roman la commence, et lorsqu'elle est flétrie
   L'histoire la finit.

LE DÉPART.

Paris, 1827.

Compagnons, détachez des voûtes du portique
Ces dons du voyageur, ce vêtement antique,
Que j'avois consacrés aux dieux hospitaliers.
Pour affermir mes pas dans ma course prochaine,
Remettez dans ma main le vieil appui de chêne
      Qui reposoit à mes foyers.

Où vais-je aller mourir? dans les bois des Florides?
Aux rives du Jourdain? aux monts des Thébaïdes?
Ou bien irai-je encore à ce bord renommé,
Chez un peuple affranchi par les efforts du brave,
Demander le sommeil que l'Eurotas esclave
      M'offrit dans son lit embaumé?

Ah! qu'importe le lieu? jamais un peu de terre,
Dans le champ du potier, sous l'arbre solitaire,
Ne peut manquer aux os du fils de l'étranger.
Nul ne rira du moins de ma mort advenue;
Du pélerin assis sur ma tombe inconnue
      Du moins le poids sera léger.

FIN.

TABLE DES MATIÈRES

CONTENUES DANS CE VOLUME.

	Pages.
Préfaces.	j
Atala.	1
René.	117
Aventures du dernier Abencerage.	171
Dargo, poëme traduit du gallique en anglois, par John Smith.	243
Duthona, poëme.	268
Gaul, poëme.	289
Poésie. — Tableaux de la Nature. — Premier tableau. Invocation.	321
Second tableau. La Forêt.	322
Troisième tableau. Le Soir, au bord de la mer.	323
Quatrième tableau. Le Soir, dans une vallée.	324
Cinquième tableau. Nuit de Printemps.	326
Sixième tableau. Nuit d'Automne.	327
Septième tableau. Le Printemps, l'Été et l'Hiver.	330
Huitième tableau. La mer.	333
Neuvième tableau. L'Amour de la Campagne.	335
Dixième et dernier tableau. Les Adieux.	337
Poemes divers. — Les Tombeaux champêtres, élégie imitée de Gray.	339
A Lydie, imitation d'Alcée, poëte grec.	346
Milton et Davenant.	348
Clarisse, imitation d'un poëte écossois.	352
L'esclave.	354
Nous verrons.	356
Peinture de Dieu, tirée de l'Écriture.	358

Pour le Mariage de mon Neveu.	359
Pour la Fête de Madame de ***.	360
Vers trouvés sur le pont du Rhône.	361
Ode. — Les Malheurs de la Révolution.	362
Vers écrits sur un *Souvenir* donné par madame la marquise de Grollier à M. le baron de Humboldt.	367
Charlottembourg, ou le Tombeau de la reine de Prusse.	368
Les Alpes ou l'Italie.	370
Le Départ.	373

FIN DE LA TABLE.

L'édition des OEuvres choisies de M. le vicomte de Châteaubriand contient les ouvrages suivans, qui se vendent tous séparément :

Génie du Christianisme, 4 vol. . . . . 26 »
Les Martyrs, 3 vol. 19 50
Itinéraire de Paris a Jérusalem, 3 vol. 19 50
Atala, René, et les Aventures du dernier Aben-
    cérage, 1 vol. 7 »
Voyages en Amérique et en Italie, 2 vol. . . . . 13 »
Les Natchez, 2 vol. . . . . 13 »
Discours sur l'Histoire de France, 2 vol. . . . . 15 »
Mélanges, 1 vol. contenant *les Quatre Stuarts; Moïse,*
    tragédie; Pensées et Maximes; Poésies diverses. . . . 7 »

Les souscripteurs pour les 18 volumes ne paieront la collection de ces œuvres choisies que 108 fr.

———

Sous presse, pour paraître en octobre 1829

Atala, René, et les Aventures du dernier Abencerage, 1 vol. grand in-8°, imprimé sur cavalier vélin, par M. Rignoux, orné de quatre belles gravures exécutées par M. Burdet, d'après les dessins de M. Alleaux, peintre d'histoire; prix . . . . 12 »
Le même ouvrage, sur très grand papier vélin, avec les figures, épreuves avant la lettre . . . . 22 »
Le même ouvrage, très grand papier vélin, avec les gravures avant la lettre, sur papier de Chine, et les épreuves d'eaux-fortes. . . . . 36 »

www.ingramcontent.com/pod-product-compliance
Lightning Source LLC
Chambersburg PA
CBHW052118230426
43671CB00009B/1030